# THÈSE

POUR

# LE DOCTORAT

# VILLES FRANCHES — PORTS FRANCS

# ENTREPOTS DE DOUANES

> Si le commerce veut des facilités,
> l'administration doit vouloir des
> garanties.
>
> Comte de St-Cricq.
> (Rapport à la Chambre des députés
> du 30 nov. 1831).

## THÈSE POUR LE DOCTORAT

L'ACTE PUBLIC SUR LES MATIÈRES CI-DESSUS
sera soutenu le Mardi 24 Janvier 1899, à 10 heures.

PAR

## Louis DUTHOYA

Commis principal des Douanes
Contrôleur des Douanes et Régies de l'Indo-Chine.

Président : M. BERTHÉLEMY, professeur.
Suffragants { MM. BEAUREGARD, professeur.
GIDE, professeur.

## LAVAL

### IMPRIMERIE PARISIENNE

L. BARNÉOUD & Cie

8, RUE RICORDAINE

1899

A LA MÉMOIRE DE MON PÈRE

VÉRIFICATEUR DES DOUANES A PARIS


A MA MÈRE

# PRÉFACE

Le but que nous nous sommes proposé est de dégager dans une étude de généralisation économique et administrative les principes généraux qui dominent la matière des entrepôts, des villes franches et des ports francs. Malgré notre souci constant de fixer avec précision les règles pratiques de ces trois institutions, nous avons nécessairement été conduit par les limites étroites du cadre que nous nous sommes tracé à supprimer nombre de détails qui trouveraient leur place dans un manuel de praticien. Nous n'avons pas eu la pensée de résumer et d'expliquer les textes multiples relatifs à la question. Notre intention est autre : nous avons cherché à mettre en lumière les notions essentielles qui ont inspiré les lois, les ordonnances, les décrets, les décisions, les textes spéciaux à notre matière. Nous devions dès lors, constamment, subordonner l'accessoire au principal, le détail aux principes.

Ces principes offrent un caractère de certitude et de précision suffisant pour pouvoir être présentés au seuil de cette étude.

En ce qui concerne les villes franches et les ports francs, l'évolution assez nette que nous avons cru découvrir se manifeste par la disparition progressive des unes, par le développement graduel des autres.

Quant aux entrepôts, sorte de trait d'union des deux dernières institutions, ils sont l'objet de deux réglementations opposées, issues de deux systèmes antagonistes : le protectionnisme et le libre échange. Préoccupé d'assurer toute facilité au commerce, le législateur est conduit à ouvrir toute grande la porte (1) de l'entrepôt. Soucieux de sauvegarder les intérêts du Trésor, inquiet des fraudes possibles, ce même législateur retient d'une main la porte que de l'autre, tout à l'heure, il ouvrait à tout venant. De là, la diversité des prescriptions, de là, l'organisation progressive, à côté de l'entrepôt réel de régimes mieux appropriés aux besoins du commerce : entrepôts fictifs, entrepôts irréguliers, entrepôts spéciaux.

Qu'il nous soit permis, en terminant, de remercier toutes les personnes qui nous ont secondé, soit en nous donnant des conseils utiles, soit en mettant à notre disposition les matériaux nécessaires, soit en facilitant d'une façon générale la tâche que nous avons entreprise.

Notre pensée se porte ici, surtout, sur MM. F. Thibault, H. Berthelemy, J.-Charles Roux, G. Marie du Mesnil, L. Bazin, L. J. Laugier... et sur les chefs, camarades, amis qui nous ont aidé, ne fût-ce que d'un encouragement.

Vincennes, le 28 novembre 1898.

L. D.

---

1. Nous dirions presque, avec M. Leroy-Beaulieu, « *la soupape* ».

# CHAPITRE PREMIER

UTILITÉ DES VILLES FRANCHES, DES PORTS FRANCS, DES ENTRE-
PÔTS, COMME PROCÉDÉS DE FRANCHISE, OU, SUIVANT LES CAS,
DE CRÉDIT DES DROITS DE DOUANE.

## SOMMAIRE

1. *Inconvénients généraux du protectionnisme*, pour l'industrie des transports, pour l'industrie des échanges, pour la production, pour la consommation, pour le trésor public.
2. *Remède apporté à cette situation par la franchise des villes, des
ports, des magasins* : utilité commune de ces formes de franchise ou
de crédit
3. *Utilité spéciale de chaque institution.*
4. *Plan du travail.* Des trois idées maîtresses du sujet.

L'objet de ce travail est l'étude des trois formes de franchise ou, suivant les cas, de crédit fait au commerce pour le
paiement des droits de douane : la ville franche, le port
franc, l'entrepôt.

Avant d'entrer dans l'exposé analytique de ces institutions, avant d'en rechercher l'origine, d'en décrire la structure, il nous a semblé nécessaire de donner quelques notions
générales sur les services économiques qu'elles rendent à
la société.

La *ville franche* est la ville, le plus souvent maritime, dont
tous les quartiers se trouvent hors de la ligne de douanes,

par conséquent, hors du pays auquel la ville appartient géographiquement et politiquement. La ville franche est librement ouverte à tous les bâtiments et à tous les produits. Dès lors, dans son enceinte, qui bénéficie d'une sorte de privilège d'exterritorialité, toutes les opérations. toutes les transformations et toutes les manipulations de marchandises, possibles à l'intérieur, peuvent s'effectuer, presque sans restriction, mais en franchise de toute taxe fiscale. Les droits ne sont exigibles que si les produits ne sont pas réexportés et au moment où ils passent sur le sol national. Comme exemple de ville franche, nous citerons, en France, Marseille et Dunkerque, depuis 1669 jusqu'à la Révolution ; Lorient, jusqu'à la loi du 20 avril 1790 ; Bayonne, Saint-Jean-de-Luz, depuis 1784 jusqu'à la Révolution ; et Marseille, une deuxième fois, du 16 décembre 1814 au 10 septembre 1817. A l'étranger nous trouvons notamment : Hambourg, jusqu'à l'époque de son entrée dans le Zollverein en 1881 ; Brême, jusqu'à son adhésion au Zollverein en 1888.

Les limites du *port franc* sont moins étendues. La zone de l'exterritorialité commerciale et fiscale ne comprend plus toute la ville, mais, soit tout ou partie du port et de ses dépendances, soit, le plus souvent, certains bassins, certains quais, certains magasins, déterminés par l'autorité publique. Dans les limites de cette enceinte, toutes les marchandises, ici encore, peuvent, en franchise de droit, pénétrer et rester. Il est aussi permis de les y classer, trier, diviser, transformer, de les y soumettre à toutes sortes de préparations telles que nettoyage, coupage, décortication, de les y mélanger avec toutes sortes de produits nationaux ou étrangers. Ces marchandises échappent aux droits de douane, si elles sont réexportées ; dans le cas où elles franchissent l'enceinte du port franc, elles sont soumises à ces droits ; mais elles n'y sont soumises qu'à ce moment. Brême, Hambourg, sont des ports francs depuis leur entrée dans le Zollverein ; mentionnons aussi : Gibraltar depuis 1706, Copenhague depuis 1894, Gênes, Trieste, Lubeck, Malte, Singapoor, Hong-Kong, Kola (1).

Avec l'*entrepôt* la portion de territoire franc se resserre encore (2). Le crédit pour le paiement des droits ne s'étend plus à une ville, ni même à un port, il se limite à des magasins surveillés par la douane.

L'entrepôt est en effet un local où les produits soumis à des taxes peuvent séjourner sans paiement préalable de ces taxes. Nous allons retrouver encore ici le même procédé que plus haut : réexportées, les marchandises sont soustraites à tout droit ; livrées à la consommation intérieure, elles y sont frappées du droit exigible, et le droit n'est dû qu'au moment de la sortie des magasins : l'entrepôt est réel, quand le magasin est gardé par la douane ; il est fictif quand les marchandises sont dans le magasin du propriétaire, à sa disposition, mais sous la garantie d'un engagement cautionné de les représenter à toute réquisition (3).

Quel que soit, du reste, le caractère de l'entrepôt : qu'il soit fictif ou qu'il soit réel, les marchandises doivent en principe sortir telles qu'elles sont entrées ; par suite, et sauf quelques exceptions, les opérations de triage, mondage, division, préparation, transformation sont interdites.

1. Nous reparlerons de ces villes dans le chapitre VIII, dont la première partie leur sera consacrée.

2. « L'entrepôt et le rétrécissement des anciennes villes franches ». (Enquête qui a précédé la loi du 27 février 1832).

3. Nous ne nous occupons ici que des entrepôts de douanes et nullement des entrepôts des contributions indirectes et de ceux des octrois. Nous aurons dans le chapitre VII occasion de revenir sur cette distinction. Nous ne parlons pas non plus des entrepôts dits « frauduleux » qui sont des locaux où sont recelées, dans le rayon frontière, les marchandises introduites en fraude. Nous omettrons également de traiter de ce qu'on appelle les surtaxes d'entrepôt, suppléments de droits exigé, dès lors qu'un produit exotique a séjourné dans un pays d'Europe, avant son arrivée en France.

Les entrepôts existent aujourd'hui à peu près chez tous les peuples civilisés.

Tels sont réunis en quelques traits, les caractères fondamentaux des trois institutions qui font l'objet de cette étude.

Il nous est maintenant possible d'envisager leur utilité qui consiste, en résumé, à apporter un correctif aux inconvénients inhérents au système protecteur, inconvénients que nous devons, par conséquent, exposer tout d'abord.

1. *Inconvénients du protectionnisme.* — Les mesures protectionnistes tendent, comme on le sait, à assurer le développement harmonique des diverses forces productives d'une nation. Les conditions de la lutte économique entre Etats sont rarement égales. Si on laissait, en effet, les échanges extérieurs sous le régime de la liberté absolue, il serait à craindre que la concurrence n'aboutisse à la ruine des pays les moins riches, les moins bien outillés, ou à une spéculation excessive de nature à les rendre impuissants à se suffire à eux-mêmes, en temps de guerre ou de crise générale (1).

Le protectionnisme pare à ce danger ; il est l'instrument de la conservation, de la défense des divers organes du travail national : les entraves qu'il apporte à l'envahissement du marché intérieur par les produits étrangers assurent la stabilité des prix, ou tout au moins préviennent l'effondrement des cours. Et ainsi se trouvent réparées les faiblesses économiques des peuples placés dans des conditions inégales de lutte sur le marché international.

Telles sont les nécessités qui servent de fondement au système protecteur ou qui s'attachent à lui (2). Mais les avantages

1. D'après List, le fondateur du Zollverein (1827), la libre concurrence entre deux peuples n'est avantageuse pour tous les deux qu'autant qu'ils sont l'un et l'autre au même degré de développement industriel.

2. Le 30 novembre 1831, M. de S$^t$-Cricq prétendait que le système protecteur était le meilleur : 1° par principe, parce que le bon marché des

ne vont pas sans quelques inconvénients. Les droits de douane exercent en effet une action déprimante sur les transports et les échanges et atteignent, par là, dans une certaine mesure, la production et la consommation intérieures; en outre, appliqués sans restriction et d'une façon trop rigoureuse, nous n'hésitons pas à dire qu'ils portent aussi atteinte aux intérêts fiscaux de l'État.

En premier lieu, attendu qu'il est bien difficile de réexporter des produits déjà grevés de taxes acquittées, par cela même que leur simple débarquement constitue une importation réelle, l'étranger s'éloigne du pays sur lequel il ne peut même pas déposer de marchandises sans avoir immédiatement à payer des droits, alors même qu'il ignore si elles y seront consommées (1). Et pour la même raison, l'habitant du pays hésite à demander au dehors les denrées nécessaires à son existence ou les matières premières utiles à son industrie. D'où diminution dans le nombre des navires faisant la navigation au long cours et au cabotage international, d'où affaiblissement du trafic d'exportation, d'où atteinte portée aux transports, aux échanges.

En portant cette atteinte dont nous venons de parler, le protectionnisme préjudicie aux intérêts de la production et de l'alimentation intérieures. Pour le prouver, il nous suffira de démontrer le rapport qui existe entre les restrictions apportées aux transports et aux échanges et la crise de la production et de l'alimentation intérieures.

D'une part, le travail est atteint, car il trouve moins aisé-

produits consommables peut être procuré par une concurrence intérieure raisonnablement protégée et parce qu'un marché de plusieurs millions de consommateurs offre assez d'excitation aux industries de tous ordres ; 2° par confiance, parce que les industries les plus protégées ont été plus perfectionnées ; 3° par nécessité, car des intérêts sont nés, qu'il serait injuste de troubler.

1. Voir l'exposé des motifs de la loi du 9 février 1832, et le rapport du comte Roy du 13 février 1832, antérieur à la loi du 27 février 1832.

ment et moins rapidement les instruments ou les matières utiles à ses opérations, puisque l'obligation de payer une taxe pour tout objet qui dépasse la barrière de douane empêche les étrangers de lui apporter leurs produits. Le travailleur national doit donc ou bien se priver des marchandises du dehors, ou bien, s'il les achète, les acquérir dans des conditions défavorables. N'ayant pas, en effet, ces objets à sa portée, il ne pourra les apprécier et les juger que sur échantillons.

De plus, il sera obligé de payer ces objets un prix plus élevé, car un objet vendu sur le marché national se vend, toutes choses égales d'ailleurs, moins cher que le même objet acheté à l'étranger; d'une part, comme on n'a pas à s'occuper de le faire venir de loin, on s'affranchit par là, souvent, d'une cause de dépenses fort lourdes ; d'autre part, le client peut beaucoup plus facilement dicter ses conditions au traficant qui ayant porté les produits de son pays sur un territoire lointain n'a pas intérêt à les y rapporter.

Il est vrai que, privé des ressources de l'étranger, le particulier peut s'adresser aux nationaux, mais il subira alors le contrecoup de la hausse des prix, provoquée à l'intérieur par les taxes de douane, hausse que la concurrence internationale n'atténuera que faiblement, puisque la spéculation, sous le régime que nous supposons, ne peut accumuler sur le sol national, en franchise de droits, des stocks de marchandises prêtes à être jetées sur le marché et à déterminer la baisse. En résumé, l'industriel reçoit ses fournitures moins rapidement, sa liberté de choix est amoindrie, et surtout, il paie plus cher.

D'autre part, le consommateur se trouve placé dans une condition analogue.

Les denrées étrangères d'alimentation ne pouvant, nous le supposons, être réexportées en franchise de droits se détournent du pays où elles pourraient être importées. Les approvisionnements deviennent donc moins faciles. L'influence de la concurrence extérieure, se faisant moins activement sentir, rien ne vient tempérer la hausse excessive des prix intérieurs.

Ce n'est pas seulement la société qui, dans ses organes de production ou de consommation, souffre des droits de douane, c'est encore, quoique cette assertion semble paradoxale, le Trésor public. L'obligation de payer immédiatement les taxes à l'entrée du territoire contribue à restreindre les importations et par conséquent les occasions qui s'offrent à l'Etat de mettre directement de l'argent dans ses caisses. Ensuite, plus le commerce international est actif, plus les transports sont fréquents, plus les échanges sont nombreux, plus dès lors s'accroît le produit des impôts que l'Etat perçoit sur les manifestations de la circulation des richesses. Enfin le développement des transactions et des transports assurant la prospérité des Compagnies de chemins de fer et de navigation, l'Etat peut diminuer ses subventions postales, ses garanties d'intérêt, ses primes à la navigation. Il est du reste intéressé directement au progrès de la marine marchande, et à l'accroissement du nombre des navires de commerce dont beaucoup sont aménagés en vue d'être armés en croiseurs en temps de guerre. Pour faire une bonne marine de guerre, disait « le citoyen » Collin, directeur général des douanes, dans la séance du 28 germinal an XI (discussion de la loi du 8 floréal an XI) il faut une bonne marine de commerce.

C'est, non pas sans doute pour supprimer, mais pour « améliorer le système de protection, en le dégageant d'une foule d'entraves superflues » (Séance du 26 décembre 1831) que la franchise des villes, des ports, des entrepôts a été admise (1).

Nous examinerons d'abord l'utilité commune de ces di-

1. Les hommes qui professent les théories du libre-échange et ceux qui professent celles de la protection sont amenés à des concessions réciproques

verses institutions. Nous rechercherons ensuite à quels besoins précis chacune d'elles paraît plus particulièrement répondre.

11. *Utilité commune des villes franches, des ports francs, des entrepôts.* — Cette utilité existe exclusivement dans les pays protectionnistes. Lorsque un Etat pratique, au contraire, le libre échange, il lui est à peu près indifférent de posséder ou de ne pas posséder de superficies franches, puisqu'aucun droit ne frappe les importations ou que le droit exigé, ayant le caractère de droit « d'*entrée* » et non de droit de « *consommation* » est assez peu élevé pour n'entraver en aucune façon les transactions et les échanges.

Lorsqu'un Etat est protectionniste, la concession du privilège d'exterritorialité fiscale à certaines fractions du sol national, présente pour lui ce premier résultat heureux d'attirer, sur ces points francs, sortes de bazars, les produits étrangers. Ceux-ci bénéficient, en effet, des avantages suivants : faculté d'être réexportés en franchise, crédit des droits pour ceux destinés à être consommés ultérieurement à l'intérieur du pays ; avantages qui, attirant le commerce comme des aimants, procurent un vaste aliment à l'industrie des transports et des échanges.

De cette extension du trafic d'exportation résultent pour la production et la consommation nationales des avantages symétriquement opposés aux inconvénients signalés plus haut provenant de l'application trop rigoureuse du système

du moment où il s'agit de l'application (Exposé des motifs, séance du 18 mai 1836).

D'ailleurs, disait le comte Roy à la séance de la Chambre des Pairs du 13 février 1832 (exposé des motifs de la loi du 27 février 1832) : il ne peut pas y avoir de liberté *absolue* du commerce, il la faut, il est vrai, la plus grande possible et ne se résoudre à lui faire obstacle que tout juste dans la mesure commandée dans l'intérêt public, mais il serait dangereux de ne pas se prémunir contre l'exagération.

protecteur, d'où, en conséquence et en résumé : facilité d'approvisionnements, extension du cercle des marchandises offertes au choix du consommateur, atténuation sensible apportée à la hausse excessive des prix intérieurs, mise de la marchandise à la portée des sens du client (1), augmentation des ressources du Trésor, progrès de la marine marchande et par là quelque peu de la marine de guerre.

Mais à côté des avantages, nous devons mentionner les inconvénients en nous plaçant au quadruple point de vue du commerce, de la production d'objets similaires, de la consommation, de l'État.

D'une part, la franchise des droits accordée aux objets étrangers réexportés, de l'autre, le crédit des droits accordé aux objets étrangers destinés à la consommation intérieure, présentent, au point de vue du trafic, le même défaut de favoriser les fraudes du commerce et les abus de la spéculation. Ils favorisent les fraudes en ce sens que la contrebande est facilitée par l'existence de la superficie franche. Quelque rigoureuse que soit la surveillance exercée aux abords de cette superficie franche, aucun obstacle n'empêche un négociant habile et hardi de retirer en franchise, sous le couvert de la réexportation les marchandises du lieu où elles sont déposées, puis, lorsque le navire est arrivé en pleine mer, de répartir ces marchandises sur plusieurs chaloupes qui viendront les rapporter à des complices qui font le guet sur le rivage.

1. Voir le rapport du député Ganneron en date du 30 décembre 1834. Il n'est personne, disait-il, qui ne conçoive les avantages qu'un marchand, qu'un manufacturier, peut avoir à choisir *lui-même* ses marchandises, il les voit, il les sonde, il les essaie, et lorsqu'il a été à même de les apprécier, il en prend livraison. Si, au contraire, il est obligé de transmettre à un tiers la commission d'acheter pour son compte, ces avantages disparaissent : il ne voit pas ce qu'il acquiert, il prend sa marchandise sur échantillons. L'intérêt public exige que la marchandise soit le plus possible rapprochée du consommateur, que cette marchandise lui soit livrée au plus bas prix, qu'enfin il y ait un mouvement actif, facile, rapide dans les opérations commerciales.

La franchise et le crédit des droits ne favorisent pas seulement les fraudes, ils facilitent aussi les abus de la spéculation. Or, si la spéculation est fort légitime (1), rien n'est plus condamnable que ses abus. La spéculation est légitime (2), car, pour réaliser des bénéfices, le spéculateur doit conformer sa conduite à l'utilité générale. Qu'exige, en effet, l'intérêt public ? Que les marchandises soient transportées des endroits où il y a surabondance dans les régions où la disette est à craindre.

Qu'exige l'intérêt privé des commerçants ? C'est que le prix le marché où ils achètent soit plus bas que le prix sur le marché où ils vendent. L'intérêt particulier est donc en harmonie avec l'intérêt général. Pour réussir, les spéculateurs doivent s'enquérir de l'importance respective des denrées et des besoins de chaque pays, de façon à profiter de la baisse qui règne dans les contrées à production surabondante, pour y multiplier leurs achats, et de la hausse qui se produit dans les contrées à production déficitaire pour y multiplier leurs ventes. Le résultat de ce double ordre d'opérations, si celles-ci reposent sur des prévisions exactes sera sans doute l'enrichissement du marchand, mais ce sera en même temps, soit la mise à la disposition du public des produits nécessaires aux exigences de la vie, soit le nivellement des prix. La spéculation est donc, à tous points de vue, nécessaire (3). Mais nous ne pouvons en dire autant du *jeu*, de l'*agiotage*, de l'*accapare-*

1. Le père de famille, qui achète en gros ses provisions, dit Claudio Jannet (*Le capital, la spéculation, la finance*) spécule. Le propriétaire qui garde dans ses greniers la récolte de plusieurs années pour attendre un prix plus élevé, spécule. — Joseph a spéculé (*Genèse*, chap. 41 et 47) et Aristote ne trouve blâmable la spéculation qu'autant que s'y mêle l'accaparement (*Politique*, L. I, chap. IV, § 6).

2. La spéculation, dit C. Jannet (déjà cité), est un instrument de progrès. Leroy-Beaulieu dit que la société où chacun voudrait placer à 3 1/2 ou à 5 0/0 serait vouée à la routine.

3. La spéculation est reconnue légitime par saint Thomas (*Summa theologica*, 2ᵃ 2ᵃᵉ quest., 77 an 3).

*ment*, pour employer les termes qui servent habituellement à caractériser les *abus* de la spéculation (1).

Il ne nous est pas permis d'insister longtemps sur ces problèmes fort délicats, nous nous bornerons aux quelques idées générales nécessaires à l'intelligence de la question.

L'*agiotage* est le délit le plus facile à définir : il consiste dans les diverses manœuvres telles que fausses nouvelles répandues soit de vive voix, soit par la presse, soit par le télégraphe, et destinées à produire ou bien l'événement de nature à entrainer la hausse ou la baisse, ou la croyance à la réalité de cet évènement. Mais comment, nous dira-t-on, les villes franches, les ports francs ainsi que les entrepôts facilitent-ils l'agiotage ? Ils le facilitent de la façon suivante : pour confirmer les fausses nouvelles qu'on lance dans le public, pour en hâter la propagation, il est bon de multiplier les ventes si on veut faire croire à l'existence d'un fait malheureux et provoquer ainsi la baisse ; il est bon, au contraire, de multiplier les achats si on veut déterminer un mouvement de hausse. Or, ces opérations ne sont possibles que si le négociant peut accumuler en franchise, à sa portée, des stocks de marchandises assez importants pour amener soit une panique, s'ils sont jetés d'un coup sur le marché, soit un afflux de demandes, s'ils sont gardés jalousement par le spéculateur.

Voilà comment les villes franches, les ports francs, les entrepôts, en facilitant la concentration de masses considérables de produits sur certains points du territoire, ouvrent la porte à ce premier abus : *l'agiotage*.

C'est pour des raisons analogues qu'on présente ces institutions comme favorables au développement du *jeu* et de l'accaparement.

Le *jeu* est presque impossible à définir : sa différence avec

1. Consulter C. Jannet : *Le capital, la spéculation et la finance.*

la spéculation légitime réside en effet dans une question d'intention. Le joueur demande son gain, comme l'a parfaitement aperçu C. Jannet, non pas à la prévision d'événements exacts, mais au hasard, à la fantaisie de son imagination ; il recherche, non la satisfaction d'un besoin public, tel que le service des approvisionnements, mais exclusivement son intérêt particulier. Il est difficile de préciser davantage.

*L'accaparement* est aussi une notion vague et fuyante ; il consiste dans la concentration d'un produit entre quelques mains, en vue d'exploiter la clientèle, de créer des prix de monopole.

Ce sont ces manœuvres frauduleuses que les procédés de franchise ou de crédit des droits facilitent, en permettant de centraliser sur quelques points la production du monde entier.

Tels sont les inconvénients de nos trois institutions en ce qui concerne le commerce. Elles portent également atteinte, dans une mesure moindre, aux intérêts des industries ou des cultures produisant des objets similaires. Atténuant en effet le fardeau des droits de douane, elles aggravent de la sorte les conditions de la lutte économique internationale. D'abord, les objets étrangers, qui ont touché notre sol font au travail national, une concurrence plus vive que les objets qui sont au loin ; ensuite, les opérations de réexportation peuvent faciliter la fraude sur les marchandises fortement taxées. Enfin la spéculation, favorisée, comme nous venons de le montrer, tend à multiplier le nombre des opérations se soldant par le paiement de simples différences, et crée par là même un énorme stock fictif de marchandises qui entraîne une surproduction apparente. et un avilissement des prix, conséquences désastreuses pour la production nationale.

Voilà l'utilité que présentent les villes franches, les ports francs, les entrepôts. Voilà leurs avantages et leurs inconvénients communs.

Recherchons maintenant l'utilité spéciale de chacune de ces institutions.

*III. Utilité spéciale de la ville franche, du port franc, de l'entrepôt.* — **A.** *Utilité spéciale de la ville franche* (1). Ce qui distingue d'abord la ville franche des deux autres institutions c'est, sans qu'il soit besoin d'insister, l'étendue fort vaste de la zone d'exterritorialité. Ce n'est pas seulement à quelques locaux, ni même au port, c'est à toutes les parties de la ville que s'étend le bénéfice de la franchise ou du crédit des droits. Il n'y a donc à craindre ni encombrement des marchandises, ni insuffisance des emplacements. Les importateurs peuvent en toute sécurité diriger les produits sur la ville, ils n'ont pas à redouter les retards dans le magasinage. Et ainsi, grâce à ce premier caractère, la ville franche, attire à elle le commerce du monde entier (2) ; d'où, par conséquent : développement du trafic, abaissement du prix du fret, et en même temps enrichissement des spéculateurs.

Le commerce n'est pas seul à bénéficier de l'ampleur de l'enceinte franche, l'industrie y trouve aussi son profit. Des usines ou des ateliers peuvent venir s'établir dans cette enceinte pour la manipulation, la préparation ou la transformation des produits.

Quant aux consommateurs, ils sont favorisés, puisqu'ils peuvent, sans payer de droits consommer sur place, les denrées étrangères.

Le second caractère de la ville franche c'est la *liberté* dont y jouissent le trafic et la fabrication, c'est la simplification des

---

1. Sur ce point voir Artaud : La franchise du port de Marseille ; *Recueil Havrais* du 5 mars 1897, l'article intitulé : Anvers port-franc.

2. Ce sont, disait Pardessus en 1825, des factoreries universelles ; c'est, dit Julliany (*IIIe de Marseille*) un point commun où vient aboutir par une sorte de fiction le territoire prolongé de toutes les nations ; il reçoit et verse de l'une à l'autre toutes les productions respectives sans gêne et sans droits (*Mémoire Ch. com. Marseille,* an XIII.)

formalités de surveillance, des formalités d'entrée et de sortie. Et cette facilité d'accès est aussi précieuse que l'étendue des emplacements. Elle contribue, elle aussi, à favoriser l'essor de la richesse, les progrès de l'industrie locale et l'accroissement du commerce d'exportation.

Pourquoi donc, comme nous le verrons, la *ville franche* perd-elle de jour en jour du terrain, et recule-t-elle devant le port franc et les entrepôts ? Est-ce là un pur effet du hasard ? Non, cette disparition progressive tient aux résultats fâcheux qu'entraîne cette institution (1).

D'abord elle présente, avec infiniment d'aggravation en raison même de l'étendue de la surperficie franche, les inconvénients communs aux divers procédés de crédit des droits et de franchise.

Ensuite la liberté des manipulations et des transformations à l'intérieur de la ville facilite la fraude. Le garde d'une ville ouverte de toutes parts, outre qu'elle est dispendieuse, est toujours insuffisante.

Enfin la ville est artificiellement séparée du reste du pays par la barrière de douanes reportée au delà de son enceinte. De là des difficultés et des inégalités de toutes sortes, soit pour les industries fixées à l'intérieur de l'enceinte privilégiée, soit pour les industries établies au dehors (2).

*Industries enfermées dans l'enceinte de la ville.* — Les industries englobées dans le périmètre de la ville affranchie peuvent se classer en trois catégories : les industries qui s'adressent aux consommateurs de l'intérieur du pays, celles dont les

1. Voir sur ce point J. Charles-Roux, rapport sur le budget de l'exercice de 1898 du ministère du commerce, ex. 1897, p. 34. Fermé, Rapport à l'enquête de la commission de la Marine marchande au nom de la chambre des Négociants Commissionnaires, p. 15 ; Estrine, Richard et Goin : *Un port franc à Marseille*, p. 8 ; *Contrà* : Artaud, *loco citato*, p. 70.

2. Voir le préambule de l'Ord. du 10 septembre 1847.

produits se consomment dans la cité même, celles dont le débouché est à l'étranger.

Les industries dont les produits se vendent à l'intérieur du
pays sont dans une situation des plus précaires, si ces produits
sont taxés à la sortie de la ville franche à la barrière douanière qui sépare la production locale du marché national. On
peut il est vrai songer à les soumettre à un régime différent
de celui qui pèse sur les marchandises étrangères et à leur ouvrir toutes grandes les portes qui communiquent avec le reste
du pays; mais ce système de franchise pour les marchandises
nationales et de taxation pour les marchandises étrangères
obligerait à vérifier la provenance. Mais on se trouve alors
peu à peu acculé, pour prévenir la fraude à l'*exercice* des
établissements par la douane, c'est-à-dire à un régime vrai-
ment draconien (1). Le traitement appliqué à la zone franche
du pays de Gex et de la Haute-Savoie permet de nous faire
une idée des entraves de toute nature apportées par ce
procédé à l'initiative des producteurs. Les propriétaires
des établissements qui veulent bénéficier de la franchise
à l'importation sur le sol national et à la sortie de la zone
doivent, chaque année, faire une déclaration préalable au
service de douane chargé de la surveillance. « Ils ont, ajoute
« le règlement, à tenir compte jour par jour, quand il s'agit
« de produits manufacturés, de leur fabrication. Ce compte
« est représenté au service des douanes, à toute réquisi-
« tion... (2) et celui-ci peut procéder à toute heure, soit dans
« les pâturages et étables, soit dans les magasins et ateliers,
« à tous recensements et à toutes vérifications jugées néces-
« saires » (3).

1. Règlement du 31 mai 1863, art. 5 (relatif au régime commercial des
zônes neutralisées de la Savoie et du pays de Gex).
2. Règlement du 31 mai 1863, art. 18.
3. Comp. ord. du 20 février 1815, pour Marseille.

Quant aux petites industries dont les produits se consomment sur place, leur situation serait précaire, elles seraient privées de toute protection contre la concurrence internationale. Les seules industries, auxquelles le régime de la ville franche, puisse être avantageux sont celles dont les débouchés sont à l'étranger, et encore entendons-nous par là les industries travaillant des matières premières exemptes de droits, car les autres perdraient les avantages de l'admission temporaire, et le cas échéant les bénéfices des primes allouées à la sortie aux produits manufacturés.

*Industries nationales situées au-delà du territoire franc.* — Ici encore toutes sortes de difficultés surgissent comme conséquence de la *dénationalisation* de la ville. Quel que soit le traitement auquel on soumette les produits de son industrie, la solution soulève toujours des objections, si l'on veut permettre à ces produits de rentrer dans la circulation intérieure après en être sorti.

Le législateur doit opter entre deux partis.

Il peut d'abord réserver aux marchandises nationales le bénéfice de la réadmission en franchise au moment où elles sortent de la ville pour retourner dans le pays. Il suffirait pour cela de leur délivrer un passavant descriptif à leur entrée sur le territoire franc, mesure analogue à celle que prescrit la loi des 6-22 août 1791 (tit. III art. 1er) pour les marchandises empruntant le territoire étranger.

On peut prendre une autre détermination : on peut admettre les produits nationaux en franchise, mais les frapper quand ils reviennent dans la circulation intérieure. Ainsi les procédés de surveillance sont très simplifiés. Mais alors c'est n'admettre, dans la ville franche, que les objets destinés à la réexportation, c'est empêcher les localités voisines de la ville franche d'y faire leurs approvisionnements.

Ces inconvénients ont amené, comme nous verrons, la disparition progressive des villes franches (1). Aujourd'hui il n'existe plus (sans parler bien entendu de l'admission temporaire que nous excluons de notre étude) que deux formes de franchise ou de crédits des droits de douane : le port franc et l'entrepôt. Voyons à quels besoins spéciaux ils répondent.

B. — *Utilité spéciale du port franc* (2). — La zône franche ne s'étend plus à la ville entière, mais seulement au port et même le plus souvent à certains quartiers du port (3).

Il est clair dès lors que les facilités données au trafic et à l'industrie sont moins grandes que dans la ville franche. Le port franc, à raison des bornes restreintes de son emplacement ne peut recevoir autant de marchandises. Il n'y a place dans son enceinte que pour quelques industries de mélange, de coupage ou de transformation en vue de la réexportation. Et par là même les difficultés auxquelles donne lieu le régime des établissements industriels englobés dans le périmètre de la ville franche ne se présentent plus ici. Il reste, il est vrai, à régler le sort des produits nationaux qui ont pénétré dans le port et qu'on désire en tirer pour les jeter dans la circulation intérieure. Mais quelle que soit la solution adoptée, son application sera en tous cas facilitée par la concentration même des affaires sur un emplacement restreint et par la tendance du port franc à se transformer en un marché d'exportation ou de réexportation. Enfin les consommateurs sortent aussi de la condition anormale dans laquelle ils se trouvent placés sous

---

1. Voir à ce sujet de Hock : « Die offentlichen abgaben und schulden » p. 126-127. « Leurs produits sont exclus du marché de la métropole et n'en ont acquis aucun autre à la place ; ils ne peuvent avoir ni grande fabrication, ni grande industrie. Les produits de la métropole qui y sont apportés perdent leur nationalité et ne peuvent être réintroduits en franchise. »

2. Voir les auteurs déjà cités : Roux, Estrine, Artaud, Fermé.

3. C'est une sorte de « foire » perpétuelle.

le régime de la ville franche. Dans le port, rien ne peut se consommer, personne n'est admis à l'habiter (1).

La liberté des opérations est aussi moins grande que dans la ville franche, à cause précisément de l'étendue moins vaste de la superficie franche. Mais en revanche, la surveillance est plus aisée, la perception des droits plus facile, la contrebande moins praticable : l'administration n'a en effet qu'une enceinte à garder, sa police ordinaire suffit, elle n'a pas besoin d'augmenter son personnel. Le port se réduit à une sorte d'enclos, entouré de murs, de fossés, de grilles, de palissades, etc. Les magasins ouvrent librement d'un côté sur la mer ou sur le fleuve (2), de l'autre côté sur le territoire national dont ils sont séparés par une haute barrière. Les négociants y sont admis tous les jours et librement, ils peuvent recevoir et débarquer leurs marchandises, les manipuler, en former des assortiments variés, les charger et les expédier. Mais dès qu'on franchit l'enceinte, par la porte de l'intérieur, les usages ordinaires reprennent leurs cours, et on rencontre à la sortie un bureau de perception, auquel il est impossible d'échapper et où l'Etat exige le paiement des droits pour les marchandises entrant dans la consommation.

Tels sont les services spéciaux rendus par les ports francs. Leur premier inconvénient, minime en somme aux yeux de qui estime que toute institution favorable à la prospérité générale doit être approuvée, c'est qu'ils créent une inégalité entre les centres voués au commerce d'exportation. Toutes les villes trafiquantes ne remplissent pas les conditions exigées pour l'établissement d'un port franc. La plupart de ces villes seront donc privées de cette faveur, injustice sans

1. Pour éviter les inconvénients que la douane pourrait craindre, personne, sauf quelques gardiens, n'habiterait l'enclos réservé. Il n'y aurait que des magasins, pas de logements : Julliany, I. 259.

2. Ou sur la frontière, si on considère certaines villes comme des *ports terrestres.*

doute ; mais injustice qui, si elle porte atteinte aux intérêts de quelques-uns, sert l'intérêt général.

Un autre inconvénient provient de la difficulté des vérifications de provenance au moment du passage dans la consommation intérieure, vérifications qui ont pour but d'éviter la fraude : on peut y remédier au moyen de la création d'entrepôts, comme nous le verrons dans le chapitre VIII.

C. — *Utilité spéciale de l'entrepôt.* — Les marchandises que l'on veut faire bénéficier de la franchise ou suivant le cas, du crédit des droits, sont déposées non dans une ville, non dans un port, non dans un quartier du port, mais dans des magasins qui sont les uns *publics* (entrepôts réels), les autres *privés* (entrepôts fictifs).

L'établissement des entrepôts est donc infiniment plus facile que celui des villes franches et des ports francs. Dès lors, on peut créer un entrepôt dans tous les centres commerciaux, d'une importance appréciable. L'entrepôt échappe en grande partie au reproche des deux autres institutions qui aboutissent à une inégalité véritable, et grâce à lui toutes les villes commerçantes peuvent profiter des procédés de franchise ou de crédit des droits (1).

L'entrepôt réduit également au minimum les chances de fraude. Dans l'*entrepôt réel*, en effet, les marchandises sont sous le contrôle direct de l'Administration ; l'entrée des produits est précédée d'une vérification, leur sortie d'une déclaration faite à la douane par l'entrepositaire ou son représentant. La garde, la surveillance, sont confiées aux agents du fisc. Lorsque les marchandises sont placées dans les

1. « Admettez momentanément en franchise, dit Joubleau, II, p. 411, les importations de l'étranger ; elles afflueront chez vous, mais en même temps prenez vos mesures pour que le trésor ne soit pas frustré de ses droits. Voilà le principe de l'entrepôt. »

*entrepôts fictifs*, c'est-à-dire dans les magasins mêmes du négociant auquel elles appartiennent, les fraudes, semble-t-il, sont plus à redouter. Mais c'est là une crainte que l'expérience ne paraît pas avoir justifiée. Il existe en effet de sérieuses garanties des intérêts du trésor. Ainsi que nous le verrons, l'entrepositaire doit déclarer les marchandises qu'il entend entreposer ; il lui faut désigner, à cet usage, des magasins qui devront être disposés de façon à faciliter les actes de contrôle ; de plus, il est obligé de promettre de payer les droits sur les objets qu'il aura fait sortir, la déclaration faite ; enfin, il s'engage à les payer également sur ceux qu'il ne pourra pas présenter à toute réquisition ; cette soumission est garantie par une caution agréée par la douane.

On adresse quelques reproches à l'institution des entrepôts, surtout des entrepôts réels (1).

En particulier, la cherté excessive du service rendu. L'entrepôt réel forme un emplacement d'une étendue souvent très restreinte : le propriétaire de l'immeuble assiégé de demandes peut abuser de sa position, dicter la loi aux entrepositaires et leur réclamer un gros loyer.

« Une *redevance très élevée*... est acquittée par l'entreposi-« taire comme frais de séjour dans les magasins, manutention « et surveillance », écrit M. Charles-Roux (page 35, note, rapport sur le budget du commerce, ex<sup>ce</sup> 1898). Et voici ce qu'écrit M. Artaud en note de la page 30 de sa brochure sur la franchise du port de Marseille :

« Nous eûmes un moment la pensée de travailler à l'entrepôt réel avec un stock, et un outillage spéciaux et nous demandâmes à la Compagnie des Docks, qui jouit du monopole de l'entrepôt réel, de nous louer un des nombreux magasins dont peut disposer cette Société.

1. Artaud, page 29 ; Estrine : *Un port franc à Marseille*, pages 17 et 29 ; Delivet dans le *Recueil Havrais* du 5 janvier 1898, page 35.

« Il y eut d'abord un obstacle capital à surmonter ; la douane ne voulait ni étendre le périmètre de l'entrepôt réel que son personnel aurait été insuffisant à surveiller, ni restreindre l'emplacement réservé à ce service public, pour nous en réserver une parcelle ; mais des négociations vinrent à bout de cette difficulté et nous échouâmes devant celle que nous signalons dans le texte. La Compagnie des Docks nous demandait un loyer de dix-huit mille francs par an pour un local d'environ six cents mètres carrés et imposait, en outre, le paiement de son tarif d'entrée et de sortie aux marchandises que nous aurions manipulées dans ce local. »

Un autre vice de l'entrepôt c'est la lenteur de ses opérations, le retard apporté par le grand nombre de formalités requises (1). En sorte que de deux choses l'une : ou bien le propriétaire attend son tour à l'entrepôt ; mais alors il ne peut prendre ses commandes à temps et profiter du départ des navires pour faire ses expéditions (2) ; ou bien il fait des transactions, sans se préoccuper de savoir s'il a ou non déposé ses marchandises en entrepôt ; mais alors il est privé du bénéfice de la franchise ou du crédit des droits.

Les autres défauts de l'entrepôt ont été fort bien mis en lumière dans une lettre de M. Chaptal, ministre d'Etat, directeur général du commerce, adressée le 29 avril 1815 à la Chambre de commerce de Marseille. Voici ce passage intéressant :

« Les entrepôts, qui ont été autorisés en l'an XI, présentent

1. « Les formalités sont innombrables. Les déclarations, les permis, les visites, sont aussi indispensables pour l'article qui paye un droit presqu'insensible, que pour les marchandises les plus sévèrement prohibées, ou les plus fortement taxées par le tarif ». Becquey, Discours à la Chambre des pairs, 1814.

2. « Il faut surtout, disait M. Becquey, directeur général de l'agriculture et du commerce, que la marchandise dans les magasins puisse être vue et revue, manipulée, divisée et emballée au moment précis. Or, rien de tout cela n'est praticable dans les entrepôts » (Exposé des motifs du projet de loi sur la franchise).

de graves inconvénients pour le commerce. Je ne parlerai que de ceux qu'entraîne l'entrepôt réel, parce que l'entrepôt fictif n'en entraîne presqu'aucun.

1°. — La douane, faisant un simple crédit de ses droits sur les marchandises mises en entrepôt, exige des déclarations préalables et détaillées des quantités, des qualités, des marques et des numéros de chaque article ; celui à qui les marchandises sont adressées doit fournir cette déclaration avant de les voir et il ne suffit pas à celui qui aborde de les présenter à la visite ; la moindre erreur de traduction des noms ou des poids, la moindre reproduction fausse de la nomenclature du tarif, la plus légère différence ou omission entre les manifestes et la reconnaissance constituent des contraventions qui compromettent la marchandise ;

2°. — La plupart des denrées emmagasinées perdent naturellement de leur poids, les liquides coulent, quelques sels se liquéfient, mais la douane fait livrer net ; les déchets naturels sont assimilés à des soustractions, on prononce le *délit* et le malheureux propriétaire est condamné à un double droit pour les déchets des espèces tarifées et à une amende pour celles qui sont prohibées. Il n'en faut pas davantage pour fermer les ports français au commerce de consignation. Il y a peu de comptes de négociants qui ne donnent lieu à des plaintes et souvent à des procès, par rapport à ces déchets et aux peines prononcées par la douane ;

3°. — Ces entrepôts étant sous la clé de la douane, le propriétaire ne peut pas librement soigner, manipuler, conserver et assortir ses marchandises ; l'état de séquestre où elles sont placées, la difficulté de se procurer la clé et l'impossibilité de disposer longtemps d'un commis, ne permettent ni de prévenir, ni de remédier aux altérations, coulages et autres accidents qui surviennent.

4°. — L'acheteur qui se transporte dans les magasins pour

y former ses achats ne peut visiter la marchandise que lorsqu'il plait au commis de douane d'en venir ouvrir les portes,
de manière que le vendeur, ni l'acheteur, ne peuvent jamais
convenir d'une heure déterminée pour conclure leurs marchés.

5°. — Les marchandises destinées à la consommation intérieure et mises en entrepôt sont sujettes à des droits pour
la garantie desquels la douane exige des cautions que les
seules personnes qui jouissent d'un grand crédit peuvent
fournir. Cette condition indispensable jette souvent le commerçant dans un grand embarras et le force à des sacrifices
onéreux. »

Depuis 1815, sans doute, bien des améliorations ont été apportées. Mais l'inconvénient capital de l'entrepôt, d'où, en
principe, les marchandises doivent sortir telles qu'elles sont
entrées subsiste tout entier. Et M. Delivet se fait l'écho des
plaintes du commerce quand il écrit dans le *Recueil Havrais*
*(loco citato)* :

Elles sont singulières ces exigences de la douane… pré-
tendant taxer les impuretés, les déchets d'une marchandise au
taux même de la marchandise frappée.

Il y a aussi quelque chose de triste dans la sévérité dont
dont s'arme la douane afin de conserver à la marchandise
entreposée, son état prétendu d'origine, alors que, au vu et
au su de tout le monde, cette sévérité couvre et protège les
propres manipulations de nos concurrents étrangers, favorisés par cela même sur notre marché intérieur. Ne reçoit-on
pas, au Havre, par exemple, vià New-York, des cafés « *travaillés et baptisés* » dans les entrepôts d'Europe et qui font
ainsi, de la façon la plus lucrative, une concurrence efficace
aux cafés d'origine réellement reçus dans notre entrepôt !
S'il est, comme on sait, défendu de changer même l'emballage des cafés placés dans notre entrepôt, ou encore d'y
apposer une vignette baptismale quelconque, est-ce qu'on n'a

pas vu des cafés venir directement des pays de production avec les vignettes et mentions propres aux cafés d'une autre origine? Que faut-il penser dès lors de notre « réputation » dont on a fait argument pour faire obstacle aux manipulations d'entrepôt chez nous ?

N'est-il pas temps de ramener la douane à son rôle fiscal tout simplement et de lui enlever un rôle prétendu moral auquel elle est parfaitement impropre et qui fait de nous des dupes? » (1 et 2).

Tel est le rôle des villes franches, ports francs, entrepôts de douanes. Mais, dira-t-on, leur utilité n'est-elle pas appelée à disparaître devant l'*admission temporaire* introduite en France par la loi du 5 juillet 1836 (art. 5) ? Les marchandises étrangères admises temporairement sont affranchies des taxes à l'importation et des surtaxes d'entrepôt (3) ou d'origine, pourvu qu'elles soient réexportées ou rétablies en entrepôt dans un délai déterminé après avoir reçu un complément de main-d'œuvre ou avoir été travaillées en France.

L'admission temporaire, en effet, dans l'esprit du législateur de 1836, ne devait être en quelque sorte et sous un autre nom, comme le remarque M. Pallain (4), « qu'une manipulation en entrepôt et que le complément de ce régime. » Voilà pourquoi, jusqu'en 1850, l'obligation de l'identique, l'obligation de réexporter les produits étrangers eux-mêmes était imposée pour toutes les marchandises admises temporairement. Il y avait donc quelque analogie entre l'admission

1. Même sens : M. Emeric David (séance du 5 décembre 1814): l'entrepôt est une mesure inhospitalière.

2. Dans le même ordre d'idée, M. Fauris de Saint-Vincent, député des Bouches-du-Rhône, séance du 3 décembre 1814 : « L'entrepôt réel ou fictif ne peut convenir qu'aux navires dont le chargement se compose d'un petit nombre d'objets. »

3. Il est fait exception à cette règle pour les blés. (Déc. 9 février 1894, art. 1er).

4. *Les douanes françaises*, tome I, page 367.

temporaire et les institutions de franchise ou de crédit des droits. Mais qui dit analogie ne dit pas identité. Et même alors on pouvait signaler deux différences notables.

La première différence entre l'admission temporaire et les procédés qui font l'objet de notre étude, c'est que les marchandises admises temporairement ne sont pas concentrées dans une enceinte déterminée. Elles peuvent circuler dans le pays tout entier. Tout industriel peut bénéficier de la franchise temporaire, tout industriel peut faire transporter dans son usine, en quelque région qu'elle soit située, des produits étrangers admis à séjourner en France sans acquitter de droits.

Ensuite, l'admission temporaire a pour but, non pas principalement l'intérêt du commerce, mais l'intérêt de l'industrie. Elle n'est ouverte qu'aux marchandises qui doivent être transformées par l'industrie nationale. Le complément de main-d'œuvre est au contraire interdit en principe dans l'entrepôt ; il est facultatif et limité dans la ville franche ou le port franc.

Nous ajouterons que depuis le jour où le régime de l'admission temporaire a été étendu aux matières premières (blé, graines oléagineuses, suif, fer, etc.) destinées à subir une transformation plus ou moins complète par leur conversion en farines, huiles, acides gras, pièces d'ajustage, etc., on a dû substituer au régime de l'identique, inapplicable pour ces sortes d'opérations, le régime de l'équivalent qui consiste à « compenser la matière importée par un produit fabriqué « avec une matière française de même nature et en quantité « correspondante » (1). Et de là résultent quelques inconvénients qui n'existent pas dans le système des entrepôts et ports francs. D'abord, l'industrie de la zone d'importation, de la région où s'arrêtaient les marchandises étrangères com-

1. Pallain, *op. cit.* I, p. 366.

pensées par la sortie d'articles nationaux se trouvait lésée, elle avait à subir la concurrence de ces produits exotiques entrés libres de droits.

En outre, les objets français exportés en compensation avaient, le plus souvent, une qualité et une valeur inférieures aux objets qui avaient été introduits. De là une source de perte pour le Trésor.

L'admission temporaire n'a donc ni la même sphère d'application, ni la même utilité que les ports francs, villes franches et entrepôts.

IV. *Plan du travail.* — Nous avons ainsi terminé l'examen du rôle de nos trois institutions. Si nous nous sommes étendu longuement sur cette question, c'est qu'elle éclaire tous les développements qui vont suivre.

Les graves inconvénients des villes franches, les grands avantages des ports francs et des entrepôts rendent compte de l'évolution historique que nous allons décrire principalement dans le chapitre II et qui a amené la disparition progressive des villes franches et le triomphe des ports francs et des entrepôts.

Les avantages du régime de l'entrepôt, en même temps que ses inconvénients, nous expliquent aussi par anticipation le double mouvement législatif en sens inverse sur notre matière : l'un tendant à élargir ce régime, l'autre à le restreindre.

Les dispositions extensives se justifient par le désir d'augmenter la somme et la portée des avantages de l'entrepôt. Ainsi, nous verrons que le désir de donner toutes facilités au commerce a fait admettre : la faculté plus large de créer des entrepôts dans des centres d'activité commerciale, l'application des entrepôts à des marchandises toujours plus nombreuses, la simplification des formalités d'entrée et de sortie, l'exclusion des marchandises exemptes de droits qui encombreraient les magasins, l'allocation des déficits représentant le déchet naturel pendant la durée de l'entrepôt ou lors de ses mutations (voir chapitre III), les règles protectrices sur la responsabilité de l'administration gardienne (chapitre IV), l'établissement à côté de l'entrepôt réel, des formes diverses d'entrepôt destinées à faciliter la participation de tous aux bienfaits de la franchise ou du crédit des droits (chapitre VII).

Les dispositions restrictives reposent au contraire sur la nécessité de prévenir ou de réprimer les fraudes au détriment du Trésor ou des consommateurs. De la protection du Trésor découlent : la mise à la charge des villes ou des chambres de commerce de tout ou partie des frais de construction ou de gestion, l'exigence d'un décret pour créer des entrepôts, de façon à les concentrer sur certains lieux et à en faciliter la surveillance, la fermeture par les agents de l'administration quand l'entrepôt est réel, la garantie de la caution quand l'entrepôt est fictif, les formalités préliminaires de l'établissement d'un entrepôt fictif (voir chap. II), les écritures diverses, les recensements, la nécessité d'une autorisation pour déballer, transvaser diviser ou réunir des colis, l'interdiction des mélanges et des coupages, sauf à Marseille (ord. 10 septembre 1817) et à Bayonne (décr. 20 juillet 1808), les précautions de toute nature lors des mutations d'entrepôt ou des réexportations (voir chapitre III), le privilège de la douane (chapitre V), les règles spéciales sur le contentieux (chapitre VI), enfin la création de magasins spéciaux pour les marchandises prohibées (chapitre VII).

Pour défendre les consommateurs, on prohibe la modification des marques apposées sur les produits, on exclut de l'entrepôt les contrefaçons en librairie, les produits étrangers portant de fausses marques de fabrique françaises, les objets avariés (chapitre III), on isole les marchandises exhalant une mauvaise odeur (chapitre VII).

Voilà, mises en lumière, les idées maîtresses qui nous paraissent dominer notre matière. D'une part, l'évolution historique est en faveur des ports francs et des entrepôts, c'est ce qu'établira le chapitre II.

D'autre part, le législateur s'efforce, par une double catégorie de mesures en sens inverse, de faciliter au commerce la jouissance des entrepôts tout en empêchant les fraudes contre le fisc et le public. Et ces tendances éclaireront les chapitres III à VII consacrés à l'analyse de l'organisation des entrepôts en France.

Après avoir consulté ainsi l'expérience du passé dans le chapitre II, l'expérience du présent dans les chapitres III à VII, nous devrons rechercher ce qui s'est passé à l'étranger. Ce sera l'objet du chapitre VIII.

A ce moment, il nous sera possible de nous prononcer en connaissance de cause sur les projets de réforme restrictifs ou extensifs du système des entrepôts. Nous verrons si notre législation répond à l'idéal que l'on doit s'en faire ou s'il n'y aurait pas lieu d'y apporter quelques modifications.

# CHAPITRE II

Origine et développement historique des villes franches.
des ports francs, des entrepôts, en France principalement.

## SOMMAIRE

I. — De la *corrélation entre la naissance du système dit industriel ou
Colbertisme et l'établissement de villes franches et d'entrepôts.*
Pourquoi ces institutions étaient incompatibles soit avec le système « fiscal
et annonaire », soit avec le système « bullioniste ».

II. — *Développement historique des villes franches.* Apparition beaucoup plus tardive des ports francs. Destinées opposées de ces deux institutions. La ville franche paraît représenter le passé, le port franc l'ave-
venir. Les marchés francs du sud algérien.

III. — *L'histoire des entrepôts jusqu'en 1803.* L'ordonnance de 1664.
L'ordonnance de 1670 et le régime du drawback sans transformation intérieure appliquée aux marchandises entreposées après coup. Ordonnances
de 1687, 1688.

IV. — L'entrepôt fictif et l'arrêt du Conseil du 6 mai 1738. Les lois de
1803 et de 1832.


I. *Époques et causes de l'apparition des villes franches et
entrepôts.* — L'entrepôt et les villes franches datent de Colbert.

Ils sont inconnus auparavant parce qu'ils se seraient mal
conciliés avec le système douanier alors en faveur. Jusqu'au
seizième siècle, en effet, la réglementation du commerce
extérieur, comme l'a montré notamment Luigi Cossa dans
son *Introduzione allo Studio dell' Economica Politica* (3ᵉ édition) est dominée à peu près exclusivement par une double
préoccupation. Les taxes qui frappent les marchandises à

l'entrée ou à la sortie du royaume ont pour but, soit de remplir les caisses du Trésor, soit de prévenir la disette (1). Lorsqu'elles visent l'enrichissement du souverain, les économistes disent qu'elles revêtent un caractère fiscal ; lorsqu'elles protègent les consommateurs nationaux contre la concurrence des consommateurs étrangers, on dit qu'elles se rattachent à la politique *annonaire*. Dans le premier cas, elles se présentent sous forme, indifféremment, de taxes à l'entrée et à la sortie, dans le second cas, de taxes à la sortie.

Sous l'empire d'un tel système fiscal et annonaire, il ne saurait donc y avoir place pour nos institutions de franchise ou de crédits des droits. L'entrepôt et la ville franche favorisent le commerce ; ils ne se proposent pas d'augmenter les ressources du prince, ou de faciliter et de préserver les approvisionnements des sujets. Sans doute, les cités, qui ont conservé leur indépendance, commercent librement, mais cette liberté, qu'on rencontre notamment à Marseille, pendant le moyen âge, n'est pas un effet de la concession du roi, c'est un vestige de l'autonomie politique de centres sur lesquels le pouvoir central n'a pas pu encore étendre sa suprématie.

On pourrait, il est vrai, être tenté de voir des applications anticipées de l'entrepôt et de la ville franche dans les foires (2) et marchés qu'on rencontre pendant le moyen âge, à

---

1. « Ne permette la traice des choses nécessaires à la vie que les subjets n'en soient pourveus, ny des matières creuées, afin que le subject les mette en œuvre et guigne le prouffit de la main ». *De la sagesse.* P. Charron, liv. III, chap. II. « Charité bien ordonnée commence par soi-même » ; « Ce serait « cruauté quand le champ où naît la source, a soif, de la laisser se répandre « dans les terres étrangères ». Préambule, Ordonnance de 1305. Ord<sup>ce</sup>. I, p. 422.

2. Ce qui peut donner lieu à cette hypothèse, c'est que, sous Dagobert, par exemple, le « *tributum transitorium* » ne se percevait que sur les marchandises VENDUES dans les foires ; qu'une ordonnance du 28 mai 1392 réglait que les marchandises REVENDUES à Châlon-sur-Saône pour être RÉEXPORTÉES à l'étranger ne paieraient plus que le droit de six deniers pour

Beaucaire, en Champagne (*Campaniæ nundina*), à Paris, à Provins, à Troyes, à Lagny-sur-Aube, à Bar-sur-Aube, aux environs de Saint-Denys, etc. Mais nous considérons cette doctrine comme inexacte. La franchise accordée (aux marchands et) aux marchandises des foires et marchés était entière ; elle n'était pas subordonnée à la réexportation des produits ou à la consommation sur place (1). Voilà donc une première différence essentielle avec les objets admis en entrepôt et en ville franche qui sont taxés dès qu'ils sortent de la ville ou de l'entrepôt.

La seconde différence, corollaire de la première, est relative au but des deux institutions. La foire, suivant nous, est en corrélation étroite avec le système annonaire et même le système fiscal. La foire franche est en harmonie avec le système annonaire. Pour assurer, en effet, les approvisionnements du royaume ou de la seigneurie, le prince doit se préoccuper non seulement d'empêcher la sortie des denrées nécessaires à la vie par des droits sur les exportations, mais aussi de faciliter l'entrée des produits qui font défaut sur le territoire national. La foire répond à ce second objet de la politique alimentaire. Elle attire, par la perspective de la franchise sur le marché intérieur les objets des contrées voisines et fait ainsi participer un pays aux bienfaits de la production du monde entier.

La franchise accordée aux foires paraît, il est vrai, en contradiction avec le système fiscal. Mais cette antinomie n'est qu'apparente. Le Trésor perd sans doute, une certaine somme d'im-

---

livre au lieu de douze de l'importation foraine. Voy. aussi : Ordonnance de 1465.

1. C'était d'ailleurs la franchise d'un *droit de vente en gros* et non d'un droit d'entrée dit de « Tonlieu » frappant seulement le commerce (Olim, ed. Beugnot, II, p. 201 (XV). Coutumes des droits de marché de Bonneval. *Bulletin historique et philologique du Comité des travaux historiques*, 1891, nᵒ 4, p. 302. Ordonnance. IV, p. 74, note 2 ; Mayer, *Zoll. Kaufmauschaft und markt Zwischen Rhein und Loire, bis in das XIII Jahrhundat*, p. 396 et suiv.

pôts, puisque pendant quelques jours les marchandises étrangères pénètrent dans le royaume en exemption de droits.
Mais cette perte est largement compensée par le bénéfice
réalisé en temps normal sur les courants commerciaux entre
nations, auxquels donne lieu la mise en contact des marchands nationaux et des marchands étrangers dans les foires.

Néanmoins si la foire franche ne doit pas être confondue
avec la ville franche et l'entrepôt, il n'est pas impossible que
la franchise des foires ait contribué à donner à Colbert l'idée
de nos institutions. En tous cas, il est certain que les ordonnances du grand ministre accordent des entrepôts à plusieurs
villes même qui formaient le centre des foires importantes :
Troyes, Guise, Paris, Saint-Quentin. Mais ne serait-ce pas
pour empêcher les fraudes qui se commettaient dans les
foires ? Ce qui donnerait à le croire, c'est la lettre suivante
rapportée par M. de Boislisle (1) : M. d'Argenson, lieutenant
général de police à Paris au contrôleur général, 5 novembre
1698. « Je me suis donné de nouveaux soins, à l'occasion de la
« dernière foire de Saint-Denis, pour empêcher la contre-
« bande et le débit des marchandises étrangères au préju-
« dice des nôtres ; mais je crains bien que sans l'établisse-
« ment d'un entrepôt toutes les précautions qu'on pourrait
« prendre ne soient inutiles ; *je sais que cette proposition a
« été faite plus d'une fois, mais peut-être y avait-il* ALORS *des
« difficultés qui n'existent plus.* »

Ce que nous disons des foires et des marchés doit être
étendu à toutes les exemptions douanières accordées à des
individus, à des monastères, à des gheldes, à des confréries, à
des villes ou à tout autre groupement (2). Ces privilèges
n'offrent, eux aussi, qu'une lointaine analogie avec les institutions qui font l'objet de cette étude.

1. De Boislisle, L. 1779.
2. Ces sortes de franchises personnelles ne sont accordées aux marchands
que pour les redevances de transit et non pour les tonlieux.

Mais, à partir du seizième siècle, le système fiscal et pourvoyeur fait place au système *bullioniste* ou mercantiliste pur. Le spectacle de la prospérité dont jouissaient, soit les grandes cités italiennes qui centralisaient de grosses quantités de monnaies, de celle dont jouissait surtout l'Espagne, où abondaient l'or et l'argent du Nouveau-Monde, donne naissance à l'idée que les métaux précieux sont la richesse par excellence et qu'il n'y en a qu'une quantité donnée pour l'ensemble des nations. La politique des Etats s'oriente alors dans un sens nouveau et les taxes sur les échanges extérieurs ont désormais pour objet principal d'attirer l'argent et l'or de l'étranger — vendre le plus, acheter le moins. — Pour atteindre ce but, on entrave par des droits très élevés les importations afin de ne pas avoir à débourser d'argent ; comme contre-partie, on place sous le régime de la liberté les exportations afin de recevoir de l'argent du dehors, on s'efforce en un mot d'avoir une balance favorable, d'avoir un ·excédent de créances sur l'étranger.

Tel est le régime bullioniste envisagé dans ses lignes les plus générales. Les entrepôts et les villes franches pouvaient-ils se concilier avec ce système. Pour nous, la négative n'est pas douteuse. Les entrepôts, les villes franches favorisent en effet dans une certaine mesure les importations ; or le bullionisme se propose au contraire de les restreindre par des taxes qui ont un caractère presque prohibitif. Aussi constatons-nous l'absence de nos institutions au xvie siècle et voyons-nous François 1er s'attacher à diminuer, à détruire même la franchise de Marseille. dernier vestige de son autonomie politique.

Nous l'avons dit, la ville franche et l'entrepôt apparaissent sous Colbert, avec le triomphe du système dit « industriel ». Il n'en pouvait pas être différemment. Ce système consiste, en effet, à admettre en *franchise* les matières premières, les machines, les outils, il favorise ainsi l'essor de l'industrie nationale qui produisant à meilleur compte, peut exporter plus facilement des produits d'une valeur assez élevée, peut par conséquent faire affluer l'or et l'argent dans le pays, et détermine ainsi une *balance* favorable. Le principe, comme on le voit, est le même que celui du bullionisme ; accroître l'importation de l'or et de l'argent; mais dans le bullionisme, tous les produits sont frappés ; dans le colbertisme, il n'y en a qu'une partie ; l'autre étant admise en franchise pour favoriser la fabrication. — Favoriser la fabrication, relever les manufactures, tel est en effet le principe qui se retrouve dans toutes les parties du vaste programme de Colbert. Pour le réaliser, il était nécessaire d'assurer 1° le bon marché des subsistances, pour faciliter la baisse des salaires et la baisse du prix de revient ; 2° le développement d'une marine nationale nécessaire au transport de nos produits ; 3° l'extension de notre domaine colonial et l'accaparement de son commerce, pour fournir un débouché à notre trafic.

On aperçoit maintenant comment les entrepots et les villes franches pouvaient aider, de leur côté, au succès de ce vaste programme. Ils facilitaient les approvisionnements de notre industrie en matières premières, ils permettaient à notre marine marchande de l'augmenter, à notre commerce d'exportation de prendre son essor. Tel est le lien étroit qui rattache l'apparition du système industriel à nos institutions. Nous devrons suivre, maintenant, le développement historique de chacune d'elles.

*II. Histoire des villes franches* (1). *Les villes franches jusqu'à la Révolution.* — Les premières villes franches ont été

1. Consulter l'*Histoire du commerce français dans le Levant au XVII*e *siècle,* par Paul Masson ; Estrine, *Un port franc à Marseille* ; *Le Commerce au XVII*c *siècle* (article dans le *Journal commercial de Marseille* 1897). *Essai sur le commerce de Marseille*, par Juliany, 1842 ; Amé, *Etude sur les tarifs de Douane*, page 77 ; Fermé, *op. cit.*, page 15, 2e col.

Marseille, Dunkerque, et Bayonne. Leur franchise à toutes trois date de l'année 1669 ; elle avait pour but de relier notre commerce à celui du Levant, de l'Angleterre, des contrées du Nord et de l'Espagne.

Néanmoins, avant cette époque, elles n'avaient pas toujours également été privées de liberté. Ainsi Marseille, d'après Agathias et Lumina, s'était depuis le $vi^o$ siècle largement et librement ouverte au commerce extérieur, il en avait été de même surtout au temps des croisades où sa prospérité atteignit l'apogée. La grande cité rend des services si notables aux Syriens, notamment à Rodolphe, évêque de Bethléem, que ces derniers traduisent leur reconnaissance par des concessions diverses. Ainsi, le 13 avril 1136, le troisième roi de Jérusalem, Foulque, accorde à Marseille un quartier et une église dans chaque cité du royaume fondé par ses prédécesseurs et quatre cents besants sarrasins à prélever annuellement sur le produit des entrepôts de Jaffa. D'autre part, le grand Conseil de Venise, désireux de favoriser le commerce consistant à échanger contre des laines de Flandre, des articles du Levant exportés en Provence, accorde aux négociants de Marseille la détaxe des droits de douane (13 décembre 1272), (Heyd III p. 713. *Coll. Doc. in. mél. hist.* III. 1880, p. 15 et sq.) Les archives de la Chambre de commerce abondent en documents sur cette domination de Marseille.

Pour la première fois, François 1er apporte des entraves à ce trafic. Par un édit de 1539, il imposa à Marseille plusieurs taxes. A partir de ce moment, une lutte s'engage entre le pouvoir central et la ville. Les princes veulent maintenir leurs impôts, notamment Henri II. (Edit du 10 novembre 1549). Marseille s'efforce d'y échapper. Mais si elle obtient quelquefois satisfaction, par exemple sous Charles IX. (décembre 1549), Henri III (février 1577), Henri IV surtout (édit du 20 juillet 1596), ce triomphe n'a qu'une courte durée. Ce n'est qu'en mars 1669 que Colbert rétablit la franchise de la ville, supprime les droits précédemment imposés et porte hors de son enceinte les bureaux de perception des taxes à l'importation. Cette mesure avait pour but de ramener à Marseille le commerce extérieur que l'obligation de payer des taxes considérables en avait chassé (1). Pour donner une idée de cette décadence, nous citerons deux faits également probants. On constatait d'abord un exode des négociants marseillais ; en vue d'éviter les droits, ils faisaient leurs achats à Gênes et à Livourne pour les transporter de là directement en Afrique, en Espagne. Et à l'inverse les négociants étrangers se rendaient dans les ports méditerranéens rivaux du nôtre. C'est ainsi qu'en 1662, trois vaisseaux hollandais que l'élévation des droits sur les fanons et huiles de baleine avait empêchés d'entrer à Marseille préférèrent aller débarquer leurs marchandises à Livourne.

Tels sont les fâcheux résultats qui expliquent l'établissement de la franchise par Colbert. Ce ministre avait, du reste, été devancé de quelques années par le duc de Savoie qui avait proclamé franches Nice et Villefranche.

Quoiqu'il en soit, voici quelques extraits du remarquable édit du 26 mars 1669 :

« Comme le commerce est le moyen le plus propre pour concilier les différentes nations et entretenir les esprits les plus opposés dans une bonne et mutuelle correspondance ; qu'il apporte et répand l'abondance par les voyes les plus

1. Ce qu'il y eut d'étrange, toutefois, c'est qu'une vive opposition se manifesta, contraire à l'intérêt bien entendu de la ville et aux précédents, ainsi qu'en témoigne la lettre suivante que Colbert écrivait le 30 mai 1669 à M. Doppède, conseiller du roi, en ses conseils, premier président en sa cour du parlement de Provence, etc ; « J'ai été bien aise que nonobstant toutes les difficultés que vous avez rencontrées à Marseille, vous ayez fait publier l'esdit pour l'affranchissement de ce port et que ces habitants ayant enfin reconnus les grands avantages que cette franchise leur pourra prouduire dans la suite des emps ». *Bibliothèque du Roi*, Mss. Colbert, p. 500.

innocentes ; rend les sujets heureux et les Estats plus flo-
rissants ; aussy n'avons-nous rien obmis de ce qui a dé-
pendu de nostre authorité et de nos soins pour obliger nos
subjets de s'y appliquer, de porter jusques aux nations les
plus éloignées pour en recueillir le fruit et en retirer les
avantages qu'il amène avec soy, et establir partout en
même temps, aussy bien en paix comme en guerre, la réputation du nom françois ; c'est encore pour l'exécution du
même dessein que nous avons donné beaucoup d'application à la construction de quantité de vaisseaux et de bastiments propres pour le commerce ; que nous avons faict
visiter et restablir les ports, excité nos subjets de se per-
fectionner à la navigation, convié les estrangers les plus
expérimentés d'y concourir par les grâces que nous leur
avons faictes, et que même nous avons formé diverses
compagnies puissantes pour soutenir la despense des entreprises nécessaires à cet effet. Et, comme les roys nos
prédécesseurs ont bien connu les avantages qui peuvent
arriver à leurs Estats par la voye du commerce, et que l'un
des principaux moyens pour l'attirer est d'establir quel-
qu'un des premiers ports de nostre royaume, *libre et
exempt* de tous droits d'entrée et autres impositions ; la ville
de Marseille leur ayant semblé la plus propre pour y establir cette franchise, ils luy auroient accordé un affranchissement général de tous droits. Mais comme par succession
de temps, les meilleurs establissements et plus favorables
au public desgénèrent et s'affoiblissent aussy, nous avons
trouvé ladicte ville autant surchargée de droits d'entrée et
de sortie qu'aucune autre de nostre Royaume ; bien que les
nostres n'y fussent pas establis, et l'application que nous
avons donnée au commerce depuis que nous prenons nous-
mêmes le soin de nos affaires, nous ayant faict clairement
connaître les avantages que nostre royaume recepvoit de la

franchise de ladicte ville, lorsqu'elle était observée ; combien les estrangers ont profité de cette surcharge de droits establis de temps en temps, en attirant chez eux le commerce qui s'y faisoit, nous avons bien voulu, pour ajouter encore cette marque à tant d'autres que nous avons données à nos peuples, non seulement en les soulageant sur toutes sortes d'impositions, mais encore en donnant nos soins et employant même de notables sommes des deniers de nostre trésor royal pour le restablissement des anciennes manufactures, l'establissement des nouvelles, et pour l'augmentation du commerce par eau et par terre, nous priver d'un revenu considérable que nous apportent lesdicts droits, et même pourvoir au remboursement de ceux qui estoient aliénés ou donnés depuis long-temps pour causes très favorables pour rétablir entièrement la franchise dudict port, et convier par de si extraordinaires avantages tant nos subjets que les estrangers d'y continuer et d'en augmenter le commerce, et le porter dans son plus grand éclat.

A ces causes, et autres considérations, à ce dû mouvant, de l'avis de nostre dict conseil et de nostre grâce spéciale, pleine puissance et authorité royale, nous avons déclaré, et, par ces présentes, signées de notre main, déclarons le port et hâvre de nostre ville de Marseille franc et libre à tous marchands et négociants, et pour toutes sortes de marchandises, de quelque qualité et nature qu'elles puissent être. Ce faisant, voulons et nous plaît que les estrangers et autres personnes de toutes nations et qualitez puissent y aborder et entrer avec leur vaisseaux, bastiments et marchandises, les charger et décharger, y séjourner, magaziner, entreposer, et en sortir par mer librement, quand bon leur semblera, sans qu'ils soyent tenus de payer aucun droit d'entrée, ny de sortie par mer ; et de la même grâce et authorité que dessus, voulons et nous plait que les marchandises qui seront cy-après transportées par mer, de la ville de Marseille hors nostre royaume, soyent et demeurent exemptes de tous droits, sans que les vaisseaux et bastiments qui en sortiront soyent tenus de raisonner aux bureaux des foraines et donanes establis dans les ports.

Et pour convier les estrangers de fréquenter le port de Marseille, même de s'y venir establir, en les distinguant par des grâces particulières, voulons et nous plait que lesdicts marchands estrangers y puissent entrer par mer, charger et décharger, et sortir leurs marchandises sans payer aucuns droits, quelque séjour qu'ils y aient faict et sans qu'ils soient subjects au droit d'aubeyne, ny qu'ils puissent être traités comme estrangers.

Voulons aussy que les estrangers qui prendront party à Marseille et espouseront une fille du lieu, ou qui acquièreront une maison dans l'enceinte du nouvel agrandissement du prix de dix mille livres et au-dessus, qu'ils auront habitée pendant trois années ou qui en auront acquis une du prix de cinq jusqu'à dix mille livres et qui l'auront habitée pendant cinq années, même ceux qui auront establi leur domicile et faict un commerce assidu pendant le temps de douze années consécutives dans ladicte ville de Marseille, quoiqu'ils n'y aient acquis ni biens ni maisons, soient censez naturels françois, réputés bourgeois d'icelle et rendus participants de tous droits, privilèges et exceptions. »

Malheureusement quatorze jours après l'édit du 26 mars (édit du 9 avril), Colbert abolissait une partie des privilèges accordés. Sous prétexte d'indemniser l'Etat de la suppression des droits qui se levaient autrefois dans la ville, il doublait « les droits seigneuriaux des poids et casses de ladicte ville

« sans distinction des personnes, à proportion de ce qui en
« était cy devant payé ».

Un grand nombre d'autres dispositions (1861, 1686, 1687,
1691) vinrent restreindre encore la franchise (1).

Des lettres d'intendants nous donnent une idée des vexa-
tions dont se plaignait le commerce.

1° Lettre A. de Boislisle 1. 1. 1392.

M. Lebret, Intendant en Provence, au Contrôleur général.
2 janvier 1695.

Le commis du sous-fermier des ports de lettres de Provence
me demande une ordonnance, conforme au modèle que je
me donne l'honneur de vous envoyer, ce que je n'ai pas cru
devoir lui accorder que je n'aie eu l'honneur de vous faire
savoir : en premier lieu que les visites qu'il prétend faire par
lui ou par des gardes sur tous les bâtiments tant français
qu'étrangers à leur arrivée à Marseille pour voir si les mate-
lots ne recèlent point de lettres est une matière de désagré-
ments qui joints à ceux que les capitaines souffrent de la part
des gabelles et autres absolument opposés à l'édit du port
franc rebutent les négociants, ce qui porte préjudice au
commerce du royaume; en deuxième lieu que les visites de
la part du fermier des lettres sur les bateaux de mer sont
inutiles, et la troisième que si même vous jugiez utile de soumettre les négociants à cette visite, ce ne pourrait être que
sur les lettres d'Italie et d'Espagne, celles venant du Levant n'étant assujetties à aucun droit en faveur du fermier
du Roy.

---

1. Ces mesures restrictives n'avaient pas seulement pour cause l'avidité
du Trésor. Elles visaient à satisfaire les armateurs provençaux, qui consul-
tés par Colbert, avait « élevé contre la franchise de nombreuses objections,
« puisées particulièrement dans la cherté de notre navigation et dans la né-
« cessité d'une marine réservée » (Amé, *loc. cit.* page 17, note).

**2ᵉ** Lettre B. de Boislisle, 1 l. 786.

M. Lebret, Intendant en Provence, au Contrôleur général.
15 novembre 1689.

Dans une lettre du 9 décembre, M. l'archevêque d'Aix attribue l'interruption du débit des denrées du pays à l'introduction des blés et des huiles étrangères par le port franc de Marseille, et il fait observer que cette ville, qui seule profite de l'importation ne contribue point aux charges de la province et qu'elle enlève au contraire une partie des bras nécessaire à l'agriculture.

3° Lettre C. de Boislisle, I, l. 992.

M. de Bâville, Intendant en Languedoc, au Contrôleur général.
7 octobre 1691.

La ville de Marseille étant réputée pays étranger, le blé qui s'y transporte paye 8 s. 6 d. de droits forains par setier, et 3 pour livre sur la totalité tandis que les droits forains ne montent pour le reste de la Provence qu'à 3 s. 6 d.

De telle sorte que, malgré quelques retours vers la liberté tel que celui marqué par l'édit du 10 juillet 1703, (précédemment l'arrêt de 1693, qui avait supprimé la ferme des cafés, ordonnait néanmoins que cette marchandise ne serait admise à Marseille, exempte de droits, qu'à l'entrepôt) la franchise de la ville de Marseille avait à peu près disparu en 1789, comme en témoignent les plaintes consignées dans les cahiers des Etats Généraux, et les doléances soit de la Chambre de commerce, soit du corps des marchands en 1786.

Voici d'abord l'extrait des cahiers envoyés aux Etats Genéraux par le Commerce de Marseille :

« La ville de Marseille aurait pu devenir la première ville de l'univers, si les Ministres qui succédèrent à Colbert avaient su peser comme lui les véritables intérêts du Commerce. Elle était appelée à devenir la reine des cités ; mais, bien loin d'avoir vu remplir ces hautes destinées, dans quel état de ruine n'est-elle pas tombée de nos jours ? Le fardeau des impositions s'est appesanti sur sa tête ; la circulation animée de ses manufactures s'est arrêtée par degré, et cette même ville, qui, dans des temps plus heureux, versait dans les royaumes étrangers les ouvrages nombreux de son industrie, est aujourd'hui rivalisée par les établissements que ces mêmes royaumes ont formés des débris même de notre ruine. Les princes étrangers ont su profiter de nos fautes ; ils ont offert un asile à nos infortunés ouvriers ; ils ont protégé leurs travaux , et déjà leurs nouvelles fabriques fleurissent. en livrant à des prix moindres que les nôtres ; nous ne citerons que l'Allemagne pour ses draps.

« Peut-on voir sans gémir une grande cité déchue de ses prospérités et de ses espérances. surtout quand on a droit de dire que ses maux proviennent de l'absurde régime des finances, des extorsions et des rapines de financiers ? Désolés par les grandes régies de l'Etat, il ne nous fallait plus que l'inconcevable manière d'imposer sur les aliments de première nécessité pour les subsides particuliers de notre ville... C'est à nous, manufacturiers, qu'il appartient de parler sciemment des misères publiques et nous puisons les exemples dans la seule sphère de notre profession. Le nombre des ouvriers, de l'un et de l'autre sexe, que la chapellerie occupait, il y a quinze ans, s'élevait à près de deux mille ; à peine pouvons-nous fournir aujourd'hui du travail à cinq cents. L'excessive cherté de nos ouvrages, causée par une imposition locale de trente pour cent sur les peaux de lièvre que nous recevons d'Italie ; l'excessive cherté des denrées de première nécessité qui font élever de moitié nos propres dépenses et les salaires de nos ouvriers ; n'est-ce pas là ce qui justifie nos plaintes ? n'est-pas cette dure nécessité qui nous a fermé les portes de l'Espagne, comme elle les a fermées à tant d'autres fabrications ?

« Le Ministre immortel qui sut peser les vrais intérêts du commerce avait obtenu la franchise de notre port ; qu'on nous dise aujourd'hui en quoi consiste cette franchise ? » (1)

La chambre du commerce émettait aussi ses doléances et écrivait aux Ministres du Roi :

« Nous sommes réduits au même état d'accablement de servitude dont Louis-le Grand avait voulu nous délivrer ; car, quoique les bureaux des fermes soient placés aux limites du territoire franc, une cohorte de commis de tous grades et de toute espèce inonde les rues de Marseille et exerce dans le port l'inquisition la plus sévère. »

La même année, le corps des marchands adressait également un mémoire au roi, où il s'exprimait ainsi :

« Une licence extrême a succédé aux invitations paisibles de l'autorité ; les négociants, à Marseille, voient tous les jours des brigades de la ferme se transporter à bord des navires qui arrivent dans le port, y bouleverser toutes les marchandises qui s'y trouvent, enfoncer les écoutilles pour y porter un regard indiscret, enlever les marchandises par force et les transporter dans le bureau de poids et casse, malgré les re-présentations d'un capitaine étranger qui leur fera observer qu'il n'est que de relâche à Marseille  »

Marseille n'était pas la seule ville franche qui existât en France ; nous pourrions citer encore Dunkerque et Bayonne. La franchise de Marseille avait pour but de nous défendre contre la concurrence de l'Italie, celle de Dunkerque contre la concurrence de l'Angleterre ; comme celle de Bayonne contre la concurrence de l'Espagne.

En 1701, un député de Nantes, un sieur des Cazeau du Hallay avait remis au Conseil un mémoire demandant la franchise pour Nantes.

1. Archives de l'Hôtel de Ville de Marseille.

« Quoique ce ne fût pas satisfaction entière pour les étrangers, cependant ce serait une espèce d'entrepôt, qui aurait de l'appât pour eux parce que, outre la libre consommation des lieux où ils aborderaient, cette facilité mettrait les machines à même d'être vendues pour le dedans du royaume, sans qu'ils fussent obligés de faire des fonds pour le paiement de ces nouveaux droits qui sont gros, et de cette manière MM. les fermiers Généraux n'ayant point à veiller sur tant de côtes et de ports de mer ne seraient si fort en inquétude sur les versements ; ils n'auraient que plus d'attention à faire garder les bureaux des cinq grosses fermes » (1).

En 1784, un arrêt du Conseil tout en confirmant la franchise pour Marseille, assez fortement atteinte, ainsi que nous l'avons dit plus haut, l'étendit à Lorient dont on voulait faire le centre du commerce avec les États-Unis.

*Les villes franches depuis la Révolution.* — Les villes franches écrasées sous le poids de redevances nombreuses finissent de disparaître. Leur régime était, du reste, incompatible avec le régime de prohibition organisé par la convention et incompatible, soit avec le tarif libéral du 15 mars 1791 (en vigueur jusqu'au 1er mars 1793), soit avec la liberté des relations continentales résultant du blocus. (2). En sorte que la loi du 20 avril 1790 supprima la franchise de Lorient. Les privilèges de Marseille encore diminués par la loi du 1er août 1791, furent définitivement abrogés par le décret du 11 nivôse an III (31 décembre 1794) (3) comme violant les grands principes de notre révo-

1. Mémoire du sieur des Cazeau du Hallay, député de Nantes sur l'état du commerce général, 4 Mars 1781. Projet de ville franche à Nantes (de Boislisle, II, p. 89).

2. L'Europe formait en effet à cette époque, pour ainsi dire, une vaste « Union » douanière.

3. Décret du 11 nivôse, an III, supprimant les franchises de Dunkerque, Marseille, Bayonne et du ci-devant pays de Labour.

lution : l'unité et l'égalité. — A titre de compensation, il était établi à Marseille (pour les produits du Levant) un entrepôt réel où les commerçants avaient la faculté de conserver les marchandises et de les réexporter pendant un délai de dix-huit mois. — D'ailleurs à Dunkerque et à Bayonne principalement, une contrebande fort active s'exerçait et une quantité considérable de marchandises étrangères passait à l'intérieur en franchise de droits. Conserver les villes franches au moment de la guerre avec les Anglais, eût été ouvrir à nos ennemis un débouché aux produits de leur industrie.

Aussi, Napoléon comprit-il qu'à côté de l'entrepôt, il fallait un procédé de franchise ou de crédit des droits plus libéral que ce dernier, d'un fonctionnement plus facile à surveiller et isolant moins une cité du reste du pays que la ville franche. Cet organisme, c'est le port ou le quartier de port franc. Et c'est en effet cette réforme qu'en 1806, il proposa aux représentants de la Chambre de commerce de Marseille. Il voulait qu'on aménageât dans cette ville un emplacement convenable pour l'établissement d'un port franc semblable à celui de Gênes. Et le directeur général des douanes, M. Collin, fut chargé de dresser, dans les trois mois, un projet de décret pour la création d'un quartier maritime franc, dans la citadelle Saint-Nicolas.

La Chambre de commerce persista néanmoins dans sa revendication d'une ville franche et l'excellent projet de l'Empereur n'aboutit pas.

Au retour des Bourbons, les chambres furent saisies de la question :

« Sans la franchise, disaient les intéressés, le commerce de Marseille est nul ; son port, entouré des ports francs de Nice, Gênes, Livourne, Ancône, Trieste, ne peut soutenir la concurrence, et déjà nous en faisons l'épreuve.

Depuis six mois que la paix permet aux vaisseaux d'aborder dans tous les ports, ceux que nous venons de nommer sont remplis de bâtiments et celui de Marseille est désert (1) ».

Le projet fut soutenu par la presse lyonnaise. Trieste, Gênes, Livourne venaient du reste de restaurer leur système de liberté commerciale.

Dans la discussion de la loi de 1814, M. Delaville fit ressortir les inconvénients de la franchise étendue à toute la cité et demanda seulement un quartier franc, comme à Gênes.

Sa proposition ne fut ni appuyée. ni acceptée. La franchise du port de Marseille fut donc déclarée en principe par la loi du 16 décembre 1814. Pendant les cent jours, l'essai de ce régime fut suspendu. Napoléon n'en était pas partisan et fit de nouveau proposer à la Chambre de commerce d'examiner le projet d'un quartier franc semblable à celui de Gênes.

Voici des extraits de la lettre écrite le 29 avril 1815 à la Chambre de commerce de Marseille par M. Chaptal, ministre d'Etat, directeur général du commerce, faisant ressortir les avantages de la franchise restreinte sur la franchise intégrale :

« Messieurs, j'ai l'honneur de soumettre à votre délibération un objet qui me paraît de la plus grande importance pour le commerce. Je vous invite à m'en faire connaître le résultat le plus tôt possible.

Il est des ports de mer que leur position géographique destine spécialement à servir de marché et d'entrepôts aux denrées des pays voisins : ceux qui sont à proximité des îles ou des côtes étrangères deviennent naturellement des magasins où les navigateurs viennent vendre leur production et s'approvisionner de ce qui leur manque. C'est dans ces

_______

1. M. Fauris de Saint-Vincent dans son rapport aux Chambres en 1814.

ports que les navigateurs se donnent rendez-vous pour y opérer des échanges avec des avantages réciproques ; ce sont de grands marchés où se réunissent les hommes et les productions de tous les pays voisins et où s'opèrent facilement les assortiments de marchandises pour les pays voisins.

Les avantages que présente la position de ces ports ne se bornent point à ceux de la localité ; ils embrassent la prospérité de la nation entière. Les salaires multipliés, les droits de magasinage, les frais de commission, la consommation de nos produits, l'achat des divers objets de nos manufactures, la connaissance plus parfaite qu'on prend de notre industrie, sont des bénéfices réels pour toute nation.

De tous temps, les Gouvernements ont senti le besoin d'attirer le commerce vers ces ports privilégiés par la nature et ils ont pensé que, pour arriver à ce but, il convenait d'affranchir quelque point de leur territoire des droits, des gênes et des entraves qu'éprouve le commerce partout ailleurs, de telle sorte que le navigateur pût entrer et sortir librement, qu'il pût déposer sa marchandise et la réexporter, sans remplir aucune des formalités exigées partout ailleurs. C'est ainsi que les principaux ports d'Italie ont obtenu la franchise et que ceux de Hollande, par la modicité des droits et le peu de formalités qu'on exige, y ont attiré le commerce du Nord et du Midi.

La France ne pouvait pas rester en arrière, sans courir le risque de perdre le commerce extérieur, et on l'a vue successivement accorder la franchise à Bayonne, à Dunkerque, à Marseille et à Lorient.

La position de Marseille, par rapport au voisinage des côtes de la Barbarie et de celles de l'Italie et de Catalogne, exigeait un port franc ; il y devenait d'autant plus nécessaire que Gênes, Livourne et Trieste en jouissaient et que tout le commerce des Isles et des bords de la Méditerranée eut déserté cette ville, s'il n'y avait pas trouvé les mêmes avantages.

Toutes ces franchises ont été supprimées en l'an III ; et sans avoir égard aux localités et aux sacrifices qu'exige de notre part l'exemple des nations voisines, on soumit le commerce français, sur tous les points, au régime absolu de l'égalité :

On ne peut pas disconvenir que les franchises, utiles sous beaucoup de rapports, n'entraînent de grands abus.

1° On leur reproche de *dénationaliser* une ville, non qu'elle repousse les denrées nationales, mais parce que, habitués aux étrangers qui y circulent, les commerçants prennent moins d'intérêt à celles de leur pays et opèrent de préférence sur les autres ; c'est ce qui obligea le gouvernement à prohiber la franchise des toiles, lainages, etc., dans le port de Marseille.

2° On ne peut pas laisser la liberté d'emmagasiner les marchandises d'origine étrangères et d'en disposer librement sans en permettre l'usage à discrétion ; c'est donc une perte de consommation pour nos denrées nationales et les produits de nos fabriques, en même temps qu'un sacrifice de la part du Trésor.

3° La garde d'une ville ouverte de toutes parts, à plus forte raison celle d'un pays tout entier, est pénible, dispendieuse, toujours insuffisante. Tout ce qui s'écoule par la contrebande est au détriment de nos fabriques et de notre agriculture.

4° Les produits des manufactures établies dans les villes franches servent de passeport à ceux des étrangers ; elles s'approvisionnent de matières qui ne payent pas de droits ;

elles exportent leurs produits sans remplir aucune formalité ; elles jouissent donc d'un avantage énorme sur celles
de l'intérieur.

5° Dans un petit Etat, où presque toute la population est
employée au commerce et où elle a, par conséquent, un
seul et même intérêt, on peut créer des franchises sans
aucun inconvénient ; mais chez une nation riche des productions de son sol et des produits variés de son industrie, le privilège d'une industrie est une atteinte portée au
grand intérêt public.

On a senti la vérité de tous les faits énoncés ci-dessus,
lorsqu'on voulut organiser l'exécution de la loi du 16 décembre 1814, qui rétablissait la franchise de la ville et du
territoire de Marseille.

L'ordonnance du 20 février 1815, intervenue à ce sujet,
n'accorde pas au commerce un seul avantage qui constitue
essentiellement une *franchise*.

L'article 3 assujettit toutes les marchandises arrivant à
Marseille, ou en partant par mer, à être accompagnées de
manifeste. contenant la quantité, le poids et la qualité des
marchandises, la marque, le numéro de chaque colis, le
lieu de départ et celui de destination ; ces marchandises
doivent être enregistrées à la douane et vérifiées en
détail.

Par l'article 5, presque toutes les marchandises arrivant
par mer, doivent être mises en entrepôt réel, telles que les
denrées coloniales étrangères, à l'exception des cochenilles
et des cotons en laines, les poissons secs et salés de pêche
étrangère, la garance, les bois de teinture, le vert de gris,
l'alun, le soufre en canons et en fleur, le salpêtre, l'acide
muriatique, la litarge, l'amidon, la colle-forte. les brais, le
bronze, le métal de cloche, la poterie, les forces à tondre
les draps, les cardes, les crêpes de soie, le nankin des In-

des, les parapluies de soie, les pelleteries, les chapeaux de poils, de crin, de paille et d'écorce, la librairie, les liquides qui paient les droits au titre et au muid, et toutes marchandises et denrées tarifées au poids ou à la valeur dont le droit est de 15 fr. et au-dessus par quintal métrique, ou de dix pour cent de la valeur et au-dessus. L'article 6 porte que les marchandises non prohibées soumises à l'entrepôt réel n'en sortiront pour être consommées à Marseille ou importées dans l'intérieur qu'en acquittant les droits.

Les formalités exigées pour ce qui regarde les produits et les approvisionnements des fabriques établies dans l'enceinte de Marseille jettent le fabricant et l'administration dans des difficultés inextricables. »

Suit le passage déjà cité au chapitre I ; puis le document continue ainsi :

« Gênes, qui a joui d'une grande prospérité pendant plusieurs siècles, ne l'a due, principalement, qu'à son quartier franc, où, néanmoins, le commerce ne jouissait pas de tous les avantages qu'on lui accorde dans le projet qui est soumis à vos délibérations. A Gênes, la douane enregistrait les marchandises ; chaque propriétaire avait un compte-ouvert sur ses registres. On passait des *transferts* à chaque vente ; ces formalités étaient très incommodes pour le commerce, mais elles étaient maintenues à cause d'un léger droit qu'on percevait sur les marchandises. Le commerce n'a jamais cessé de réclamer contre ces entraves et il faut convenir que, par le fait, il était parvenu à adoucir singulièrement ce régime, puisque la douane ne faisait jamais de recensement.

Dunkerque ne jouissait de la franchise que dans la portion de la ville qu'on appelle *Ville haute*.

Les Anglais doivent une grande partie de leur commerce,

depuis vingt ans, aux quartiers francs qu'ils établissent dans toutes les localités qui en sont susceptibles. C'est dans ce but qu'ils ont creusé trois ports sur la Tamise, l'un pour les retours de l'Inde, l'autre pour ceux des Antilles et le troisième pour les commerces divers ; moyennant une légère rétribution, les navires peuvent entrer et sortir sans payer des droits de douanes. La douane n'exerce ses droits que sur ce qui sort pour entrer dans la consommation intérieure. Les Anglais forment des entrepôts francs sur toutes les îles qui sont à portée de recevoir et de verser les marchandises des divers pays dans les lieux de consommation : Malte, Jersey, Guernesey, Héligoland ont successivement reçu cette destination et ils finiraient par accaparer tout le grand commerce, si nous ne nous pressions pas de lui présenter les mêmes avantages chez nous.

Mais pour ne pas donner une trop grande étendue à l'enceinte des entrepôts francs, je crois nécessaire de combiner cette institution avec celle des entrepôts fictifs, qui ne présentent aucune gêne pour le commerçant qui conserve sa marchandise à sa libre disposition et qui jouit du terme d'un an pour en opérer la vente. Tous les règlements salutaires qui concernent l'entrepôt fictif seront donc exécutés.

Ainsi, les marchandises prohibées et celles dont les droits de douane excèdent 15 fr. par quintal métrique seraient déposées forcément dans l'entrepôt franc et le propriétaire aurait la liberté d'y déposer les autres ou de mettre à l'entrepôt fictif celles qui en sont susceptibles. Cette faculté accordée aux propriétaires maintiendrait la valeur de leurs magasins dont la dépréciation est peut-être la seule observation raisonnable qu'on puisse faire contre le projet des quartiers francs. Cette crainte, d'ailleurs, me parait chimérique, parce que le quartier franc n'étant pas habité en fait refluer la population dans le reste de la ville et que, d'ailleurs, l'accroissement du commerce ajoutera bientôt à la valeur de tous les immeubles.

Quant au choix du local le plus propre et le plus sûr pour former l'entrepôt, il serait concerté entre les chefs des douanes, l'administration locale, le Préfet et la Chambre de Commerce ; leurs projets devront être soumis à sa Majesté.

L'établissement, la clôture, l'entretien seront à la charge des villes.

J'appelle toute votre attention sur cet objet et je vous prie de me donner votre avis.

Il me paraît que, par ce moyen, le commerce jouirait d'une bien plus grande liberté que ne lui en accorde l'ordonnance et que l'étranger trouverait plus de facilité et aborderait avec plus de confiance.

Soyez convaincus, Messieurs, que je ne proposerai aucune mesure qui ne soit dans vos intérêts et que je me ferais toujours un devoir de vous consulter avant de faire prendre aucune décision.

Réfléchissez avec calme sur les embarras qu'entraîne l'exécution des règlements du 20 février 1815 et tâchons d'arriver à un mode moins gênant sans compromettre ni l'intérêt du Trésor, ni celui de l'Industrie intérieure. »

La Chambre de commerce de Marseille, sous prétexte que le port franc était d'une exécution impossible, se montra moins éclairée que le gouvernement et manifesta encore ses préférences pour le système de franchise établi par la loi du 16 décembre 1814 et l'ordonnance du 20 février 1815, tout imparfait qu'il était.

Ce régime de demi-franchise ne pouvait durer longtemps. Il avait la plupart des inconvénients des villes franches sans en posséder les avantages. L'ordonnance renfermait les mesures règlementaires les plus bizarres (1).

1. Voir Artaud, *loco citato*, page 26.

D'abord, la franchise était entourée de formalités plus nombreuses que le régime de droit commun. Ainsi, à l'entrée et à la sortie, les produits étaient vérifiés avec des précautions infinies. Des manifestes contenant la quantité, le poids, la qualité, le lieu de départ et celui de destination des marchandises, les marques et numéros de chaque colis devaient accompagner toutes les marchandises arrivant par mer par le port de Marseille ou en sortant (1).

De plus, certaines conditions équivalaient à exclure indirectement notre marine du port. C'est ainsi que les marchandises ne pouvaient être réexportées que par des navires de plus de cent tonneaux, tandis que tous les caboteurs servant à notre trafic avec l'Espagne et l'Italie avaient une dimension moindre.

Enfin, l'article 4 excluait de la franchise la plupart des objets qui servaient d'aliment au commerce marseillais.

Voilà plus de causes qu'il n'en fallait pour mécontenter à la longue la grande cité. Aussi, sur les instances de ses représentants, la franchise fut-elle abolie par l'ordonnance du 10 septembre 1817, sur laquelle nous aurons à revenir, et remplacée par le système de l'entrepôt avec exemption de droits de tonnage et de surtaxe et avec une certaine liberté pour les manipulations. Ce système présentait bien des inconvénients, inconvénients dont on attendait la suppression grâce à l'établissement déjà entrevu des docks.

Le 22 avril 1816, le gouvernement avait présenté à la Chambre des députés un projet de loi pour le rétablissement de la franchise à Dunkerque. Ce projet ne pouvait aboutir à un moment où la franchise de Marseille allait cesser.

Ainsi sont disparues les villes franches en France. Et telle est l'histoire des obstacles qui, jusqu'en 1817, se sont opposés à la création des ports francs.

1. Art. 5 de l'Or<sup>ce</sup> du 20 février 1815.

Pour trouver une institution française qui se rapproche de la franchise, il faut arriver jusqu'en 1896, date à laquelle ont été créés les *marchés francs* dans le Sud Algérien. Nous en empruntons la description à M. Gabriel Fermé, *op. cit.* :

« Voici, en effet, ce qui se passait et ce qui se passe encore en Algérie : les droits de douane et d'octroi de mer grèvent à tel point les entrées, que la plupart des marchandises destinées au Soudan algérien passent par le Maroc et la Tripolitaine, où les droits sont d'environ 8 0/0 seulement, ce qui fait d'abord perdre à notre colonie tout le commerce du sud ; mais, en outre, ces mêmes marchandises remontent en contrebande vers le Nord et pénètrent, sinon jusqu'aux villes du littoral algérien, du moins jusqu'à celles qui limitent la zone de colonisation proprement dite. »

Pour remédier à cette situation, la loi du 16 avril 1895, complétée par le décret du 16 décembre 1896, autorise l'expédition en exemption des droits de douane et d'octroi de mer de certaines catégories de marchandises des ports de l'Algérie à destination des contrées situées en dehors du territoire soumis aux régimes des douanes et de l'octroi de mer.

Ces marchandises sont les sucres bruts et raffinés, les cafés, thés, poivres, cannelles, clous de girofle, etc.. l'alcool contenu dans les parfumeries, les vernis et autres produits contenant de l'alcool, l'alcool employé à la préparation des médicaments et produits chimiques.

Elles doivent être expédiées d'un des ports de Nemours, Oran, Arzeu, Mostaganem, Alger, Bougie, Philippeville ou Bône et sortir dans un délai maximum d'un an par l'un des bureaux de El-Oued, Tug-Gurt, El-Goleah, El-Abiod-Sidi-Cheik, Djemien-Bou-Rezg, El-Aricha, Lalla-Marghnia ; ce sont ces villes qu'on a appelées parfois « *marchés francs* ».

Si ces dispositions sont un progrès, il s'en faut que leur application facilite les opérations qu'elles ont en vue ; les marchandises affranchies doivent être plombées, puis escortées jusqu'à une certaine distance des bureaux de sortie. Or, comme l'indigène n'achète en général que la marchandise qu'il voit, il est difficile de lui vendre un colis plombé.

Aussi, est-il à craindre que cette liberté réglementée n'ait qu'un médiocre résultat et que les marchandises qu'elle vise, comme celles qu'elle omet, par exemple, les cotonnades, ne continuent à entrer en Algérie par le Maroc et la Tripolitaine.

Sauf cette mesure particulière au transit soudanais, nous n'avons en France aucun point qu'on puisse appeler point ou port franc.

*Histoire de l'entrepôt jusqu'à la Révolution* (1). — Nous nous étendrons moins sur cette partie, puisque les chapitres suivants consacrés à l'organisation des entrepôts nous permettront d'analyser en détails leurs caractères et leur fonctionnement.

L'entrepôt, établi pour la première fois par Colbert, n'est pas de création française. On le trouve dès le moyen-âge dans les Pays-Bas (2). Ainsi il est d'abord en usage à Bruges à partir du xiii⁰ siècle (3), puis à Anvers (4). Les droits dont on faisait crédit étaient connus sous le nom de droits « *d'assise* » et droits « *d'étaples* (5) ».

1. Amé, page 164 ; Pallain, tome I, page 332.
2. V. Scherer, *Histoire du commerce de toutes les nations*, p. 376, note. — Worms, *Histoire de la ligue Hanséatique*, 1864, p. 95, p. 110.
3. Worms, *op. cit.*, p. 96. — Léon Say, *Dictionnaire d'Economie politique*, v⁰ *Entrepôts*.
4. *Trésor historique... etc.*, p. 13.
5. D'après Ustariz et l'auteur du Trésor historique, ce serait à Baudoin,

Nous ne pouvons insister ici sur la législation qui a régi ce double système et qui a subi des modifications nombreuses sous le coup des évènements politiques et des transformations économiques. Nous nous bornerons à renvoyer aux ouvrages essentiels sur la matière.

Tout le mécanisme, avec ses multiples transformations, du droit *d'assise*, se trouve parfaitement expliqué dans la notice de MM. Deljoutte et Bogaerts sur les octrois de la ville de Bruges, contenue dans le *Rapport sur les octrois communaux de Belgique*, présenté par le ministre de l'intérieur en 1847.

Celui du droit *d'étaple* a été exposé dans différentes parties de l'*Inventaire des chartes de la ville de Bruges,* 9 vol. in-4° (1).

Enfin M. J. Finot, conservateur des Archives du département du Nord, à Lille, a fait paraître tout récemment différentes notices sur le commerce de la Flandre au moyen-âge et sur les importations et exportations des marchandises et de leur provenance.

Plusieurs de ces études remarquables ont été insérées dans les *Annales du comité flamand de France,* an. 1896-98.

Sur Anvers, on trouvera aussi des renseignements très intéressants dans les ouvrages suivants :

*Description de tout le Païs-Bas*, etc., par Messire L. Guicciardini. (Anvers, Guil. Silvius. 1567). (*Antverpia, Christo nascens et crescens...* a J. C. Diercxsens. Antverpiae, J. H. van Soest, 1773, 7 vol.) *Geschiedenis van Antverpen...* door

comte de Flandre, que reviendrait en 960, l'honneur de la création de « foires franches » où les marchandises non vendues étaient exemptes de droit de sortie.

1. Voir également *Statuts de l'entrepôt des marchandises dans la ville de Bruges*, renouvelés par le Duc de Bourgogne en 1470 dans Gilliodot Van Severen, *Inv. des archives de la ville de Bruges*, 1ʳᵉ série, vol. VI, p. 5-13.

J. H. Mertens en K. L. Tarfs. (Antwerpen, P. J. van Dieren 1845-53. 8 vol.). *Histoire du Péage de l'Escaut*, par Edm. Grandgaignage. (Anvers, J, E. Buschmann, 1868). (*Extrait des Annales de l'Académie d'Archéologie de Belgique*, tome XXIV, 2e série, tome IVe). On peut consulter également la *Notice sur le Port d'Anvers* (1897, veuve de Backer, à Anvers).

Il existait donc des précédents à la création de Colbert. Il est probable que le grand ministre, toujours à l'affût des institutions utiles, de nature à être transplantées dans notre pays, dût connaître ces précédents. Ici, comme sur bien d'autres points, il copia la Hollande pour la détrôner (1).

L'entrepôt réel fut d'abord établi pour les produits des colonies. Tel fut l'objet de l'édit de septembre 1664, des arrêts du conseil des 10 septembre 1668, 19 mai 1670, et 12 août 1671.

Les denrées coloniales étaient en partie employées à la consommation intérieure de la France, en partie réexportées. Or, si le marchand avait dû acquitter immédiatement, dès leur entrée sur notre sol, les taxes sur les objets destinés à la consommation intérieure, le commerce eût été entravé. Il fallait donc accorder le *crédit* des droits pour cette première catégorie de marchandises. Quant à celles que nous ne pouvions consommer et que cependant nous étions obligés de recevoir en vertu du pacte colonial et en paiement de nos

1. Il était une autre institution de création hollandaise (20 mars 1602) que Colbert, à la suite d'Henri IV (1er juin 1604) importa en France, c'est la fameuse Cie des Indes. Si nous signalons cette particularité c'est que la question de la Cie des Indes est connexe à celle des entrepôts. En effet, l'assemblée des négociants, encouragée par Colbert, qui établit au logis de Faverolles marchand de Paris, les premières assises de cette compagnie demanda entre autres avantages, le Lundi 25 mai 1664, c'est-à-dire 4 mois avant l'édit créateur de l'entrepôt la *franchise de l'entrepôt pour les denrées venant des Indes destinées à être réexportées* (Depping III, XXXII, art. XXXIV de la proposition faite à Louis XIV, art. XLIV de l'édit d'août 1664.

exportations, on devait en faciliter la revente aux pays voisins et pour cela les admettre en *franchise*, dès lors qu'elles étaient destinées à être réexportées. L'entrepôt répondait à ce double besoin de crédit des droits pour les marchandises étrangères destinées à la consommation intérieure, de franchise des droits pour les marchandises étrangères destinées à la réexportation. Chose curieuse et qui s'explique par l'existence de douanes intérieures et de droits de sortie, le régime de l'entrepôt s'étendait aux marchandises françaises destinées à l'exportation dans les colonies. La constitution de ces produits en entrepôt avant les expéditions au dehors les exonérait de ces taxes pourvu qu'ils aient été exportés dans les 6 mois par les lieux, par lesquels ils étaient entrés.

L'entrepôt était *réel*, c'est-à-dire constitué dans des magasins gardés par la ferme des douanes. Pour la sûreté réciproque des employés et des marchands, le local était « fermé « à deux serrures, de l'une desquelles le fermier ou son « commis gardera la clef et un député desdits marchands « gardera l'autre (édit de septembre 1664) ». Les destinations de ces marchandises étaient prouvées par des lettres de voiture qu'on devait remettre aux commis des bureaux d'entrepôt. On déclarait les produits contenus dans les ballots et paquets, les commis, après avoir fait la vérification, les scellaient et les plombaient dans le magasin « sans qu'ils pussent « être rechargés pour le lieu de leur destination, qu'en pré- « sence desdits commis qui délivreront leurs acquits dans « lesquels ils feront mention du jour du chargement et du « départ. »

Alors, comme du reste pendant toute l'ancienne législation, les garanties se réduisaient à l'apposition d'une double serrure. Le local affecté à l'entrepôt réel n'avait pas besoin, comme aujourd'hui, d'être isolé de toute autre construction, il pouvait toucher des magasins libres.

L'édit de 1664 ajoutait : « Les voituriers, tant par eau que par terre, ne pourront sortir que par l'un des bureaux ci-dessus déclarés, ni décharger les dites marchandises, en aucuns lieux de notre royaume : et à l'égard des transits, il en sera usé comme pour les dits entrepôts : le tout à peine de confiscation des dites marchandises, charettes, chevaux, bateaux, navires et d'amende arbitraire. »

Colbert, par l'ordonnance pour l'étape des villes maritimes, donnée en 1670 étendit et compléta le système des entrepôts. Les négociants français et étrangers obtinrent la liberté de réexporter pendant la durée d'un bail des fermes et même un an plus tard, avec affranchissement des droits de sortie et restitution des droits d'entrée, les marchandises importées dans les ports, lors même qu'elles n'auraient pas été déclarées pour l'entrepôt.

Le roi, par cette ordonnance, invitait les négociants de toutes les nations, à se servir de ses ports comme d'une étape générale, pour y tenir toutes sortes de marchandises, soit pour les vendre à ses sujets, soit pour les transporter hors du royaume (1).

Cette ordonnance est remarquable, car elle prouve qu'au début, tout au moins, l'entrepôt n'entraînait pas toujours pour conséquence, le *crédit* des droits. Comme les marchandises, dans l'hypothèse prévue par l'édit, n'étaient pas originairement destinées à l'entrepôt, il fallait bien qu'elles payassent les droits. Telle est la raison pour laquelle on applique aux produits entreposés après coup, une sorte de drawback.

Colbert institua en 1664 et en 1684 des entrepôts dans les villes suivantes : La Rochelle, Ingrande, Rouen, le Havre, Dieppe, Calais, Abbeville, Amiens, Guise, Troyes, Saint-Jean-de-Losne.

1. Joubleau, p. 412.

Ces expériences ne manquèrent pas de succès.

Aussi l'ordonnance de février 1687 étendit-elle la faculté d'entrepôts aux marchandises étrangères de toute origine.

Mais les douanes étaient devenues la propriété d'une ferme générale qui, dans le bail et la gestion de l'impôt cherchait beaucoup plus son intérêt personnel que la prospérité du pays. Les entrepôts ainsi autorisés à titre général exposaient à des fraudes qu'il fallait prévenir, à des frais de surveillance qu'il fallait assurer. C'était là une cause de soucis et de dépenses. Pour s'en débarrasser, les fermiers généraux, aux étroites conbinaisons, demandèrent et obtinrent la fermeture des entrepôts aux marchandises étrangères. Elle fut décrétée par un arrêt du conseil du 9 mars 1688.

L'arrêt de 1688 revenait à l'idée de l'édit de 1664 et réservait en principe le bénéfice de l'entrepôt au commerce de nos colonies. Ce privilège fut encore confirmé par les lettres patentes du mois d'avril 1717, qui pour prévenir toute fraude exigeaient, en outre, dans les entrepôts des denrées coloniales, une troisième clef, qu'on devait remettre au fermier du domaine d'Occident.

Néanmoins, l'arrêt de 1688 restait en vigueur pour certaines marchandises venant des pays autres que nos colonies : le suif, la chandelle, le beurre, le lard, le bœuf salé, le saumon salé, destinés à être réexportés aux colonies, et pour toutes les marchandises destinés à être réexportées en Guinée (1) : L'entrepôt continuait à s'ouvrir aussi aux marchandises françaises déposées dans les magasins publics avant leur expédition pour les colonies, l'Indre, la Guinée.

1. Le rétablissement des entrepôts tels qu'ils existaient en 1687 fut demandé dans la séance du Conseil supérieur de commerce du 10 juin 1704 (*R^t du Conseil du commerce* (archives nationales). Il fut réclamé également dans le projet présenté aux notables en 1787 (*les finances de l'ancien régime*, Stourm, p. 71). Voir sur ce dernier point le rapport de Goudard du 23 août 1791, d'après lequel un entrepôt destiné aux rhums et

L'ordonnance de 1688 ne s'appliquait pas du reste aux villes franches. Nous n'en voulons pour preuves que les termes mêmes de cette ordonnance et la lettre ci-après de l'Intendant de Provence :

(de Boislisle, I, 1. 578).

M. Lebret, intendant en Provence au contrôleur général.

24 mai 1688.

« Je ne crois pas que l'exécution de cet arrêt regarde en aucune manière la ville de Marseille, car, au moyen de son port franc, des bureaux établis aux environs de son terroir, et de la domaniale que ses habitants paient actuellement, elle doit être considérée à cet égard comme une ville étrangère, outre que si on ôtait la liberté d'y faire entrer ces sortes de marchandises, il en arriverait deux inconvénients, l'un, que les Marseillais seraient privés d'en fournir à l'Espagne et autres pays étrangers, d'où ils rapportent en France, les lingots d'argent et les piastres qui sont absolument nécessaires pour le commerce du Levant, et l'autre que certaines manufactures du royaume et particulièrement celle des bonnets qui se fabriquent dans cette ville souffriraient une diminution considérable puisqu'elles n'ont presque de débit dans le Levant, qu'en échange de ses toiles de coton. »

Au reste les principes relatifs à l'organisation et au fonctionnement des entrepôts réels tels qu'ils avaient été posés par l'édit de 1687 ne furent pas modifiés, et on peut dire, avec M. d'Audiffred (II, p. 105) qu'aujourd'hui encore, ils sont établis « sur les mêmes bases et avec les mêmes formes ».

Les inconvénients que nous reconnaissons à cette institution avaient déjà été aperçus. Dès 1691, le contrôleur général se demandait s'il n'y aurait pas intérêt à permettre de soumettre à des transformations industrielles les marchandises admises en entrepôt.

genièvres aurait été établi à Boulogne pour une période de deux ans le 5 juin 1778 puis à Calais, Roscoff, Fécamp, Cherbourg.

Il demande en effet à **M.** Lebret, intendant en Provence, le **28** août 1691, de s'enquérir s'il est vrai que les ouvrières de Marseille souffrent de la prohibition de toiles de coton blanches, et s'il ne serait pas possible, en ce cas, de permettre aux marchands de retirer de l'entrepôt les toiles qu'ils se chargeraient de faire piquer et de renvoyer ensuite à l'étranger (de Boislile, 1. 1. 981).

Jusqu'ici nous avons constaté l'existence de l'entrepôt réel. D'assez bonne heure, cependant, l'Etat se préoccupa de faciliter la franchise et le crédit des droits, en accordant la faculté d'entreposer des marchandises dans les magasins même des propriétaires.

*L'entrepôt fictif* n'a donc pas pour seule origine, comme on le dit généralement, la tolérance de la Ferme, désireuse d'éviter la construction, la garde et la surveillance de magasins publics ; il se rattache à une pensée plus haute, il est dû au désir du contrôleur général d'aider le commerce d'exportation.

Voici, à l'appui de notre affirmation, une lettre très caractéristique (de Boislisle, I. 1. 876).

Le contrôleur général à **M.** de Bezons, intendant à Orléans, 20 décembre 1690.

« Quand à l'entrepôt, je ne crois pas que les marchands puissent s'en dispenser ni qu'ils aient de bonnes raisons pour le prétendre.

« Si vous jugiez que cela fut nécessaire, on pourrait ordonner qu'après que les marchands auraient fait leur déclaration des sucres qu'ils destinaient pour les pays étrangers, *ils pourraient les transporter dans leurs boutiques les y garder par forme d'entrepôt*. Mais comme il y aurait atteinte à la disposition de l'arrêt du 25 avril, il est bon que vous ne fassiez entendre cela aux négociants qu'à l'extrémité ».

Pressé par les représentants de l'Etat, intéressé du reste, à la limitation des risques et des frais que mettait à sa charge l'entrepôt réel, la ferme du domaine d'Occident permit peu à peu aux commerçants de mettre les marchandises entreposées dans leurs magasins. Et un arrêt du Conseil du 6 mai **1738** consacra la légalité des entrepôts fictifs, en obligeant les entrepositaires à fournir pour la garantie des droits, une caution acceptée par l'administration, et en soumettant à des peines sévères, soit les soustrations, soit les mutations de magasins non déclarées.

*Les entrepôts depuis la Révolution.* — Sous la Révolution, les anciens entrepôts organisés pour le commerce des colonies, furent maintenus. On en créa même pour les grains (1) et le tabac, pour les produits de l'Inde, pour les toiles et guinées à destination de l'Afrique (6 juillet 1791 (2), pour les produits du Levant (29 juillet 1791); mais ils ne fonctionnèrent presque pas. La guerre entravait en effet le commerce extérieur (3).

Il est cependant encore question d'entrepôts dans la loi du 22 juillet 1792 qui, tout en permettant les retours du commerce du Levant et de Barbarie dans tous les ports de France, prescrit que toutes les marchandises de ces provenances de-

1. Décret du 21 septembre 1789.

2. Voir Magnien. (*Commerce des Français aux colonies*, page 16, 2e col.).

3. La fameuse loi du 22 août 1791 ne parle pas des entrepôts, mais à l'art. 30, *in fine*, de son titre **XIII** elle fait allusion à l'entrepôt fictif qui était accordé à certains produits des colonies françaises par les art. 4, 5 et 13 de la loi du 18-29 mars 1791 ; la seule prescription de cette loi qui se rapproche de nos moyens de crédit consiste dans l'exemption des taxes qu'elle accorde aux marchandises et denrées apportées de l'étranger dans un port du royaume, lorsqu'étant destinées pour l'étranger ou pour un autre port de France, elles seront déclarées devoir rester à bord et ne seront pas déchargées des navires (art. 6, titre I).

vront faire quarantaine à Toulon (la même mesure avait été ordonnée pour Marseille par la Loi du **29** juillet **1791**). Il en est encore question dans les décrets du **19** mars **1793**, **11** nivôse an III, d'après lequel l'entrepôt pour les produits du Levant est illimité à la condition de payer 1/2 0/0 de leur valeur par mois et dans la loi du **12** pluviose an III.

Le décret précité du **11** nivose an III, art. **5**, annonçait l'extension des entrepôts à toutes les marchandises étrangères ; le **24** floréal an X le citoyen Rœderer présenta au Corps législatif un projet de loi qui devint la loi du **29** floréal an X, dont l'article 1ᵉʳ était ainsi conçu : « Le gouvernement pourra provisoirement ..... établir ou défendre des entrepôts ».

Mais ces textes ne reçurent pas d'application toujours en raison des guerres maritimes.

Ce fut seulement pendant la paix d'Amiens, quoique assez courte, que fût organisé le système des entrepôts : œuvre de la loi du **8** floréal an XI (**28** avril **1803**) ; cette loi a été étendue ou modifiée par plusieurs dispositions postérieures. (Lois du **22** vendémaire an XII, art. **22**, titre **4** ; **1** pluviose an XIII, titre **4** ; **30** avril **1806**, titre **4** ; **7** décembre **1815** ; **28** avril **1816** ; **27** mars **1817**. Oᶜᶜ du **9** janvier **1818**. Loi du **21** avril **1818**).

Mais la législation restait encore trop restrictive. Elle établissait une différence entre les marchandises passibles d'un droit d'*entrée* (marchandises étrangères) auxquelles elle n'accordait que l'entrepôt *réel*, et les marchandises passibles seulement d'un droit intérieur de *consommation* (1) (produits des colonies françaises) qui étaient admises en entrepôt *fictif*. D'une part, l'entrepôt ne s'appliquait qu'aux marchandises tarifées et non aux marchandises prohibées. D'autre part, les entrepôts étaient en principe interdits à l'intérieur et aux

1. Ou de domaine colonial (droit de domaine d'occident sous l'ancienne ferme).

frontières. Contrairement toutefois à une assertion contenue dans l'exposé des motifs de la loi du 27 février 1832 (1) et d'après laquelle on aurait eu pour but de créer « un entrepôt « *de nouvelle espèce* pour satisfaire à d'autres besoins que « ceux pris en considération par la loi de floréal, » la loi de l'an XI avait établi des entrepôts ailleurs que dans les ports : à Strasbourg, pour les produits importés par le pont du Rhin, à Mayence, Cologne, Bruges, Rouen, Lyon (2). C'est sur ces deux objets que porta la réforme des deux lois de 1832 (3) qui, suivant les orateurs, doivent s'interpréter l'une par l'autre.

Ces deux lois furent présentées par le gouvernement en vue de faire brèche autant qu'il était possible aux lois protectrices à l'excès de 1822, 1836, 1841, votées sous la pression d'une Chambre des députés, composée en majeure partie de grands propriétaires (double vote) et d'une Chambre des pairs héréditaire.

La loi du 9 février 1832 admit au bénéfice de l'entrepôt les produits prohibés : l'expérience avait prouvé d'une part l'utilité de magasins publics largement approvisionnés et, d'autre part, s'était évanouie la crainte, longtemps exprimée que les produits prohibés ne fissent concurrence sur les marchés étrangers et même — grâce à la contrebande — sur les marchés français aux produits français similaires.

Un premier projet fut déposé le 21 mai 1829 et suivi en 1830 d'une proposition encore plus libérale, due à l'initiative du gouvernement. Cette loi donna lieu à de vifs débats que nous avons peine à comprendre aujourd'hui. Plusieurs députés alléguaient, pour la combattre, la concurrence désastreuse

1. Séance du 11 octobre 1831.
2. Il n'en est pas moins vrai que la loi de Floréal s'est préoccupée spécialement du commerce de la mer et qu'elle a eu en vue les moyens de le faciliter (pour faire échec dans la pensée de ses auteurs au trafic des Anglais).
3. Amé, *op. cit.*, p. 165.

qu'allaient, suivant eux, avoir à subir, les fabriques des villes à entrepôt. Les représentants de Lyon prédisaient la ruine prochaine de l'industrie de la soie. La majorité ne se laissa pas émouvoir par ces déclamations intéressées et vota la loi qui porte la date du 9 février 1832 (1).

La loi du **27** février **1832** sur les entrepôts intérieurs ne passa aussi qu'avec difficulté. Jusqu'alors les entrepôts des marchandises étrangères n'étaient en général établis que dans les ports de mer. Quelques exceptions avaient été apportées à ce principe, mais elles étaient peu nombreuses. Outre celles que nous avons mentionnées, nous citerons les suivantes : Un entrepôt avait été établi à Lyon par la loi du **30** avril 1806, pour les marchandises non prohibées et les denrées coloniales arrivant par Marseille ; un autre à Paris, seulement pour les cotons en laine, qui avait duré jusqu'en **1814**.

Les exigences du commerce devaient amener l'extension de l'institution. Ce fut d'abord Paris qui réclama. Cette revendication fut écartée sous l'influence de l'économiste Ferrier. Celui-ci, dans un mémoire retentissant, ne craignit pas d'affirmer que la réforme serait de nature à tuer notre marine et à empêcher désormais les ports de mer de faire des armements pour nos colonies.

Après 1830, la cause fut reprise par les représentants de la Capitale et de plusieurs villes de l'intérieur. Le gouvernement, par l'organe du comte d'Argout, ministre du commerce et des travaux publics, défendit le projet et prouva qu'il était nécessaire d'ajourner en autant de lieux que possible, la perception des droits, jusqu'à la consommation, pour

1. Voir *Bulletin des lois*, n° 137. Présentation à la Chambre des députés le 20 août 1831 (*Moniteur* du 21). Rapport par M. de Saint-Cricq, le 30 novembre (*Moniteur* du 1er décembre). Discussion, les 8, 9 novembre 1831 (*Moniteur* des 9 et 10). Présentation à la Chambre des Pairs, le 9 janvier 1832 (*Moniteur* du 10). Rapport par le baron Davilliers (*Moniteur* du 24). Discussion et adoption le 3 février (*Moniteur* du 4).

dispenser le commerce et l'industrie de l'avance des taxes. C'était, disait-il, une question de justice, de civilisation, de liberté et d'égalité dans la perception de l'impôt. Il montrait ainsi qu'on n'avait pas à craindre de voir le commerce détourné de ses voies ordinaires. Malgré cette argumentation, les mandataires des villes du littoral se livrèrent à une opposition passionnée, se servant à peu près des mêmes arguments au moyen desquels on avait soutenu le régime des douanes intérieures.

Entre autres, le député de Marseille prétendait qu' « on allait déplacer le commerce maritime ». Un autre orateur s'écriait : « Votre décision aura une influence positive sur notre « avenir, sur cette révolution sociale, dont les éléments s'agglo- « mèrent depuis trente ans et dont quelques symptômes ont « déjà effrayé votre patriotisme » (1). La Chambre ne s'arrêta pas à ces récriminations non fondées ou tout au moins hyberboliques et la loi fut votée (2).

Son application n'a pas justifié les appréhensions qu'elle avait fait naître dans l'esprit de ses adversaires. Ce qu'on peut regretter, au contraire, c'est que les entrepôts intérieurs n'aient pas pris un plus large développement.

Après 1832, les documents législatifs les plus importants sur notre matière sont : l'ordonnance du 28 juin 1833, les

1. Les ports présentaient ainsi 2 sortes d'objections : 1° Etablissant que les entrepôts de l'intérieur seraient inutiles ; 2° Prouvant que ces entrepôts seraient la ruine des ports, que leur établissement serait illégal, injuste, abusif, inopportun. (Ces entrepôts devaient priver de travail les ouvriers des ports, enlever aux créanciers des colons le gage de leur créance, favoriser l'agiotage à l'intérieur, favoriser la fraude, déranger les spéculations du commerce régulier, etc).

2. Voir *Bulletin des lois*, n° 144. Présentation à la Chambre des députés, le 11 novembre 1831 (*Moniteur* du 12). Rapport de M. Ganneron du 3 décembre *Moniteur* du 4). Discussion les 16, 25, 27, 28 décembre (*Moniteur* des 17, 26, 27, 28. 29). Présentation à la Chambre des Pairs, le 9 janvier 1832 (*Moniteur* du 10). Rapport de M. le comte Roy du 23 février (*Moniteur* du 24). Discussion et adoption, le 20 (*Moniteur* du 21).

lois du **26** juin **1835, 11** novembre **1835** et **12** juillet **1837**.

L'institution des magasins généraux, d'origine anglaise, qui a été importées chez nous à la suite de la crise de 1848, a incontestablement favorisé aussi l'essor des entrepôts, puisque les mêmes locaux peuvent servir aux deux services à la fois.

Ces brèves notions historiques confirment bien l'idée qui nous a paru dominer l'évolution de l'entrepôt : le nombre des marchandises et des lieux auxquels s'étendent ses bienfaits a augmenté avec les progrès de la civilisation.

# CHAPITRE III



L'ENTREPÔT RÉEL ORDINAIRE : SON ÉTABLISSEMENT, SES
CARACTÈRES

## SOMMAIRE

I. *Conditions de l'établissement.*
Conditions relatives au local, au titulaire de la concession, au concédant.
II. *Caractères de l'entrepôt.*
Quant au propriétaire des marchandises entreposées.
Quant au titulaire de la concession.
Sanction des obligations du concessionnaire. — a) Création d'un entrepôt
spécial concurrent. — b) Dommages et intérêts.

I. *Conditions de l'établissement d'un entrepôt réel* (1). — *Le
local.* — Le local affecté à l'entrepôt réel doit être, d'abord,
isolé de toute autre construction. C'est là une précaution
contre les fraudes que pourraient commettre les propriétaires
des marchandises, s'ils avaient la faculté de les déposer dans
des magasins publics contigus à leurs magasins privés.

Le local de l'entrepôt ne doit pas consister en plusieurs
corps de bâtiment isolés par des cours. De plus, il doit être
sûr et convenable. *Il doit être sûr* : il ne suffit pas en effet de
prévenir les manœuvres des entrepositaires ; il faut se garantir des vols. *Il doit être convenable*, et s'il est créé dans les
ports, il doit être placé sur les quais.

1. Pour ce chapitre et les suivants : V^r Pallain : *Les Douanes françaises*,
Tome I, n^os 484 et sq. ; Delandre, *Traité pratique des douanes*, 4e édition,
Tome I, n^os 441 et sq. ; Pandectes Françaises. V° *Douanes*, n^os 1479 et sq.
*Répertoire de Dalloz*. V° *Douanes*, n^os 453 et sq. Tarif des douanes,
*Observations Préliminaires*, n^os 137 et sq.

L'entrepôt étant destiné au commerce, il est indispensable que les magasins soient à portée des centres de déchargement et qu'ils offrent toutes les garanties matérielles pour la bonne conservation des produits (1)-(2).

Enfin le bâtiment est gardé par la douane et toutes les portes sont fermées à deux clefs différentes, dont l'une reste entre les mains d'un préposé de l'administration des Douanes, appelé contrôleur des entrepôts (3), et l'autre, dans les mains du concessionnaire (4), ou de son agent. La mission du délégué du commerce consiste, dans la conservation et la garde des marchandises ; celle du contrôleur, dans la surveillance des magasins et leur fermeture.

Pour faciliter la surveillance, le local doit comprendre des corps de garde pour les préposés des douanes, chargés de ce soin, ainsi que des logements et des bureaux pour l'agent des douanes et l'agent du commerce, dépositaires chacun d'une des doubles clefs.

Voici les trois textes qui établissent ces conditions :

1° — 8 floréal an **XI**, art. 25. « Les villes, auxquelles l'entrepôt est accordé, n'en jouiront qu'à la charge de fournir, sur

---

1. En 1832, la commission, qui avait étudié la loi, avait prévu qu'au lieu d'astreindre les établissements à être isolés de 30ᵐ de toute habitation, il faudrait seulement exiger 20ᵐ ; cette modification lui avait paru nécessaire dans l'intérêt des places de guerre qui, étant défendues par des fortifications ou des murs d'enceinte, auraient trouvé difficilement dans leur centre des terrains assez vastes pour accomplir la condition tout d'abord imposée.

2. Rapprocher de ces conditions celles exigées par Savary des Bruslons dans le *Dictionnaire du commerce* p. 261. (Vᵒ Entrepositaire) : « Dans les entrepôts, où les marchandises viennent par eau, les entrepositaires doivent se loger proche des rivières pour éviter les frais des crocheteurs et gagnedeniers. » — « Les magasins doivent être grands et spacieux pour y mettre les marchandises commodément et séparément et sans confusion, pour les trouver à point nommé. »

3. Quelquefois l'office de contrôleur est rempli par un receveur-vérificateur qui constitue avec un garde-magasin le personnel minimum d'un entrepôt.

4. Que Savary des Bruslons appelle « Député des marchands ».

le port, des magasins convenables, sûrs et réunis en un seul corps de bâtiments, pour y établir ledit entrepôt ; à l'effet de quoi, le plan du local sera présenté au gouvernement qui, après avoir fait examiner s'il est propre à sa destination, l'y affectera, s'il y a lieu, par un arrêté spécial. »

2° — 8 floréal an XI. — Art. 26 « Tous les magasins, servant d'entrepôt, seront fermés à deux clés, dont l'une restera entre les mains des préposés de l'administration des douanes, et l'autre, dans les mains du commerce qui fournira et entretiendra lesdits magasins. »

3° — 27 février 1832. — Art. 9. « Pour obtenir l'établissement de l'entrepôt, les villes, auxquelles la faculté en aura été accordée, devront préalablement y avoir affecté un bâtiment spécial, isolé et distribué intérieurement, de manière à ce qu'on puisse classer séparément, selon qu'il pourra être prescrit par les ordonnances du roi, les marchandises d'origines diverses. »

« Le même bâtiment devra offrir la distribution convenable pour l'établissement des corps de garde des préposés de douanes, ainsi que des logements et bureaux réservés à l'agent du commerce et à celui des douanes, dépositaires chacun d'une clé de l'entrepôt, le premier pour la conservation et la garde de la marchandise, le second pour la garantie des droits du Trésor. Ces édifices devront avoir été agréés par le gouvernement. »

*Le titulaire de la concession.* — Ce titulaire est la *ville*, en principe (1) (articles 25 de la loi de floréal an XI, 9 et 10 de la loi du 27 février 1832). Mais la ville à laquelle les entrepôts réels sont concédés doit fournir les locaux nécessaires. Et c'est là une source de dépenses assez considérables qui ne sont pas

----

1. Le droit pour une ville d'avoir un entrepôt est un droit naturel qui repose sur la nécessité de rapprocher le plus possible la production de la consommation. (Enquête qui a précédé le vote de la loi du 27 février 1832).

toujours couvertes par les droits de magasinage (1). Voilà sans doute pourquoi, malgré l'obligation imposée aux municipalités des ports de mer d'établir des entrepôts réels, celle-ci ont cherché à se dérober à cette charge, et se sont contentées d'affecter à cet objet de vieux édifices, convenant assez mal à la manutention et à la conservation des marchandises. En 1847, le rédacteur du Dalloz (Répertoire Alphabétique, V° Douanes, n° 452) pouvait écrire : « Deux villes seulement, le Havre et Bordeaux, ont construit des magasins spéciaux dans ce but. Nantes continue à se servir d'anciens bâtiments, et quant à Marseille, il n'a aucun établissement spécial d'entrepôt. »

Cependant pour remédier à cette inertie des municipalités, la loi du 27 février 1832 (art. 10) avait déjà permis aux chambres de commerce, sur le refus de la commune, de se charger de remplir ces obligations : la loi du 9 avril 1898, dont nous allons parler, confirme, en l'éclaircissant et en la confirmant, cette disposition.

La Chambre de commerce peut, en effet, établir elle-même un entrepôt. La solution ne fait pas de doute depuis la promulgation de la loi précitée, aux termes de laquelle (art. 14), les Chambres de commerce peuvent être autorisées à *fonder* et à administrer des établissements à l'usage du commerce, tels que les *entrepôts*. Les art. 21 et sq. de cette loi indiquent de quelle façon les compagnies en question peuvent faire face aux dépenses que nécessiteraient cette fondation et cette administration.

Mais c'est, d'abord, croyons-nous, l'autorité municipale qu'on doit mettre à même de se charger (2) de l'établisse-

1. C'est à ceux qui veulent profiter du crédit par les entrepôts à remplir toutes les conditions auxquelles ce crédit est subordonné. (Enquête déjà citée .

2. C'est à elle en effet que les lois de l'an XI et de 1832 ont exclusivement conféré le privilège de l'entrepôt.

ment des entrepôts et il demeure entendu que ce n'est que sur le refus de la commune que les Chambres de Commerce sont appelées à agir. Mais si, ni la Commune, ni la Chambre de commerce ne veulent se charger de l'établissement de l'entrepôt, elles peuvent céder leur droit : les conditions exigées pour la validité de cette cession sont les mêmes pour un individu que pour une société ; elles sont exprimées dans le § 3 de l'article 10 de la loi du 27 février 1832 suivant lequel cette cession doit être faite « avec concurrence et publicité ».

L'Etat, d'autre part, a pris à sa charge les frais de surveillance, d'abord dans les principaux ports (1) (les entrepôts réels y ayant été créés directement par la loi), ensuite dans les entrepôts de Paris, Lyon, Orléans, Toulouse, (loi de finance du 10 août 1839 art. 11) (2), enfin dans les entrepôts de Chambéry et de Nice (Décret du 10 août 1860) créés à la suite du sénatus-consulte du 12 juin 1860 (art. 3) (3).

Ne négligeons pas de dire que le développement des maga-

1. Voir sur ce point dans le chapitre VIII l'interview de M. le député Papelier. — « Considérant que ces entrepôts (établis par l'Etat) répondaient à des besoins généraux justifiant les dépenses nécessaires (Rapport de Ganneron du 2 décembre 1831).

2. L'art. 11 de la Loi du 10 août 1839, aux termes duquel le service des entrepôts créés en vertu de la loi de 1832 a été mis au compte du Trésor à partir du 1er Janvier 1840, a-t-il abrogé l'art 9 de la loi de 1832 ? — Non : telle n'est pas la portée de la loi de 1839 : il ne s'agit pas d'une loi de Douane dont l'initiative aurait appartenu au Ministère du Commerce, qui seule aurait pu rapporter, à titre général, la loi de 1832. La loi de 1839 est la loi des finances de 1840 ; son art. 11 a pour but unique l'inscription au budget de la somme afférente aux frais de régie des entrepôts de l'intérieur, *constitués jusqu'à cette époque* (on statuait sur le *passé*, sans engager l'*avenir*). Au fond, la mesure était prise en vue de l'entrepôt de Paris. Si la forme était générale, c'était qu'elle était ainsi plus acceptable, que les autres entrepôts de l'intérieur étaient en petit nombre et que l'augmentation des frais était sans importance pour le trésor. Une preuve qu'en 1840 on n'a nullement entendu abroger la loi de 1832, c'est que les entrepôts concédés à partir de cette époque (sur la demande des localités) ont tous été établis en vertu de cette dernière loi (Lettre administrative, 8 février 1874).

3. Pallain, p. 340.

sins généraux et docks dans la seconde moitié de ce siècle, fut aussi de nature à aider puissamment l'essor des entrepôts dont les frais d'établissement étaient ainsi fort diminués.

*Le titre de concession ou le concédant.* — L'entrepôt entraîne une modification dans le fonctionnement normal des tarifs de douane. Il crée une fiction, un sorte de privilège d'exterritorialité fiscale. Il intéresse donc au plus haut point le Trésor public.

L'entrepôt facilite, en outre, le commerce, aussi convient-il que l'Etat examine si les besoins du trafic sont suffisants pour justifier l'ouverture d'un entrepôt, et si l'entrepôt une fois ouvert, les locaux qui lui sont affectés sont propres à sa destination.

C'est là la raison pour laquelle les particuliers on les associations ne sont pas libres de créer un entrepôt, où, quand et comme ils voudraient. Voilà pourquoi l'entrepôt n'existe que dans les localités auxquelles il est concédé et qui l'ont d'ailleurs demandé.

Les pouvoirs publics doivent donc intervenir. Mais sous quelle forme s'exercera leur intervention ? Faudra-t-il une loi pour permettre l'établissement d'un entrepôt ? Exigera-t-on simplement un décret ? ou se contentera-t-on d'un simple décision administrative ?

La Loi du 8 floréal an XI n'avait délégué à aucune autorité administrative, ni même au pouvoir exécutif le droit de créer des entrepôts. Cette situation ne s'explique pas logiquement, car sous le Consulat, le législateur était peu défiant à l'égard du pouvoir exécutif. La Loi du 29 floréal an X lui déléguait même le droit de modifier provisoirement les tarifs (1). Dans l'état actuel de notre législation, c'est par décret (2) que

---

1. Notons ici qu'en vertu de la loi 5 juillet 1836, art. 5, c'était également au Chef de l'Etat qu'il appartenait d'autoriser *l'admission temporaire* de certains produits. — Modifié depuis par la loi de 1892, art. 3.

2. Le décret offre cet avantage d'exiger moins de temps qu'une loi pour sa préparation, avantage très-appréciable ; car pour le commerce la célérité est une condition d'existence.

les entrepôts sont créés (loi du **27 février 1832**, art. **1**) (l'administration fait connaître par des circulaires imprimées la constitution et l'ouverture régulières des entrepôts nouveaux ; circ. du 1ᵉʳ mars 1832 nᵒ **1308**).

Voilà donc les magasins publics créés (1).

Quel en est le caractère légal ?

*II. Caractère de l'entrepôt.* — Nous chercherons à fixer ce caractère, d'abord vis-à-vis des propriétaires de marchandises, ensuite vis-à-vis de la ville ou du concessionnaire.

Quant à *l'entrepositaire*, le local de l'entrepôt est considéré, tout au moins pendant un certain temps, comme un territoire étranger (2); d'où : *a)* : faculté de réexportation. *b)* : francisation de la marchandise, livrée à la consommation, au moment de la sortie de l'entrepôt, et par suite, application du tarif en vigueur au moment de cette sortie, pour cette destination.

Quant au *concessionnaire*, l'entrepôt étant un service d'intérêt public, doit lui procurer une rémunération :

Cette rémunération consiste dans les droits de magasinage, d'après les tarifs concertés avec la Chambre de commerce et approuvés par le Gouvernement (loi du **27 février 1832**, art. **10**). Si les tarifs de magasinage ou de manutention sont dépourvus de l'homologation du ministre du commerce (3), le service des douanes doit refuser son concours à l'application de ces tarifs et informer exactement, l'administration des infractions commises par les concessonnaires

---

1. Il est à remarquer que la loi ne *crée* pas des entrepôts : — elle donne la *faculté* d'en établir. — Le commerce seul apprécie et combine les avantages qu'il doit recueillir de ce genre d'établissement (motifs de la loi du 27 février 1832).

2. Une *continuation* du territoire étranger, dit l'arrêt de la cour de cassation du 3 octobre 1810 ; un lieu *neutralisé*, ainsi s'exprime le rédacteur de l'enquête qui a précédé la loi de 1832 ; un *abri*, dit-il plus loin, donné à la marchandise, qui est censée n'avoir pas été retirée du navire importateur.

3. Cette homologation est nécessaire pour éviter que ces droits de magasinage ne soient trop élevés, car s'ils cessaient d'être modérés, la faculté d'entrepôt ne serait plus un bienfait pour les relations commerciales.

ou exploitants de l'entrepôt réel. (Lett. com du 15 septembre 1886, n° 845) (1).

Le concessionnaire, nous l'avons vu, peut céder temporairement ses droits, avec concurrence et publicité, à des adjudicataires qui se chargent de la construction, de l'entretien des bâtiments et du service de l'entrepôt (2)-(3).

A ces droits, correspondent des obligations. Outre celles que nous venons de rappeler, outre la responsabilité, en cas de perte, vol, avarie, incendie, à laquelle sera consacré le chapitre V, on doit signaler surtout l'obligation de recevoir les marchandises étrangères dans l'ordre où elles se présentent.

Quelle est la sanction de cette obligation ?

L'administration paraît se réserver le droit de concéder à un autre qu'à l'exploitant actuel, la faculté d'entrepôt au cas

1. Les chambres de commerce ne peuvent, par une tolérance plus ou moins prolongée, autoriser les concessionnaires de leur entrepôt à percevoir des droits supérieurs à ceux des tarifs approuvés. (Bordeaux, 19 mars 1879 : *Journal de Bordeaux*, 1879 p. 93). En outre ces droits supérieurs ne doivent être restitués que du jour de la demande en justice (même jugement).

2. Les formalités exigées par l'art. 10 de la loi de 1832 doivent-elles être remplies, dès lors qu'il s'agit d'entrepôts créés antérieurement à cette loi ? La question s'est posée pour la municipalité de Bayonne, qui a voulu en 1891, céder ses droits, datant du 8 Floréal an XI, à la Chambre de Commerce de la ville. L'affirmative trouvait un précédent favorable dans la rétrocession, en 1881, de l'administration de l'entrepôt de Brest, faite par la municipalité à la chambre de commerce. En faveur de la négative, on a fait remarquer que cet entrepôt de Brest, tel qu'il existe actuellement, avait été créé postérieurement à loi de 1832 (5 janvier 1870) ; on a fait valoir également que les entrepôts de Boulogne, Calais, Caen, Lorient, Nantes, créés antérieurement à la loi de 1832 ont été administrés directement par les Chambres de commerce sans que les municipalités intervinssent aucunement. On tient compte en outre de cette considération, que les Chambres de commerce ayant été reconnues établissement d'utilité publique par le décret du 3 septembre 1851, doivent jouir en conséquence de toutes les prérogatives attachées aux personnes morales (emprunt, taxes locales à leur profit), sans qu'il soit besoin de leur déléguer une faculté quelconque. (Rapport au ministre des finances 30 mai 1891) (Rapprocher la loi du 9 avril 1898).

3. Un étranger, ayant le droit de faire le commerce, il semble qu'on ne puisse pas lui refuser le droit d'être concessionnaire d'un entrepôt réel.

où cet exploitant refuserait d'admettre les marchandises qui lui sont présentées. En sorte que si l'entrepositaire peut être considéré à certains points de vue comme détenant une sorte de monopole, le gouvernement se reconnaît de son côté, le droit de faire échec à ce monopole aux cas où les circonstances l'exigeraient (1).

C'est ce qui s'est passé à Rouen.

La Compagnie, concessionnaire de l'entrepôt, n'avait pas voulu recevoir des huiles de pétrole brutes. Le ministre des Finances autorisa la création d'un entrepôt spécial, sans tenir compte du soi-disant monopole de la compagnie des Docks et entrepôts.

Cette intéressante affaire est traitée dans deux lettres, la première émanant de la Société des huiles minérales, la seconde du ministre du commerce. Voici d'abord le résumé de la lettre de la Société à qui la Compagnie avait refusé l'accès des entrepôts. Elle est du 25 avril 1894.— La société anomyme des huiles minérales de Colombes, expose qu'ayant besoin de constituer un entrepôt réel d'huiles de pétrole brutes à Rouen, elle a dû en demander l'autorisation à la Compagnie des Docks et Entrepôts de Rouen, concessionnaire du « *monopole* » des entrepôts de Douane, sur le territoire de cette ville ; qu'à la place de l'autorisation bénévole qu'elle en attendait, il lui a été répondu qu'elle n'en aurait une, qu'au prix d'une redevance annuelle de 1500 fr.

S'il s'était agi de la cession d'un monopole, d'un droit, que la compagnie des Docks aurait pu elle-même exercer, la société de Colombes n'y aurait trouvé rien à redire. Mais il s'agissait au contraire de l'emmagasinage de marchandises réputées dangereuses que la Compagnie des Docks ne pouvait recevoir, ni entreposer, et que les règlements de police lui

---

1. Les bénéfices du magasinage et de la commission ne peuvent pas se changer en monopoles. (Motifs de la loi du 27 février 1832).

interdisaient même d'admettre dans les locaux dont elle disposait.

La prétention de la Société des huiles de pétrole trouve un précédent favorable, dans la concession de l'entrepôt de Colombes (près Paris), dont l'exploitant n'avait eu à demander aucune autorisation à la Compagnie des magasins généraux et entrepôts de Paris.

Voici la lettre du 17 mai 1894, du Ministre du Commerce, adressée en réponse aux intéressés par l'intermédiaire du ministre des Finances :

« M. Deutsch, MM. Tenaille et Depeaux ont obtenu l'autorisation d'établir des entrepôts à Rouen, sans avoir été astreints à payer une redevance quelconque à la Compagnies des Docks.

« Les entrepôts réels ont été créés dans l'intérêt du commerce. La concession qui en est faite aux villes et aux chambres de commerce leur donne droit de revendiquer le monopole des marchandises entreposées et de recevoir des taxes, mais ces privilèges comportent en retour l'obligation de pourvoir à toutes les demandes et à tous les besoins du commerce, en matière d'entrepôt. Si donc les villes, ou chambres de commerce se refusent à recevoir des marchandises qu'elles jugent dangereuses, ce refus ne saurait avoir pour conséquence d'empêcher les importateurs de profiter du régime de *l'entrepôt, qui pour eux, comme pour tous les importateurs de produits étrangers, est de droit absolu.* C'est en prévision de ces cas que l'ordonnance du 9 janvier 1818 a disposé que les marchandises, dont le voisinage nuirait aux autres produits admis dans l'entrepôt réel, pourraient être placées dans des entrepôts spéciaux. »

La taxe qui pourrait servir à faire reconnaître l'existence du droit de la Compagnie des Docks, devrait être de pure forme. »

Toutes les marchandises doivent donc, en principe, être

admises à l'entrepôt réel. Mais dans quelles conditions ? c'est ce que nous allons voir dans le chapitre suivant.

Telle est la première sanction aux obligations du concessionnaire. La seconde consiste dans la possibilité de faire, le cas échéant, condamner l'entrepositaire à des dommages-intérêts, conformément aux principes généraux de notre droit.

C'est ainsi que le droit à la réparation du préjudice subi ou éventuel a été consacré dans l'espèce suivante, où il a été décidé que la chambre de commerce, substituée à la ville, pour l'exploitation de l'entrepôt réel, ne saurait refuser de recevoir des marchandises, sous prétexte *d'insuffisance* des locaux. — Il s'agissait de sucres des colonies françaises. — La chambre de commerce de Bordeaux a été condamnée à recevoir en entrepôt réel 2000 sacs de sucre ou à payer 500 fr. par jour de retard (1).

Elle soutenait cependant et sa doctrine avait été admise par l'administration, que, du moment qu'il s'agissait de marchandises admissibles à l'entrepôt fictif et qu'elle n'avait pas de locaux suffisamment vastes pour renfermer tous les produits qui lui étaient présentés, elle était dans son droit. Cette objection était sans valeur ; car l'entrepôt fictif comporte des engagements qu'un entrepositaire peut ne pas vouloir prendre et exige une caution que ce dernier peut ne pas avoir à sa disposition. Le concessionnaire de l'entrepôt ne saurait d'ailleurs prétendre pour sa défense, que la jurisprudence du tribunal de commerce de Bordeaux l'accule à une condamnation à des dommages et intérêts, toutes les fois que les arrivages auraient une importance exceptionnelle. Il lui appartient, en effet, de louer des annexes et de les faire agréer par la Douane à titre provisoire.

1. Tribunal de Commerce de Bordeaux, 23 mai 1881, *Mémorial de jurisprudence commerciale et maritime de Bordeaux* 1881, 1. p., p. 168.

# CHAPITRE IV

LES MARCHANDISES A L'ENTREPOT RÉEL ET LES OPÉRATIONS
MATÉRIELLES OU JURIDIQUES DONT ELLES SONT SUSCEPTIBLES.

## SOMMAIRE :

I. *L'entrée des marchandises.* — Conditions d'admission, formalités à l'entrée : déclaration, vérification, inscription au sommier.

II. *Conservation des marchandises.* — Opérations matérielles dont elles sont susceptibles : mélanges, coupages, changements de colis, bénéficiement. Régime exceptionnel pour Marseille et Bayonne. Régime spécial pour la réexportation des cafés (décision ministérielle du 15 juin 1897).

III. *Opérations juridiques relatives aux objets entreposés.* — Les dérogations au droit commun : opérations exclues ; modifications aux conditions habituelles d'existence, aux modalités, aux effets ordinaires de la vente ou du gage.

IV. *La durée de l'entrepôt.*

V. *La sortie de l'entrepôt.* — Mutation. Réexportation. Consommation. Admission temporaire.

En étudiant l'établissement et le caractère de l'entrepôt, nous avons constaté l'influence des deux tendances en sens inverse qui se combattent dans l'esprit du législateur. Le désir de faciliter le commerce nous explique en effet la faculté laissée au gouvernement de créer des entrepôts dans les ports de mer et à l'intérieur du pays, l'obligation, pour les exploitants de l'entrepôt, de recevoir en principe toutes les marchandises, l'existence de conditions relatives au local et enfin l'intervention de l'autorité pour la vérification de ces conditions. L'isolement du magasin, sa fermeture à double clef, sa surveil-

lance remise à la douane ont au contraire, pour but de prévenir les déplacements illicites des marchandises.

Nous allons retrouver, ici encore, ce conflit entre l'intérêt
du commerce et l'intérêt du fisc.

Du premier s'inspirent, notamment : l'ouverture de l'entrepôt
à toutes les marchandises étrangères, l'exclusion des marchandises exemptes de droits, la faculté laissée aux manipulations conservatoires, la défense de modifier les
marques, ou d'apposer des marques françaises sur des
marchandises de mélange ou de coupage, la liberté de disposition et d'engagement des marchandises, les allocations de
déficit représentant le déchet naturel, etc.

Au souci de sauvegarder les intérêts du Trésor public, se
rattachent au contraire les formalités d'entrée et de sortie, les
recensements, les précautions prises pour les mutations et
les réexportations, l'interdiction des opérations de transformation, l'autorisation exigée pour les changements de colis, les
mélanges, les coupages, les opérations de bénéficiement.

Telle est la règle générale dont les analyses suivantes vont
fournir la confirmation détaillée.

### I. — *L'entrée des marchandises.*

*Conditions d'admission.* — Pour être admises dans l'entrepôt, les marchandises doivent avoir certaines qualités juridiques ou matérielles.

Elles sont, en outre, soumises à certaines formalités.

Elles doivent, disons-nous, posséder d'abord certaines qualités juridiques. Elles doivent être de celles qui sont norma-
lement soumises aux droits d'entrée (1). Les marchandises
françaises (2), et les marchandises étrangères admises en fran-

---

1. Qu'elles viennent directement de l'étranger, ou indirectement, par suite
de transit, de mutation d'entrepôt, de transbordement, d'admission temporaire.

2. Déc. min. 12 juillet 1855 ; Circ. 31 mars 1859.

chise ne peuvent donc bénéficier de l'entrepôt (1). Leur
exclusion s'explique par la crainte de faciliter les substitutions et le désir d'éviter l'encombrement des magasins.
A quoi bon, en effet, permettre d'user des procédés de crédit
ou de franchise pour des marchandises qui n'ont besoin ni
de crédit ni de franchise, puisqu'elles n'ont aucune taxe à
payer ? (2)

Cependant une exception très justifiée a été apportée à cette
règle : l'entrée en entrepôt réel des rhums et tafias des colonies françaises peut être permise, lorsque la demande en est
faite, en vue de conserver aux produits la marque de leur origine (3).

Sous l'ancien régime, on sait que toutes les marchandises françaises pouvaient profiter de l'entrepôt,
mais c'est qu'alors ce régime avait une utilité pour elles, en
ce qu'il les exonérait des droits de sortie, qui n'existent
plus aujourd'hui.

Ces qualités juridiques sont les seules exigées. Il n'en a pas
toujours été ainsi. De 1654 à 1687, et de 1688 à l'an XI, nos
entrepôts ne s'ouvraient qu'aux produits des colonies françaises
et aux produits français et étrangers destinés, soit à ces colonies,
soit au commerce de l'Inde et de la Guinée. La loi de l'an XI a
admis les marchandises tarifées, et la loi du 9 février 1832,
les marchandises prohibées. Cette évolution nous est bien
connue. Nous nous contenterons de la rappeler.

Les marchandises entreposées doivent avoir aussi certaines
qualités matérielles. L'intérêt des consommateurs, autant que
l'intérêt du commerce honnête, exige que l'existence même
de ces marchandises ne soit pas le résultat d'un acte délictueux.
Voilà pourquoi les contrefaçons en librairie sont exclues de

<hr>

1. O. P., n° 141.
2. Circ. lith., du 26 juin 1860. O. P., n° 141.
3. O. P., n° 141, note 1.

l'entrepôt (Ordonnance du **13** décembre **1842**, art. 8). Il en est de même pour les produits étrangers portant de fausses marques de fabrique françaises (lois des 8 juillet 1824, art. 1 ; 23 juin 1857, art. 8 et 19 ; 11 janvier 1892, art. 15) (1). D'après les décrets des 20 avril 1861, 18 juin 1863 et 10 novembre 1864, les armes de guerre ne pouvaient être reçues que dans les entrepôts de Marseille, Bordeaux, Nantes, Le Havre, Rouen, Boulogne, Paris, Lyon, Saint-Nazaire et Dunkerque. La loi du 14 août 1880 a levé cette exclusion (2). Nous n'avons pas à parler ici des marchandises si nombreuses exclues de l'entrepôt réel ordinaire et concentrées dans des magasins spéciaux ou des entrepôts spéciaux. Ce point sera exposé dans le chapitre VII relatif aux formes spéciales de l'entrepôt.

Telles sont les qualités que doivent réunir les marchandises pour être susceptibles d'entrepôt.

Au moment d'entrer dans les locaux, elles sont soumises, en outre, aux déclarations et aux vérifications ordinaires exigées pour tout produit importé.

*La déclaration* (3). — Le négociant qui veut placer dans un entrepôt réel des marchandises non prohibées, est tenu, dans les trois jours de leur arrivée, d'en faire à la douane une déclaration détaillée, signée de lui ou de la personne qui le représente (Loi des 4 germinal an II, et du 9 février 1832, art. 4, circ. du 23 octobre 1810). Cette déclaration faite sur papier libre, af-

---

1. Voir sur tous ces points : Trib. Nancy, 14 août 1886, Pandectes, 86. 2. 282 ; Cass., 27 février 1880, S. 80. 1. 386 ; P., 80. 915 ; D. P., 80. 1. 434 ; 23 février 1884, S., 85. 1. 466 ; D. P., 84. 1. 165 ; Rouen, 27 janvier 1864, *Rec. arrêts Caen et Rouen*, 64. 2. 36 ; Paris, 4 février 1883. S., 85. 2. 215 ; D. P., 84. 2. 76 ; Chambéry, 30 décembre 1882 ; *Gaz. Pal.*, 83. 1. 161.

2. Voir pour les capsules de dynamite le décret du 15 juillet 1886.

3. Voir circulaire manuscrite du 8 août 1842.

franchie du timbre par l'article 16 de l'ordonnance du 8 juillet 1833, est soumise aux règles générales des déclarations en douane (1). Elle doit par conséquent indiquer la nature, l'espèce, la qualité, la provenance ou la destination des marchandises, le poids pour celles taxées au poids, la mesure ou le nombre pour celles taxées à la mesure ou au nombre, la valeur pour celles taxées à la valeur.

La déclaration du poids et de la mesure n'est pas exigée pour les marchandises sujettes à coulage, c'est-à-dire pour les liquides et fluides en futailles, et les sucres bruts, même lorsqu'ils sont en balles et sacs.

La valeur à déclarer est celle du lieu et du moment où les marchandises sont présentées à la douane. Elle comprend donc, outre le prix d'achat à l'étranger, les frais postérieurs à l'acquisition, tels que les droits de sortie acquittés aux douanes étrangères, le transport ou le fret, l'assurance, etc. L'arrêt de la Cour de cassation du 31 août 1836 constate que cette règle générale s'applique aussi bien aux marchandises destinées à l'entrepôt, qu'aux marchandises qui doivent acquitter immédiatement les droits (2).

Toute déclaration doit être exacte et complète. Voilà sans doute pourquoi, d'une part, elle ne peut être faite par anticipation, c'est-à-dire avant l'arrivée des marchandises dans le port ou le bureau où la déclaration est présentée et pourquoi, d'autre part, les propriétaires ou consignataires des marchandises importées de l'étranger *peuvent* être autorisés à les examiner avant la déclaration, à les décharger même et à en prélever des échantillons afin d'en apprécier la quantité, la qualité, l'es-

<hr>

1. Voir Observations préliminaires du Tarif nos 65-79, page 44 et sq. ; Circulaires du 23 août 1821 no 672, du 29 août 1845 no 2081 ; Lettre com., du 24 juin 1881, no 527.

2. Voir Lois du 22 août 1791 art. 20 titre 2 ; du 27 juillet 1822, art. 16 : 4 germinal an II ; O<sup>re</sup> du 8 juillet 1834 ; Déc. ad. du 23 oct. 1810 , 23 août 1821 ; 8 oct. 1833 : 23 juillet 1839.

pèce, la valeur (1). On ne peut, en effet, faire une déclaration exacte avant d'avoir à sa portée l'objet à estimer. De là la première règle. On ne peut parfois apprécier avec précision un produit sans l'avoir sous les yeux. De là la seconde règle.

Les intéressés ne peuvent rien changer à leurs déclarations, une fois qu'elles sont reçues et inscrites par la douane. Néanmoins si, dans le jour de la déclaration et avant la visite, le déclarant s'aperçoit qu'il a commis une inexactitude sur le nombre, la mesure, le poids, la valeur, il peut la rectifier, en représentant identiquement les mêmes colis et les mêmes marchandises. Ce délai écoulé, toute demande en rectification doit être repoussée (2).

Que se passe-t-il quand les marchandises déclarées pour l'entrepôt sont vendues pour la consommation avant d'être mises régulièrement en entrepôt?

De deux choses l'une. Ou bien la déclaration de mise en consommation a précédé l'enregistrement de la déclaration d'entrée en entrepôt : alors le receveur peut annuler cette dernière pièce par une mention qu'il y appose. Ou bien la déclaration de mise en entrepôt est enregistrée et le permis délivré : la mention de l'annulation, si elle est admise, doit être apposée sur ce permis, sur la déclaration volante et sur le registre des déclarations.

Il peut arriver qu'on n'entende livrer à la consommation qu'une partie des objets déclarés pour l'entrepôt. Dans ce cas, on opère de la façon suivante :

Si la déclaration de mise en entrepôt n'est pas enregistrée, elle sera annulée par deux déclarations, l'une relative aux

1. O. P. no 73. Cet examen ne constitue pas un droit, ce n'est qu'une disposition insérée dans divers traités de commerce, disposition demeurée en vigueur à l'égard des pays auxquels est concédé le tarif minimum en vertu de l'art. 1 de la loi du 29 décembre 1891 (Pallain, *Les Douanes françaises*, no 26).

2. L. 6-22 août 1791 t. II, art. 12.

marchandises à entreposer, l'autre aux marchandises destinées à la consommation (1).

Si la déclaration de mise en entrepôt a été enregistrée, on y ajoute une annotation, afin d'avertir qu'elle n'est plus valable que pour la partie de marchandises n'entrant pas dans la consommation.

*Vérification* (2). — Après la déclaration et le débarquement, les employés peuvent, s'ils ne tiennent pas la déclaration pour exacte, procéder à la vérification des marchandises.

Toutes les régles générales relatives aux vérifications en douane s'appliquent ici (3).

Les vérifications sont donc effectives, le plus généralement, pour les importations, par mer, des contrées lointaines, parce que le commerce n'a pas la note détaillée des marchandises expédiées. Au contraire, si les marchandises arrivent des contrées d'Europe, on se contente de la vérification du poids par épreuves, lorsqu'il s'agit de colis ou d'objets d'un poids uniforme et portant les mêmes marques, ou, sinon, lorsqu'il est remis à l'appui de la déclaration une note détaillée du poids de chaque colis ou objet (4).

Au reste, l'importateur a toujours le droit de récuser les résultats des vérifications d'épreuves, s'ils tendent à infirmer sa déclaration et de demander que l'on procède à une vérification complète ou que l'on accepte les termes de sa déclaration.

Les constatations relatives à l'espèce, à la qualité, à l'ori-

1. Voir décision du 11 décembre 1849.

2. Voir circ. 20 mai 1848, n⁰ 2248. — La mise à l'entrepôt ne prive pas l'administration du droit de visiter en détail des marchandises déclarées, ni du droit d'exercer immédiatement les poursuites, si la fausseté de la déclaration est reconnue. — Trib. civ. de Marseille, 4 juin 1877. V. lois, 8 floréal an XI, art. 32 et 9 février 1832, art. 4 et 19 ; Pelabon, *op. cit.*, n⁰ 375.

3. *Tarif des douanes*, obs. prél., n⁰ˢ 79 et suivants.

4. Et également lorsqu'il s'agit d'une entrée en entrepôt par suite de transit, de mutation, de transbordement.

gine ou à la valeur des marchandises doivent être déférées aux commissaires experts, institués près du département du commerce, et qui, pour se prononcer, reçoivent un échantillon prélevé par le service en présence du déclarant, et scellé du cachet du bureau et du cachet du déclarant (1).

*Inscription au sommier*. — La vérification terminée, les marchandises sont immédiatement enregistrées, sur un livre appelé *sommier* (ou compte ouvert), par espèce, qualité, quantité, poids brut, pavillon importateur, provenance et conditions du transport (2). Ces dernières indications permettent ainsi d'établir, d'avance, la liquidation des droits, au cas où les marchandises passent dans la consommation à défaut de réexportation au terme fixé (3).

C'est à partir du jour de l'inscription que le délai de l'entrepôt commence à courir (4).

L'inscription doit être faite au jour de l'entrée des marchandises dans le magasin, immédiatement après la visite (5). Leur transport a lieu par les soins du propriétaire. Mais lorsque le local n'est pas en face et à proximité du quai de débarquement, les marchandises sont escortées par un préposé, porteur du permis certifié par l'agent vérificateur et qui doit être remis au garde-magasin (6).

1. Lois 27 juillet 1822, art. 19 7 mai 1881, art. 4 et 11 janvier 1892, art. 9 ; Voir pour les excédents ou les déficits à l'entrée le chap. IV.

2. Décision du 2 avril 1846.

3. Quoique la marchandise devrait entrer matériellement en entrepôt, l'administration permet qu'on use de tolérance à l'égard des produits admis en franchise temporaire, réintégrés en entrepôt : ces produits n'entrent pas en entrepôt, mais à la condition qu'ils soient représentés au bureau compétent, qu'ils fassent l'objet de déclarations d'entrée en entrepôt et qu'ils soient repris au sommier.

4. Déc. 21 nov. 1844.

5. Déc. 25 nov. 1842. Déc. 18 nov. 1842.

6. Déc. 6 déc. 1833, 22 sept. 1843.

Voilà les marchandises à l'entrepôt. De quelles opérations matérielles ou juridiques y sont-elles susceptibles?

II. *Garde des marchandises. Opérations matérielles dont elles sont susceptibles.* — Le principe est que les marchandises admises à l'entrepôt doivent en sortir telles qu'elles y sont entrées (1). Nous touchons ici à la différence la plus caractéristique qui sépare notre régime de celui de l'admission temporaire et de celui des ports francs ou villes franches suivant lesquels, comme on sait, les marchandises peuvent recevoir un complément de main-d'œuvre.

Néanmoins, l'intérêt du commerce et l'intérêt des consommateurs ont fait admettre certaines dérogations à cette règle (2).

Bien des marchandises ne peuvent se vendre, si elles ne sont pas mélangées ou coupées avec d'autres, qui permettent d'en adapter la qualité aux besoins de la clientèle, d'en diminuer le prix, de les rendre d'une conservation plus aisée.

Voilà pourquoi l'administration peut autoriser les mélanges et les coupages. Ainsi ont été autorisés : le coupage des alcools étrangers (décision administrative du 6 janvier 1865), celui des vins destinés à l'exportation (décision ministérielle du 26 décembre 1872), celui des huiles d'olive étrangères avec des huiles d'œillette françaises (lettre admin. du 2 août 1836).

Mais il ne fallait pas que ces manipulations fussent préjudiciables à nos producteurs, et que ces marchandises mélangées ou coupées pussent être vendues comme des pro-

---

1. *Tarif des douanes*, obs. prél., n° 142. Aucun texte de loi ne pose le principe d'interdiction de manipulation en entrepôt ; l'art. 11 de la loi du 6 juillet 1791 sur le Commerce français au delà du cap de Bonne-Espérance autorisait même formellement les opérations de bénéficiement.

2. Avec l'autorisation de l'agent supérieur de l'administration.

duits français ou des produits purs. Aussi ces opérations ne sont-elles autorisées qu'à la condition qu'il ne sera pas apposé, sur les récipients, des étiquettes ou marques d'origine française.

Il serait difficile de vendre les marchandises en entrepôt, si on les conservait toujours dans les emballages ou les récipients qui ont servi à les transporter, si on ne permettait pas le morcellement ou, suivant les cas, le groupement des unités.

Mais ces manipulations ne doivent pas servir de prétexte à la fraude fiscale. C'est pourquoi l'administration, en les autorisant, prescrit de peser vides les nouveaux colis et les colis primitifs et de prendre note de la différence, les droits sur le brut et le net légal restant dus, d'après le résultat de la vérification primitive (1).

Telles sont les manipulations admises par intérêt pour le commerce (2).

Quant à celles qui paraissent reposer surtout sur l'intérêt des consommateurs, ce sont les opérations dites de *bénéficiement*, c'est-à-dire : les opérations qui consistent dans *l'enlèvement de matières étrangères ou nuisibles, ou l'arrangement nouveau des marchandises*. Elles sont parfois nécessaires pour empêcher la détérioration des marchandises et dans le cas où l'on se trouverait en présence d'une fraude commerciale. L'administration peut donc les autoriser. S'il se produit alors un déficit relativement peu considérable, il est admis en réduction (3). Ainsi, le déchet résultant du rebattage des fûts d'huile (grattage des douves, changement de cercles usés) est alloué en franchise (déc. du 26 décembre 1846).

---

1. Déc. ad. du 17 avril 1833.

2. La douane permet aussi de prélever des échantillons. Delandre, n° 456, note 2. V. Lettre ad. du 16 avril 1834. Circ. 24 août 1818, 1er mars 1832.

3. Circ. 1er mars 1832. Déc. 18 juin 1845.

Les opérations de triage ou de criblage sont interdites, parce qu'elles réduisent le poids reconnu à l'entrée, sauf cependant quand il s'agit des balayures, lesquelles peuvent être triées (1).

*Régime spécial de Marseille et de Bayonne.* — A l'entrepôt réel de Bayonne (art. 58 du décret du 20 juillet 1808), la division des grosses balles, caisses et futailles, en colis d'un moindre volume, est libre, à cause de la difficulté des chemins par lesquels on est obligé de transporter les marchandises. La décision administrative du 17 avril 1838 a cependant, pour éviter les réimportations frauduleuses, limité cette faculté, en décidant que, pour les marchandises taxées à plus de 20 fr. par 100 kilogr. et pour les denrées coloniales, le poids minimum des nouveaux colis devrait être de 60 kilogrammes.

La faveur faite à Marseille est beaucoup plus considérable. La ville franche venait d'être supprimée ; il fallait une compensation à cette mesure : elle a consisté (entre autres dérogations au régime de droit commun) dans de grandes facilités de manipulation, laissées aux propriétaires des marchandises en entrepôt.

D'après l'ordonnance du 10 septembre 1817 (art. 10), les divisions et réunions de colis et les assortiments de marchandises peuvent être librement faits à l'entrepôt réel.

*Triage des cafés.* — L'administration a autorisé, en 1881, le triage en entrepôt réel des cafés, contenant, d'après l'attestation d'un courtier, plus de 3 0/0 de *pierres*. Sur la demande du commerce, une décision ministérielle est intervenue, le 15 juin 1897 (2), qui a étendu cette faculté sans aucune res-

1. O. P., n° 142.
2. Voir circ. du 26 juin 1897, n° 2811.

triction de pourcentage aux cafés destinés à la réexportation, à la condition que les déchets provenant du triage seraient détruits en présence du service ou réexportés.

*Recensements*. — L'observation des règlements sur les manipulations permises dans l'entrepôt est contrôlée par les recensements.

On procède annuellement à un recensement général des marchandises (1). On peut ainsi comparer les existences réelles aux existences portées dans les écritures, constater, s'il y a lieu, des différences, et savoir qu'elle en est l'origine (2).

Pour faciliter les recensements, les marchandises sont rangées dans les magasins par espèces et par propriétaires (3). Une étiquette indique le numéro d'inscription des marchandises sur le sommier (4).

III. *Opérations juridiques dont les marchandises entreposées sont susceptibles*. — Le propriétaire des objets en entrepôt bénéficie de grands avantages : la franchise ou, suivant les cas, le crédit des droits.

Mais cette faveur serait payée bien cher, si elle était acquise au prix d'une indisponibilité totale du bien.

La marchandise en entrepôt, continuant à faire partie du

1. Exception faite pour les entrepôts des grands ports et pour celui de Paris, où on ne recense chaque année que certaines catégories de marchandises, de façon toutefois que l'entrepôt ait été recensé en totalité dans une période de trois ans. V. aussi circ. n° 2299.

2. Les écritures inexactes ne peuvent être rectifiées qu'après qu'il en a été référé à l'administration. Circ. n° 1308.

3. Le contrôleur aux entrepôts est tenu d'y veiller (Cir. 1er mars 1832, n° 1308).

4. Pour les marchandises passibles de taxes intérieures, la douane donne à la régie ou à l'octroi communication du résultat du recensement. Circ. 5 août 1847, n° 2185.

patrimoine de son propriétaire, peut donc être aliénée ; elle peut servir d'instrument de crédit.

Il reste à savoir : 1° quelles sont les opérations possibles ; 2° quelles modifications le régime de l'entrepôt apporte aux règles de droit commun, applicables à ces opérations.

Les objets entreposés présentent deux caractères généraux, qui expliquent la solution apportée à ces deux questions. Ces objets sont d'abord enfermés dans des magasins, d'où ils ne peuvent sortir qu'après que leur propriétaire aura rempli les formalités réglementaires. Ensuite, ils sont éventuellement grevés d'une dette fiscale envers l'Etat représenté par la douane.

Dès lors, les opérations dont les marchandises sont susceptibles sont celles qui n'exigent pas un déplacement corporel. Ainsi le bail, le prêt des objets entreposés et impossible.

Puis les opérations juridiques applicables (vente, gage), doivent se faire sous la surveillance de la douane et sont par cela même modifiées, soit dans leurs conditions d'existence, soit dans les modalités qui les affectent, soit dans leurs effets.

Les modifications relatives aux conditions d'existence concernent la vente amiable des objets en entrepôt. Le catalogue de la vente publique doit être soumis à l'administration des douanes. L'exposition et la vente se font sous sa surveillance, pendant les heures légales d'ouverture et dans le local même de l'entrepôt. Du reste les entrepôts réels installés dans les magasins généraux étant tenus, comme ceux-ci, à la délivrance de récépissés et de warrants, la vente des marchandises peut s'effectuer encore par la négociation de ces titres, conformément à la loi du 28 mai 1858 (1).

---

1. Dans les entrepôts ordinaires, les marchandises sont constituées en gage d'après les règles du droit commun ; en sorte que, aucune formalité n'ayant été remplie vis-à-vis de la douane, elles demeurent inscrites sur le sommier de celle-ci, au nom du propriétaire-débiteur, et sont portées au nom du

Sur le second point, signalé plus haut, il est dérogé au droit commun, en ce sens qu'on admet certaines modalités particulières à la vente des marchandises entreposées. A côté de la vente par filière ou sur échantillons, la situation spéciale des marchandises a fait reconnaître la légalité des ventes à l'acquitté, des ventes à l'entrepôt, des ventes à l'acquitté avec faculté d'entrepôt.

La vente par « *filière* » est une espèce de vente à livrer ; elle multiplie les transactions commerciales, et diminue les frais que les transports de marchandises occasionnent : les ordres de livraison passent de mains en mains sans que la marchandise ait été remuée. C'est un simple règlement de différences (1).

La vente a lieu « *à l'acquitté* » lorsque la marchandise est livrée franche de tout droit de consommation, lorsqu'en un mot les droits sont payés par le vendeur. Celui-ci bénéficie de l'abaissement survenu, il porte la charge de l'élévation qui se produit, entre la vente et la livraison.

Dans la vente « *à l'entrepôt* », au contraire, les droits restent à la charge de l'acheteur. C'est à lui que profitent les

créancier gagiste sur le sommier du gérant de l'entrepôt. C'est ce qui vient de se produire à Marseille.

1. Il est admis que le livreur (ou premier vendeur) ne peut pas réclamer le prix à un acheteur intermédiaire, ni le réceptionnaire (dernier acheteur) la délivrance à un vendeur intermédiaire (Trib. com Marseille, 5 déc. 1861, *Rec. Marseille*, 61, 1, 317 ; Trib com. Marseille, 8 février 1878 et 31 mars 1870 *Rec. Marseille*, 70, 1, 78 et 213). — On reconnaît également que le réceptionnaire qui payerait son propre vendeur, sans que le livreur ait été désintéressé, serait exposé à payer celui-ci une deuxième fois. (Req. 30 janvier 1865 ; *Rec. Marseille*, 1865, II, 106 ; Sirey, 65, 1, 403). Au lieu de recevoir le prix, le livreur accepte, le plus souvent, la facture de son acheteur sur le sous-acquéreur et garde son droit d'agir contre son acheteur, si le sous-acquéreur est insolvable (la novation ne se présume pas, 1273 C. civ.). Si, par négligence, le vendeur avait compromis le recouvrement de sa facture, il perdrait son recours contre son acheteur (Trib. com. Marseille, 27 sept. 1867, *Rec. Marseille*, 68, 1, 147).

chances d'abaissement des taxes ; c'est sur lui que retombent les risques de la hausse.

Si la vente a lieu « *à l'acquitté avec faculté d'entrepôt* », la marchandise est livrée franche de tout droit de consommation ; seulement l'acheteur se réserve de prendre livraison à l'entrepôt et de payer lui-même les droits, sauf, ensuite, à diminuer le prix d'achat du montant de ce qu'il a versé dans les caisses de la douane.

Mais le prix doit-il être diminué du montant des taxes appliquées, au jour de la vente (1), ou au jour de la livraison ? C'est à cette dernière théorie que la doctrine et la jurisprudence se sont ralliées. D'une part la vente dont il s'agit est une vente à la consommation, dont les effets ne doivent pas être restreints par la faculté d'entrepôt qui a un caractère exceptionnel : quand cette faculté est exercée, il doit rester quelque chose de la vente à la consommation. Or dans cette vente, le prix est fixé invariablement et les variations ne nuisent et ne profitent *qu'au* vendeur, à qui on ne veut pas faire supporter les chances de variation de la taxe, entre le moment de la vente et celui de la livraison (2).

Telles sont les modifications apportées au droit commun, concernant les conditions d'existence et les modalités du contrat.

Il reste à parler des modifications relatives aux effets du contrat. La question doit être examinée séparément pour la vente à l'amiable et pour le gage.

Quant à la *vente à l'amiable*, elle produit ses conséquences,

---

1. C'est l'intention probable des parties, qui ont pensé aux droits existants lors de la vente : Bordeaux, 27 juin 1866, *Rec. Marseille*, 67, II, 44.

2. Cass. civ. 27 nov. 1832, S. 33. 1. 22 ; D. 33. 1. 351. Lyon-Caen et Renault, p. 163. Couétoux, p. 256 et sq. Trib. com. Marseille, 7 février 1861, 2 juillet 1861, 9 août 1861. (*Rec. Marseille*, 61, 1, 64, 134, 187, 252). Cass. civ. rejet, 15 nov. 1858, D. 58. 1. 437 ; Cass. 26 nov. 1861, D. 62. II. 176, D. 62. 1. 342.

*entre les parties* contractantes, du jour où elle est conclue, et la propriété passe sur la tête de l'acquéreur (1).

Mais pour que cette cession soit opposable *à la Régie*, celle-ci doit avoir été avertie (2) (Loi du 10 juillet 1791), car une renonciation ne se présume pas.

Les moyens d'avertissement varient suivant les cas. Le plus souvent, c'est une déclaration préalable de transfert, exempte de timbre (3), inscrite sur les registres de l'entrepôt (4) et suivie du permis spécial de la douane (5).

Le transfert libère le vendeur, engage le nouveau propriétaire, prévient toute fraude ou simulation entre les négociants après la faillite, ou avant, en temps suspect, décharge la douane de toute réclamation ultérieure de la part du cédant, l'autorise à délivrer les marchandises sur les déclarations des cessionnaires.

1. La ferme générale, par une circ. du 9 août 1791, avait annoncé qu'elle tolérait ce transfert, mais sous la condition strictement observée que la première soumission fournie, lors de la mise en entrepôt, subsisterait jusqu'à la consommation entière des quantités et espèces mentionnées dans cette soumission. Le premier soumissionnaire restait garant.

2. En effet, tant que le cédant ne s'est pas fait décharger de sa soumission et qu'il n'a pas fait accepter celle de son cessionnaire, il reste personnellement passible des peines légales, en cas de soustraction, alors même, 1° que la cession serait antérieure à la soustraction ; 2° que cette cession serait connue de la douane ; 3° qu'elle aurait été opérée par le cédant lui-même ; 4° que la douane aurait autorisé le transfert des marchandises et y aurait assisté (Cass. 9 mars 1835, S. 35. I. 685; P ; 35. III. 153 chr. D. R. n°s 468 ; note 2. 472, 474, Cass. 2 mai 1809. Circ 148, 4 mai 1835. Cass. 14 avril 1841, 17 février 1897).

3. O. P., n° 143 note 3.

4. Cette inscription n'a lieu qu'autant que le cessionnaire est domicilié dans le lieu de l'entrepôt et que la vente est accompagnée de tous les signes caractéristiques qui en opèrent la consommation (déplacement de marchandises, apposition de nouvelles marques, etc.) (Cass. 22 frimaire an XIII. Circ. 9 août 1791, 8 sept. 1815. D. R. n° 469. Circ. 1er mars 1832).

5. Lorsque des marchandises entreposées sont vendues et que l'acquéreur veut les retirer immédiatement de l'entrepôt, la douane, au lieu d'exiger l'accomplissement des formalités prescrites pour le transfert, se borne à men-

Lorsque la vente a été faite en gros et publiquement, les acquéreurs de la marchandise signent sur les livres de la douane. Cette constatation sur les registres remplace un avertissement régulier.

Quant au *gage*, ses effets, relativement aux droits du créancier gagiste, sont modifiés en deux points :

D'abord, la marchandise engagée ne passe pas par les mains du créancier gagiste : elle est gardée par le concessionnaire de l'entrepôt.

Ensuite, le privilège du gagiste est primé par celui de la régie, dont nous nous occuperons plus loin.

IV. *La durée de l'entrepôt.* — Elle est de trois ans (1), pour l'entrepôt réel. Cette limitation offre des avantages, soit pour le fisc, soit pour le commerce.

En ce qui concerne le fisc, la limitation a pour objet de ne pas prolonger indéfiniment le crédit des droits.

Au point de vue du commerce, la restriction de la durée évite l'encombrement des magasins, elle permet de diminuer un personnel de surveillance toujours fort coûteux à entretenir, et de prévenir une majoration de prix, résultant de l'augmentation des frais de magasinage, qui rendrait la marchandise

tionner la cession sur la déclaration de sortie et à la faire signer à la fois par le cédant et le cessionnaire : elle exige en outre, si les marchandises ont été entreposées sous le régime des soumissions cautionnées, la signature de la caution du cédant (Delandre, 457, note 1) sur une formule *ad hoc* ; si le cédant ou sa caution refusent de signer cette formule, le transfert a lieu dans la forme ordinaire (Circ. 23 août 1820, n° 672. Circ. manuscrite, 7 mai 1841).

Avis du transfert doit être donné aux contributions indirectes et à l'octroi, s'il s'agit de marchandises passibles de taxes intérieures (Circ. 5 août 1847, n° 2185).

1. Quand on admet dans un entrepôt réel des marchandises qu'on aurait pu admettre dans un entrepôt fictif, si l'entrepositaire demande à mettre dans l'entrepôt fictif ce qui était dans l'entrepôt réel, le délai (un an ou deux ans) court du jour de la déclaration de changement de régime, sauf à réduire ce délai, si la marchandise a séjourné plus du temps normal, de façon à ce que les deux délais ne fassent jamais plus de trois ans (Déc. ad. 5 avril 1841).

d'un placement difficile ; enfin elle empêche la détérioration des produits emmagasinés.

Le délai date du jour de l'inscription au sommier, et, s'il y a eu mutation d'entrepôt, de l'inscription au sommier du premier entrepôt (1). Il dure jusqu'au moment où l'entrepositaire a rempli toutes les formalités établies pour le faire cesser (2).

Lorsque les marchandises sont en bon état, les directeurs. s'inspirant de l'intérêt du commerce et sur demandes motivées, peuvent accorder des prolongations (3).

Si, à l'expiration des délais fixés, il n'est pas satisfait à l'obligation d'acquitter les droits ou de réexporter, les taxes sont liquidées d'office (art. 24, L. 9 février 1832).

Les marchandises sont alors vendues publiquement (4), dans le mois qui suit la sommation adressée à l'entrepositaire de satisfaire aux exigences de la loi. Cette vente a lieu conformément aux art. 617, 618 et 624 du Code de procédure civile.

Si le produit de la vente ne suffit pas pour couvrir à la fois les droits de douane, les frais de magasinage et autres débours (5), les droits de douane doivent être prélevés sur ce

1: Quand il s'agit de marchandises venant d'un entrepôt des colonies, le délai court de la date de l'entrée dans l'entrepôt métropolitain (Cir. 19 août 1839).

2. C'est ainsi qu'en a décidé la Cour de cassation (à propos, il est vrai, d'entrepôt fictif) par son arrêt du 3 oct. 1810 (D. R. n° 456, note 2).

3. Circ. 15 déc. 1818, 13 janvier 1849. — Si par suite des prolongations accordées, le délai remonte à quatre ou cinq ans, les chefs doivent s'assurer que les marchandises continuent à offrir toutes les garanties qu'elles présentaient à l'entrée (Déc. 26 déc. 1850, 14 mars 1876). Les directeurs n'ont pas à fixer arbitrairement de limites aux prorogations qu'ils accordent (Déc. 14 mars 1876).

4. A charge de réexportation ou d'acquittement des droits d'après le tarif en vigueur au moment de l'adjudication. Il va sans dire que ces marchandises peuvent être réintégrées en entrepôt par l'adjudicataire.

5. Aussi est-il recommandé de ne poursuivre la vente qu'autant que la marchandise est sujette à dépérissement ou qu'il y a impossibilité de la réunir à une autre.

produit, par privilège, avant les frais revendiqués par des tiers (Déc. ad. 28 oct. 1828 ; 9 oct. 1833, 3 juin 1835). Cette dernière disposition est fondée : d'une part, sur l'art. 30, t. 13 de la loi des 6-22 août 1791, d'où il résulte que les droits de douane sont une charge imposée à la marchandise, avant qu'elle puisse être livrée à la consommation, d'autre part, sur l'art. 9, titre 2, de la même loi, d'après lequel nul ne peut faire saisie ni opposition sur le produit de ces droits (1).

Les marchandises non prohibées, pour lesquelles il ne se présente pas d'acquéreur, qui consente à acquitter les droits ou à réexporter, peuvent être adjugées libres de droit pour la consommation. Le produit net (défalcation faite des frais) est alors inscrit aux recettes accidentelles pour tenir lieu des droits d'entrée (mention en est faite au procès-verbal).

Enfin le produit net, déduction faite de tous les frais (droits de douane et de magasinage), est versé à la caisse des dépôts et consignations, pour être remis au propriétaire, qui doit le réclamer dans l'année, à partir du jour de la vente. Passé ce délai, il est acquis au Trésor (L. 17 mai 1826, art. 14). Le service délivre à ce propriétaire un certificat constatant ses droits (2).

La sommation dont il est question dans l'article précité est

---

1. Dans tous les cas d'*abandon*, les marchandises sont donc grevées d'une manière absolue des droits de douane ; le produit de leur vente sert à couvrir le montant des droits, jusqu'à concurrence de la somme nécessaire pour acquitter ces droits et tout ce que peuvent prétendre les tiers intéressés, c'est d'être subrogés aux lieu et place du propriétaire de la marchandise, lequel, dans le cas où un droit de revendication lui reste ouvert, ne peut réclamer que l'excédant du produit de la vente, après le prélèvement des droits de douane (D. R. V° Douanes, n° 467).

2. Si la marchandise se trouvait sous le coup d'une saisie-arrêt ou opposition, il y aurait lieu d'obtenir du président du tribunal une ordonnance de référé décidant que nonobstant l'opposition, il sera passé outre à la vente, pour que le prix de cette vente soit versé à la caisse des dépôts et consignations, avec une mention de l'opposition qui en frappe le montant.

faite, comme nous l'avons dit précédemment, à l'entrepositaire, à son domicile, s'il est présent, au maire de la commune, s'il est absent (1)-(2), à sa caution, aux cas, que nous examinerons plus loin, où il en aurait une. Cette sommation est faite par ministère d'huissier ou de deux préposés de douane. Elle est soumise à l'enregistrement, formalité pour laquelle il est dû 1 fr. 18, si la somme réclamée excède 100 fr. et qui est gratuite, si la somme réclamée est inférieure à ce taux. L'administration prescrit de faire dans le mois antérieur à l'expiration du délai, précéder la sommation d'un avis officieux et gratuit.

V. *Sortie de l'entrepôt.* — La sortie de l'entrepôt est précédée de déclarations et de vérifications, soumises aux règles générales (3).

Les marchandises entreposées peuvent être dirigées sur un autre entrepôt, par terre ou par mer — ou sur l'étranger, par terre ou par mer ; — elles peuvent aussi entrer dans la consommation intérieure, — être admises temporairement en franchise, — être vendues ou détruites après l'expiration des délais.

Dans les deux premières hypothèses, on ne doit que les droits de magasinage, dans la troisième, on doit en outre les droits d'entrée (4).

— *Mutation d'entrepôt.* Elle a pour but de procurer aux

1. On peut réunir dans un seul acte collectif les sommations signifiées au maire à l'égard de différents intéressés absents, à la condition toutefois que ces intéressés soient désignés nominativement.

2. Si la douane avait commis la faute d'accepter une déclaration déposée par un individu pour le compte d'un tiers, il y aurait lieu d'adresser la sommation à la fois au déclarant et au tiers.

3. L'enlèvement de la marchandise et son placement sur le camion ne peuvent se faire avant la sortie de l'entrepôt, sans que le conducteur soit nanti d'un titre de mouvement applicable (Trib. Bordeaux, 5 avril 1889 ; *Jour. La Loi*, 10 septembre 1889).

4. On peut également considérer comme « sortie d'entrepôt », le prélèvement d'échantillons.

marchandises entreposées, le bénéfice du transit et tous les avantages qui s'y rattachent (1).

Cette mutation suppose une déclaration qui doit renfermer, outre les indications de la déclaration d'entrée, la mention de l'entrepôt nouveau dans lequel les marchandises vont être déposées. Celles-ci sont vérifiées au départ et à l'arrivée par les agents des douanes.

Lorsque le transport a lieu par *terre,* il est soumis aux conditions générales du transit (Loi du 9 février 1832, art. 25). Notons seulement que le développement des chemins de fer, surtout depuis le second Empire, a fait admettre de vrais *entrepôts roulants* : les wagons ; ils sont plombés au point de départ et déplombés par la Douane au point d'arrivée (2).

Lorsque le transport a lieu par *mer,* il s'effectue, au contraire, sous un régime qui a ses règles propres. L'acquit-à-caution, qui accompagne la marchandise, contient les éléments de la déclaration de sortie de l'entrepôt, c'est-à-dire les résultats de la vérification (espèce, qualité, quantité, valeur des marchandises). Il indique aussi les conditions de l'importation primitive, la date de l'entrée dans le premier entrepôt (circ. du 20 vend. an XI) (car la mutation d'entrepôt ne donne lieu à aucune prolongation de délai : art 3. loi du 27 février 1832 — circ. du 12 août 1839), l'entrepôt sur lequel l'expédition est faite, le nom du bateau qui fait le transport, la durée que doit avoir ce dernier, et, le cas échéant, l'état de la marchandise ; enfin sur le verso de l'acquit ou sur une note qui lui est annexée, le poids détaillé des colis (Circ. 20 vend. an XI. — 25 avril 1811 — 6 mars 1824).

1. La mutation doit avoir lieu d'entrepôt à entrepôt. Si des exceptions particulières ont été admises à cette règle, ce n'est que sous la réserve que les colis débarqués ou déchargés dans un lieu où n'existe pas d'entrepôt, seraient *immédiatement* déclarés pour la consommation (Déc. adm., 29 juin 1893).

2. Dans l'exposé des motifs de la Loi du 27 février 1832, le transit est traité d'*entrepôt flottant.*

Les marchandises sont affranchies du plombage. Et comme la mutation par mer constitue au point de vue de la navigation une opération de cabotage, elle est réservée aux navires français (1).

A l'arrivée à destination, les marchandises sont traitées comme à l'importation directe (2), c'est-à-dire qu'elles peuvent entrer ou non dans l'entrepôt. Si elles y entrent, elles sont vérifiées très sommairement et inscrites sur le sommier (3)-(4).

De faibles déficits (5) peuvent se produire pendant la mutation, ou en entrepôt, avant la sortie, par suite d'un déchet naturel ou de toute autre cause accidentelle ; il en est fait remise (6) ; par exemple, pour les fluides et les liquides, lorsque les déficits proviennent de la déperdition naturelle du liquide, en cours de transport (Lett. com. 12 avril 1887). — Lorsqu'on reconnaît des excédents, ils doivent être pris en charge au nouveau compte qui est ouvert au négociant (Lett. ad. 24 mars 1835), à moins qu'ils ne proviennent manifestement de l'humidité des locaux ou que la totalité des produits ait été livrée à la consommation (7).

*Réexportation*. — Elle doit être précédée d'une déclara-

1. D. R. V° Douanes n° 655.

2. Cette règle s'applique aux entrepôts de toute nature.

. 3. Tant que l'entrepôt réel n'est pas constitué et régulièrement ouvert (Circ. 1er mars 1832, n° 1308), les marchandises ne sauraient être dirigées sur cet entrepôt, en mutation, alors même qu'elles relèvent de l'entrepôt fictif, certaines circonstances pouvant exiger qu'elles soient entreposés réellement (Déc. 19 octobre 1839).

4. La douane est recevable à demander une expertise pour faire constater l'origine de la marchandise.

5. Au-dessous de 2 0/0 par exemple, ou de 10 0/0 sur le poids par colis séparément (Lett. com. 30 juillet 1885).

6. Lorsque, par suite d'événements de mer, dont il est justifié par un rapport de mer du capitaine, les marchandises ont été perdues ou jetées à la mer, l'administration annule facilement les engagements des soumissionnaires (Déc. 25 juin 1846). O. P., n° 147). Dans ce cas, elle autorise l'allocation du déficit à l'apurement de l'entrepôt.

7. Déc. 22 janvier 1863.

tion de l'entrepositaire, contenant, outre les éléments de la déclaration d'entrée (1), l'indication de la destination, le nom et le pavillon du navire réexportant. Un permis. « de sortie » est, après paiement des frais de magasinage et de manutention, délivré par le service, qui vérifie la marchandise (2), surveille sa sortie et constate l'accomplissement de ces formalités sur le permis en question.

Lorsque la réexportation a lieu *par terre*, elle peut s'effectuer par le bureau même de l'entrepôt si celui-ci est à la frontière ; elle nécessite alors simplement une escorte de préposés de douane (3); elle peut s'effectuer aussi par un endroit éloigné de celui où est l'entrepôt, on applique alors les règles ordinaires au transit.

Quand la réexportation a lieu par *mer*, les propriétaires ou consignataires s'engagent à rapporter au point de départ le permis qui leur a été délivré, revêtu de la constatation de la mise à bord, ou de l'embarquement de leurs marchandises (4).

Si les propriétaires ou consignataires ne sont pas solvables

1. Circ. 1er mars 1832, n° 1308 ; 21 janvier 1849, n° 460 ; Déc. 19 juillet 1832.

2. La vérification peut avoir lieu par épreuves. Circ. 20 mai 1848, n° 2248. Déc. 22 janvier 1835.

3. L. 27 juillet 1822, art. 13.

4. Cette constatation est de rigueur, en vue surtout d'éviter des irrégularités, s'il s'agit d'articles d'admission temporaire ou de produits soumis à des taxes intérieures (Lett. com. 17 juillet 1888, n° 914).

Ces marchandises ne peuvent recevoir un complément de main-d'œuvre à bord du navire réexportateur, avant la constatation du départ pour l'étranger (Déc. 23 août 1842). Mais, après cette constatation, elles peuvent même être consommées (Déc. 24 juin 1842).

L'embarquement ne peut être commencé qu'après que tous les objets compris dans un même permis d'embarquement ont été réunis sur le quai et comptés par les préposés de douane, chargés de constater la mise à bord (L. 27 juillet 1822, art. 13).

Pour le tonnage réglementaire des navires réexportateurs, V. tableau n° 51 des Observations Préliminaires du Tarif.

ou n'habitent pas dans le port d'expédition, leur engagement est garanti par une caution (1).

Les permis délivrés dans les entrepôts des ports, situés sur les fleuves (Bayonne, Bordeaux, Nantes, Abbeville) (2), sont valables jusqu'aux points voisins de la mer, désignés par l'administration. C'est là que se constate la sortie.

*Consommation.* — La mise en consommation doit être précédée d'abord de la déclaration de sortie, et s'il y a lieu, de la vérification, ensuite du paiement des taxes.

La déclaration de sortie ne donne lieu à aucune difficulté (3).

Quant à la vérification ou visite, on s'en dispense, en général, lorsque l'entrepositaire demande à acquitter les droits d'après les éléments de la vérification d'entrée. Il suffit de constater l'identité des colis pour éviter toute confusion (4).

Mais la visite est indispensable pour les marchandises imposées *ad valorem* (5), et même pour les marchandises imposées au poids ou au volume, lorsque l'entrepositaire ne retire de l'entrepôt qu'une partie des marchandises comprises sur la déclaration d'entrée. Cette vérification peut avoir lieu par épreuves (déc. 28 sept. 1855 et circ. n° 2248) (6).

Une fois que les marchandises, présentées pour la consommation, ont été vérifiées ou, en tous cas, reconnues, les droits

1. L. 21 avril 1818, art. 61 ; L. 9 février 1835, art. 21 ; O. P., n° 232.

2. Delandre, p. 507. Loi 21 avril 1818, art. 62 ; 9 février 1832, art. 21, et 9 juin 1845, art. 10, et circ. 13 janvier 1849, n° 2299.

3. Le commerce a la faculté de grouper dans une même déclaration de sortie des marchandises même similaires faisant l'objet de comptes différents. L. C. 19 mai 1888, n° 909.

4. Déc. 5 nov. 1844 et 28 sept. 1855 ; Circ. 13 janvier 1849, n° 2299.

5. Il va sans dire qu'il y a lieu de modifier la valeur des marchandises taxées *ad valorem*, cette valeur ayant pu changer dans l'intervalle entre l'entrée et la sortie (Circ. 23 mai 1826, n° 987 ; 8 février 1831, n° 1246 ; 1er mai 1832.

6. O. P., n° 160.

dont elles sont passibles doivent être payés ou garantis (1).
Ces droits sont ceux en vigueur au moment de la déclaration
de sortie (2)-(3). Ce n'est qu'à ce moment que les marchandises perdent leur privilège d'exterritorialité et qu'elles sont
considérées comme entrant en France (4)-(5).

S'il s'agit de produits soumis à des taxes intérieures, une
nouvelle formalité doit être remplie ; pour qu'ils puissent pénétrer dans la consommation, il est nécessaire que le
propriétaire représente les expéditions de la Régie.

*Sortie d'entrepôt pour l'admission temporaire.* — De même
que des produits entrant en France peuvent être admis temporairement en franchise, de même aussi les produits sortant d'entrepôt. Ce point ne donne lieu à aucune remarque
particulière. Toutefois, comme en principe aucune manipulation, aucun complément de main-d'œuvre ne peut avoir
lieu en entrepôt, l'administration a permis la sortie temporaire de certains objets, destinés à être réparés ou à subir une
préparation spéciale (boîtes de sardines pour être soudées et
pour être livrées à l'ébullition ; vanilles pour être dessé-

1. Même en cas d'entrepôt fictif, malgré la garantie de la caution, pour qui
le permis d'enlèvement délivré par le receveur serait d'ailleurs une décharge
(Déc. 30 juillet 1834).

2. Ou au moment de l'expiration du délai d'entrepôt ou de la prolongation.
Déc. min. 21 mai 1825 ; Déc. 19 nov. 1844 ; Circ. 19 juillet 1825, n° 929 ;
Cass. 3 oct. 1810 ; Cass. 10 avril 1861, 22 juin 1870. D. R. V° Douanes, n°
456 et D. P. 61. I. 157 et 71. I. 277).

3. S'il s'agit de produits constitués en entrepôt à la décharge de compte
d'admission temporaire, ils n'acquittent que le droit de la matière première
importée et d'après le tarif en vigueur au moment de la sortie. Cass. 27 juin
1870. O. P. n° 194.

4. O. P. n° 137.

5. La marchandise est réputée *entrée* en France aussitôt que l'entrepositaire a déclaré vouloir livrer sa marchandise à la consommation et a *payé*
les droits. La fiction d'exterritorialité cesse à partir de ce moment et même
avant le transport de la marchandise. (Trib. civ. Bordeaux, 5 avril 1889,
*Jour. La Loi* du 17 sept. 1889).

chées ; etc). Mais ce n'est qu'à titre exceptionnel et sur la demande expresse des intéressés que l'administration autorise cette manipulation ou cette main-d'œuvre (lettre du **18** sept. **1889** au directeur à Dunkerque).

Lorsqu'enfin toutes ces conditions sont réunies, le retrait de l'entrepôt n'est plus seulement facultatif, il devient obligatoire (déc. ad. du **16** juillet **1855**). En cas de retard dans l'enlèvement des marchandises, il est fait application des dispositions du titre IX de la loi des **6-22** août **1791**.

# CHAPITRE V



LE GARDIEN DE L'ENTREPÔT : SA RESPONSABILITÉ, SON PRIVILÈGE

## SOMMAIRE

Comment la double idée générale qui inspire les chapitres précédents se re-
trouve encore ici.
I. *La responsabilité du gardien ou l'intérêt du commerce.*
A. *La responsabilité du concessionnaire* : elle paraît être contractuelle.
B. *La responsabilité de la douane* : elle paraît être délictuelle, en ce sens
que la douane ne s'oblige que par ses fautes délictuelles ou quasi-
délictuelles.
C. *La responsabilité de l'entrepositaire.*
II. *Le privilège du gardien ou l'intérêt du fisc.*
L'objet du privilège.

Ce chapitre nous offre, encore, la combinaison des idées
générales dont nous avons constaté l'application dans les chapitres précédents.

Les règles de la responsabilité du gardien se rattachent à
l'intérêt du commerce.

Le privilège de la douane s'inspire de l'intérêt du fisc.

*Responsabilité du concessionnaire* (1). — Sur ce point, la jurisprudence est assez flottante. Il nous semble cependant que
ses décisions gravitent autour de deux doctrines implicites
qui pourraient se résumer ainsi :

L'entrepôt étant la propriété du concessionnaire, mais sous
la surveillance partielle de la Douane, il s'ensuit que la

---

1. Voir Pandectes, n° 1479, Dalloz, *Répertoire*, V° Douanes, n°s 470 et
suiv., Dalloz, *Supplément*, V° Douanes, n° 300.

perte, l'avarie, l'incendie, le vol des marchandises entreposées peuvent donner lieu à une double action en responsabilité.

La responsabilité du concessionnaire repose sur le contrat
qui le lie à l'entrepositaire et en vertu duquel il *promet* au
second de conserver intacts les objets bénéficiant de la franchise ou, suivant les cas, du crédit des droits. Sa responsabilité est donc *contractuelle*. Il doit la valeur des marchandises, si celles-ci ont péri.

Il n'existe pas, au contraire, à la base des rapports entre
l'entrepositaire et la Douane, un contrat précis relatif à la conservation des marchandises. La preuve en est que les droits
de magasinage et de manutention, rémunération du service
de garde et de sécurité, sont payés au concessionnaire de
l'entrepôt et non pas à la Douane. L'administration veille, il
est vrai, autour des magasins, mais c'est dans l'intérêt du
fisc et non dans celui du commerce. C'est pour ce motif que
la responsabilité de la Douane est simplement délictuelle,
c'est-à-dire que la Douane ne peut être recherchée qu'à cause
de ses fautes délictuelles ou quasi-délictuelles.

Suivons les conséquences de cette double idée. Nous allons
voir qu'elles sont admises, en principe, par la jurisprudence.

D'abord, la responsabilité du concessionnaire est contractuelle. De là il suit que, pour qu'elle existe, il n'est pas
besoin de prouver sa faute. Cette faute est présumée. L'action
est donc recevable, dès que le dommage est causé. Mais quelle
solution adopter, si le concessionnaire établit que la disparition de la marchandise est due à un cas fortuit ou de force
majeure?

Nous inclinons, en l'absence de texte, vers l'application du
droit commun.

Le premier argument qu'on peut faire valoir, en faveur
de notre opinion, est tiré de l'article **1784** du Code ci-

vil : « Ils (les voituriers par terre et par eau) sont responsables de la perte et des avaries, des choses qui leur sont confiées, *à moins qu'ils ne prouvent qu'elles ont été perdues ou avariées par cas fortuit ou de force majeure* ».

Le second argument se trouve dans l'art. **1733** aux termes duquel le locataire répond de l'incendie, *sauf à prouver le cas fortuit*.

Le troisième argument réside dans l'intention des parties. Si l'on n'exonérait pas l'entrepositaire de la responsabilité des pertes par cas fortuit ou par force majeure, on aboutirait à le rendre assureur de tous les risques qui menacent la marchandise. Ce n'est que dans le cas où une clause, sur ce point, est insérée dans le contrat entre l'entrepositaire et le gardien de l'entrepôt, que cette interprétation doit être admise. Dans le silence de la convention, nous ne croyons pas que la clause en question doive être suppléée. La volonté chez l'exploitant de l'entrepôt *d'assurer* les marchandises ne paraît pas pouvoir être présumée.

Pratiquement, à quoi aboutit notre doctrine ? A déclarer le concessionnaire responsable des *pertes* ou *avaries* survenues à l'intérieur de l'entrepôt, pourvu qu'elles soient de celles qui auraient pu être évitées par les soins de ses employés (1).

On doit aussi, suivant nous, le déclarer responsable des *vols* commis. La fonction du gardien est de les prévenir. S'ils se perpètrent, c'est que le gardien n'a pas veillé sérieusement à l'accomplissement de son obligation. Bien plus, le fait de payer à l'entrepositaire le prix de la marchandise volée rend également le concessionnaire débiteur des droits d'entrée.

---

1. Le concessionnaire est responsable également, en cas de retard apporté à l'apposition de la serrure du commerce. Assurément, c'est l'entrepositaire qui demeure responsable vis-à-vis de la douane (Déc. ad. du 29 sept. 1840), mais cet entrepositaire peut se retourner contre le concessionnaire, tant pour les droits à payer que pour l'indemnité représentant la valeur d'objets disparus, par application de l'art. 1382 du Code civil.

Si le concessionnaire n'a pas indemnisé le négociant de la valeur des marchandises volées, il y a alors une question de fait à résoudre, en ce qui concerne le paiement des droits. Ou ce sont ses agents qui ont été négligents ou coupables, ou ce sont ceux de la douane ; dans le premier cas, il doit les droits d'entrée ; dans le second, non.

Au contraire, le concessionnaire n'est pas responsable des pertes et avaries dues à la mauvaise qualité des marchandises, ou que rien ne faisait prévoir, par exemple, des inondations, des incendies dus au feu du ciel.

Dans cette question, d'ailleurs, comme dans les autres questions analogues, la distinction du cas fortuit ou de force majeure et des fraudes est laissée à la libre appréciation des tribunaux.

A qui la preuve du cas fortuit ou de force majeure incombera-t-elle ? A celui qui s'en prévaut pour s'exonérer de sa responsabilité, c'est-à-dire au concessionnaire.

Il est intéressant de noter que d'après la jurisprudence (1), le concessionnaire (société ou particulier) a le droit, par une convention expresse, de faire passer sa responsabilité à la charge de la ville. Mais la ville ne peut être présumée avoir assumé cette responsabilité par cela seul que les droits de magasinage sont perçus à son profit ou que les magasins ont été fournis par elle.

Au cas où le concessionnaire est condamné à rembourser la valeur des marchandises, quelle valeur doit-il payer ?

Celle qui résulte du cours du marché, c'est-à-dire : droits de douane acquittés.

La question se pose également de savoir si le concessionnaire, n'ayant pas pu prouver le cas fortuit, peut se prévaloir de l'existence de l'assurance au profit de l'entrepositaire pour

---

1. Cass. 23 août 1852. S. 53. 1. 158 ; D. 52. 1. 229.

écarter l'action en dommages et intérêts de celui-ci et pour
soutenir que cet entrepositaire n'est pas réellement lésé, puisque la valeur de la marchandise incendiée est représentée
dans son patrimoine par l'indemnité que doit lui verser la
Compagnie d'assurance ? Nous penchons vers la négative :
l'entrepositaire s'est imposé en effet un sacrifice volontaire en
payant les primes d'assurance ; et si le concessionnaire réus-
sissait dans sa prétention, il bénéficierait injustement du sacrifice de l'entrepositaire ; tout au moins devrait-il être condamné, selon nous, au remboursement desdites primes.

*Responsabilité de la douane.* — Cette responsabilité revêt
un caractère délictuel ou quasi délictuel. Sur ce point la jurisprudence, si flottante et vide en ce qui concerne la question
précédente, est nette et ferme. La douane n'est tenue à
aucune obligation envers l'entrepositaire. Aucun contrat ne
lie ces deux parties. Dès lors si un propriétaire se croit lésé
par la douane, il doit *prouver* qu'il y a eu faute de la part des
agents de celle-ci (1). Cette faute ne saurait être présumée.
Le fondement de l'action repose sur les articles 1382-1384 du
Code civil (2).

Mais comment la preuve de la faute sera-t-elle adminis-
trée ? On sait que généralement les marchandises sont placées sous la surveillance d'un agent de la régie, et d'agents
du concessionnaire de l'entrepôt. Il y aura donc faute de la
*douane*, si les voleurs possédaient *sa* clef, possession qui implique une négligence de sa part. Si, au contraire, c'est

1. Cass. 22 mars 1831, M. 12. 2. 211, D. n° 867, Seine, 7 janv. 1877.
*Le Droit*, 27 janvier 1887 ; d'après ce dernier arrêt, l'administration n'est pas
responsable du déficit survenu dans la quantité de colis pendant l'opération
de chargement, si personne ne peut établir que ce déficit provient du fait
de ses agents.

2. Cass. req., 12 mai 1830. D. R. V° *Douanes*, n° 470. S. chr. P., 30.
III. 95. Pchr. D. P. 30. 1. 243.

d'une fausse clef que les voleurs se sont servis pour ouvrir la serrure de la douane, celle-ci cesse d'être en faute (1).

Certains magasins ont été, pendant quelque temps, sous la surveillance exclusive de la régie et sous la *seule* clef de la douane (voir art. 15 de la loi du 17 mai 1826, modifié par l'art. 17 de la loi du 9 février 1832). Dans ces conditions il a été jugé, avec raison, que les soustractions ou les substitutions de marchandises prohibées, en état d'entrepôt réel, devaient être mises à la charge de l'administration (2).

*Responsabilité de l'entrepositaire.* — Nous avons vu que l'entrepositaire avait droit à des dommages et intérêts de la part du concessionnaire, si celui-ci ne pouvait pas prouver le cas fortuit; il nous reste à savoir si, le cas fortuit (perte, vol, destruction même par incendie) étant prouvé, l'entrepositaire, ayant, par conséquent, perdu sa marchandise, n'est cependant pas tenu du paiement des droits de douane.

On a soutenu qu'il n'était pas tenu ; mais la jurisprudence présentée en faveur de cette théorie est antérieure à la loi du 8 floréal (Cass. crim., 24 nivôse et 5 ventôse an XI) (3).

1. Cass. 9 mars 1835, aff. Seguy, P. 35. 1. 27, D. R. n° 473 note, P. 35. III. 153, S. 35. 1. 694 P. chron.

2. Cassation, Rejet, 13 juin 1831 (Dalloz, R. 470, note 1, S. 31 I. 267, P. chr. D. P. 31. 1. 203, M. 12. 2. 225, et trib. Bordeaux, 4 mars 1830, sous l'arrêt du 13 juin 1831, Dalloz, *Rép.*, 470.

Dans le cas où la douane est responsable, elle n'est tenue de payer que la valeur des marchandises, d'après l'estimation qui en a été faite dans l'acquit-à-caution (on dirait, en vain, qu'elles avaient une valeur bien supérieure).

Comparer un arrêt de la Cour de cassation belge du 27 avril 1893. Lorsque, dit cet arrêt, même après une autorisation du président du tribunal de première instance, l'administration des douanes fait vendre des marchandises entreposées, alors qu'elle ne se trouve pas dans les conditions prévues par la loi pour y procéder, l'Etat est civilement responsable de dommage ainsi causé par les préposés aux propriétaires des marchandises (*Revue de droit maritime*, 1893-1894, p. 585).

3. Voir note 1 à la page suivante.

Duthoya                            8

D'après cette jurisprudence, dit Trolley (Hiérarchie adm., n° 964), la douane ayant la surveillance et la garde de l'entrepôt, doit être responsable de la perte des objets qui y sont renfermés, aucune présomption de fraude ne pouvant être établie contre l'entrepositaire. On fait valoir aussi en ce sens, l'art. 22, titre II, de la loi du 22 août 1791. « Il ne sera fait, dit cet article, dans le cas de naufrage ou de vol, après la déclaration, aucune *poursuite* sur le défaut de représentation de balles, ballots, caisses, tonneaux et futailles, en rapportant à l'égard du naufrage le procès-verbal des juges qui remplaceront ceux de l'amirauté et, *quant au vol, la preuve du vol* ». Une décision administrative du 10 novembre 1835 reproduit à peu près les mêmes expressions à propos du vol. Enfin, au point de vue de l'équité, il parait évident qu'il y aurait injustice à faire supporter au propriétaire, outre la perte dont il est déjà victime, les conséquences fiscales résultant de son impossibilité de représenter les marchandises ou de les réexporter (1).

On ne trouve, il est vrai, ni dans la loi de l'an XI, ni dans celle de 1832, formellement écrite la règle d'après laquelle l'entrepositaire, auteur de la déclaration, est responsable du droit afférent au déficit constaté ; mais l'administration tient cette règle pour constante et l'a formulée dans les termes suivants : — *l'entrepôt est aux risques de qui l'obtient ; il oblige au paiement des droits sur le poids reconnu à l'entrée.*

Certes, la douane veille sur les marchandises, mais, comme nous l'avons dit plus haut, seulement dans l'intérêt du fisc ; d'une part, l'entrepôt n'étant qu'une faveur, qu'un simple crédit accordé par les lois de l'an XI et de 1832, cette faveur ne doit pas

1. Dalloz, R. V° *Douanes*, p. 703, n° 471, note 1. *Contrà* cependant : Cass. 14 pluviose an XI, (Dalloz, R. n° 472, note 2, n° 468). Consulter arrêts du 2 mai 1809 (Dalloz, n° 472), du 14 avril 1841 (Dalloz, n° 474), du 10 mai 1844 (Dalloz, n° 477).

tourner à l'encontre de l'Etat ; or les droits de ce dernier sont assurés : 1°, par la loi du 22 août 1791, art. 1, titre I, qui exige de la façon la plus formelle, le paiement des taxes à l'entrée des marchandises ; 2°, par le décret du 4 germinal an II, titre 3, art. 2, plus précis encore, qui veut que les taxes soient payées comptant, sans délai, et fait défense à tout juge de modérer les dites taxes (1) ; contre ces textes, qui n'ont pas été abrogés, les considérations de bonne foi, d'innocence du propriétaire ou d'équité ne peuvent pas tenir, et l'on ne peut pas présumer, sans texte formel, sans règlement précis, que l'administration a renoncé à ses droits ; d'autre part, l'art. 22 de la loi de 1791 et la décision de 1835 n'ont en vue que les poursuites pénales, et non le simple paiement des droits. Bien plus, sans remonter aux lois de 1791 et de l'an II, reportons-nous à des textes plus récents :—la loi de 1814 met à la charge du soumissionnaire les risques du transit ; — en permettant à l'administration de dispenser, si elle le juge à propos, le soumissionnaire du paiement des droits, lorsque des marchandises auront été détruites, par cas de force majeure, en cours du transit, la loi du 16 mai 1863 (art. 17), confirme implicitement celle de 1814 ; — n'avons-nous pas dit plus haut que les wagons au cas de transit pouvaient être considérés comme des *entrepôts roulants* ? — en outre, l'ordonnance du 10 septembre 1817 (art. 11) et celle du 31 août 1838 (art 26 et 33), en laissant également l'administration juge du dégrèvement à accorder aux négociants qui ont placé leurs marchandises dans un entrepôt *réel*, contient, elle aussi, ce principe, que la responsabilité de l'entrepositaire est légalement absolue, et que l'exonération du paiement des droits n'est qu'une faveur bénévole des autorités (2). On nous objecte le droit commun ; mais n'oublions pas que nous

1. L'impôt demeure toujours tel qu'il est établi, l'entrepôt n'est qu'un simple accident de cet impôt (enquête préliminaire à la loi du 27 février 1832).
2. *Pandectes françaises*. V° *Douanes*, titre II, chap 3, n° 1521.

sommes ici dans une matière spéciale, régie par des textes législatifs particuliers ; en matière d'entrepôt la règle est celle-ci : — Représentez la marchandise ou payez les droits — (Loi 8 floréal an XI art. 14 et 15) (1).

Jusqu'ici, nous n'avons eu en vue que les hypothèses de perte. Les simples déficits donnent également lieu, en principe, au paiement des droits, en vertu de la règle visée plus haut, que l'entrepôt est aux risques de celui qui l'obtient (2). Mais l'administration peut accorder et accorde en fait, souvent, des remises de droits, lorsque ces déficits proviennent de causes naturelles (dessication, coulage, etc.), et ne dépassent pas une certaine proportion admise.

*Responsabilité subsidiaire des gérants de l'entrepôt.* — 1° Si un ouvrier de la Compagnie concessionnaire commet une contravention, qu'elle soit ou non connexe à un vol, la Compagnie est responsable civilement vis-à-vis de la douane.

2° Si la contravention est commise par un ouvrier, commissionné par le directeur des douanes, comme travailleur en douane, le contrevenant peut seul être poursuivi.

3° Enfin si le délinquant est un ouvrier du déclarant, la responsabilité civile pèse sur ce dernier (3).

*Responsabilité en cas de saisie des marchandises.* — Pour les marchandises saisies par autorité de justice, le greffe du tribunal représente provisoirement l'entrepôt ; elles ne peuvent en sortir que sous l'une des conditions suivantes :

1° Réintégration en entrepôt ;

2° Réexportation ;

3° Destruction duement justifiée ;

---

1. V. aussi circ. n° 1308 du 1er mars 1832.

2. Pallain, n° 485. Lois 8 floréal an XI, art. 14 et 23 ; 17 mai 1826, art. 14 ; 9 février 1832, art. 20 ; 27 février 1832, art. 6. Circ. 17 février 1732, n° 1305.

3. Voir loi du 23 septembre-19 octobre 1791, art. 5.

4° Payement des droits, si les marchandises ne sont pas prohibées (1).

11. *Le privilège de la douane.* — Le privilège de la douane, pour le paiement de ses droits, remonte à l'art. 6 du titre commun pour toutes les fermes du royaume de l'ordonnance du mois de juillet 1681.

D'après la législation en vigueur aujourd'hui, il porte exclusivement sur les meubles et effets mobiliers des redevables (art. 22 du Titre XIII de la loi des 6-22 août 1791, art 4 du Titre VI de la loi du 4 germinal an II).

La régie a donc un droit privilégié sur les marchandises placées dans les entrepôts.

Est-ce à dire que, pour que ce privilège existe, l'entrepositaire doive nécessairement être propriétaire des marchandises ? Pour nous, la négative est certaine.

De l'article 15 de la loi de floréal an XI, il résulte, en effet, qu'en matière de douane, celui-là seul est considéré comme propriétaire de la marchandise qui en fait la déclaration, en son nom ; contre qui la visite est faite ; contre qui la saisie et la vente de la marchandise sont faites, en cas de fausse déclaration ; qui remplit toutes les formalités exigées, en cas d'entrepôt réel ou d'entrepôt fictif ; ou bien qui se fait, dans toute la procédure douanière, représenter par un mandataire, porteur d'une procuration régulière et déposée au bureau de douane.

Le service ne connaît comme propriétaires des marchandises, que les négociants au nom desquels l'inscription *reste* régulièrement faite au sommier, sans avoir à rechercher s'ils ont été ou non dépossédés par des cessions non portées à la connaissance de la douane (circ. 31 mars 1859, n° 581).

La déclaration à l'entrepôt a pour conséquence, au regard de la douane, de faire réputer l'entrepositaire propriétaire de la marchandise dont il garantit les droits. Le privilège peut dès

1. Déc. 16 avril 1845.

lors s'exercer sur cette marchandise pour les droits auxquels elle est soumise et pour les autres dettes du redevable, tant qu'un transfert impliquant une renonciation de l'administration ne s'est pas accompli (1).

Les obligations de l'entrepositaire subsistent, lors même qu'il a cessé d'être propriétaire de la marchandise entreposée, s'il n'en a pas déclaré la cession à la douane et fait engager son cessionnaire, s'il n'a pas fait, en un mot, un transfert régulier (2).

Le fait que le local affecté à l'entrepôt de douane, réel (ou fictif) serait, en même temps, magasin général, ne dispenserait pas les déposants de la formalité du transfert :

« Attendu qu'aucun transfert n'ayant été régulièrement accompli, la douane n'était pas légalement informée des négociations intervenues entre les parties... Le tribunal .., dit, que sur les marchandises saisies par la douane dans l'entrepôt réel, le privilège de l'administration a subsisté, en l'absence de tout transfert régulier qui les aurait fait sortir du patrimoine des redevables » (Trib. civ. de Marseille, 5 mars 1898).

Cette question avait déjà été tranchée dans le même sens par la circulaire du **31** mars **1859** n° 581, transmissive de la loi du **28** mai **1858** et du décret du **12** mars **1859**, rendu pour l'exécution de cette loi.

---

1. Rouen, 7 juin 1817, Sirey, 1818, 2, 288 ; (D. R. V° *faillite*, n° 1288). — Cass. 3 déc. 1822, 14 déc. 1824, (*id*. v° *priv.-hyp.*, n°s 546 et 625) ; Trib. de paix, 2° canton, Marseille : Trib. civ. de Marseille, 29 mars, 2 août 1837, 3 janv. 1866 ; cass. 19 décembre 1859, 12 nov. 1867. (D. P. 60, 1, 110 ; 67, 1, 448). — Trib. de paix du Hâvre, 6 mai 1839. (*Doc. lith*. n° 44), Trib. de paix de Marseille, 24 septembre 1898. (Pallain, *Douanes françaises*, n° 2349) ; *Pandectes françaises*, V° *Douanes*, n° 3755 ; Baudry-Lacantinerie. *Droit civil*, n° 654 ; Font. 1, 33 ; Aubry et Rau, 3. p. 178, § 263 *bis*).

2. Cass. 14 pluviôse, an XI. 27 frimaire, an XIII, circ. n° 1308 du 1er mars 1832 ; cass. 2 mai 1803, 9 mars 1835 (4 espèces), S, 35, 1, 696 ; P. chr. 35. III, 158 ; D. P. 35, 1, 274 Circ. n° 1485 du 4 mai 1835. D. V. R. n° 468, 472 et 473. Voir aussi : cass. 12 nov. 1867. D. P. 67, 1, 448.

Ce document s'exprime ainsi, à la page 7 : « Pour les produits existant en entrepôts réels ou fictifs, le service, sur la production du récépissé, endossé, réuni ou non au warrant, ne peut se refuser, quand la demande lui en est faite, à inscrire les marchandises au nom de la personne à qui le récépissé est transféré. Seulement, en rappelant sur les registres le numéro et la date du récépissé, on devra : pour les marchandises d'entrepôt réel, faire *signer* le nouveau propriétaire sur les sommiers, et pour les marchandises d'entrepôt fictif, ou entreposées sous soumissions, exiger de *nouveaux* engagements et de *nouvelles* cautions. Ces formalités remplies, le transfert, pour le service, est réputé consommé, sans que les anciens entrepositaires, dont les comptes doivent être annulés, aient à intervenir pour faire un acte de cession. »

L'intervention du cédant n'est pas en effet nécessaire, parce que l'endossement du récépissé constitue un mandat suffisant pour que le service opère le transfert dès que le récépissé est produit et régulièrement endossé.

A la page 8, la circulaire continue de la manière suivante : « Tant qu'un transfert n'a pas été opéré régulièrement, les agents ne peuvent reconnaître d'autres propriétaires de la marchandise entreposée que les négociants au nom desquels l'inscription a été faite aux sommiers d'entrepôt, sans avoir à rechercher si ces négociants ont été, ou non, dépossédés par des warrants ou des récépissés. »

Et à la page 9, elle ajoute : « D'après les mêmes motifs qui viennent d'être indiqués, c'est aussi contre les seules personnes inscrites sur les sommiers d'entrepôt que, dans les cas où les entrepôts n'auraient pas été vidés dans les délais déterminés par la loi, on devra poursuivre, savoir : pour les marchandises d'entrepôt réel, la vente de celles-ci, par application des articles 14 de la loi du 17 mai 1827, et 20 de la loi du 9 février 1832 (et, pour les marchandises d'entrepôt fictif, le paiement des droits par voie de contrainte).

Les termes de cette instruction sont absolument justifiés. Si, en effet, l'on examine la loi du 28 mai 1858, on acquiert la certitude qu'ils n'ont en rien dérogé à la règle résultant de la loi du 8 floréal an XI :

« Sans un permis spécial, le privilège de la douane subsiste sur la marchandise soumissionnée à l'entrepôt réel ou fictif, même lorsque le local où elle est déposée est, en même temps, magasin général. »

La jurisprudence (Rouen, 7 juin 1817) (1), a même décidé que la Régie a le droit de poursuivre, sur les marchandises, ce qui lui est dû par le consignataire failli, à quelque titre que ce soit, et au préjudice même de la revendication exercée, dans les conditions des articles 575 et 576 du Code de commerce et *a fortiori* de l'article 2102, § 4, Code civil, par le véritable propriétaire (2). Cette dernière extension relative à la revendication est supprimée pour les objets déposés dans les magasins généraux par l'article 8, § 1, de la oi du 28 mai 1858, c'est-à-dire que le privilège en question est réduit au seul montant des droits.

A l'occasion de l'entrepôt nous avons été amené à rechercher sur quels objets porte le privilège de l'administration des douanes. Les autres questions relatives à ce privilège sont en dehors de notre sujet; nous renvoyons pour leur examen aux ouvrages spéciaux (3).

Remarquons enfin que le soin d'emmagasiner et de conserver les marchandises en *dépôt* incombant à la douane,

---

1. Sirey, 1818. 2. 288. Dalloz R. (V° *Faillite*, n° 1288).

2. *Contrà* : Cass. 12 février 1845, D. P. 45. I. 162; ce dernier arrêt prétend que la loi du 6-22 avril 1791, titre XIII, art. 22, a eu en vue la revendication plus étendue du Code de commerce et non celle du Code civil, malgré l'allégation de la douane, qui refusait de se soumettre à la juridiction commerciale.

3. Voir F. Thibault, *Traité du contentieux des douanes.* Pallain, *Les Douanes Françaises*, t. II, p. 523.

il est admis que lorsque ces marchandises sont, sur la demande de la Douane, placées dans les entrepôts ou docks, les *droits de magasinage* seront prélevés sur le produit de la vente avant les *droits de douane*, et qu'en cas d'insuffisance le solde sera acquitté sur les crédits budgétaires alloués à l'administration (1).

1. *Pandectes françaises*, Vᵒ *Douanes*, nᵒ 1654.

# CHAPITRE VI

LES FRAUDES FISCALES EN ENTREPÔT RÉEL ET LEUR RÉPRESSION.


## SOMMAIRE

*Enumération* des principales fraudes et des peines qui les frappent. Les controverses sur le *déficit*.
*Appendice.* — Du tribunal compétent en cas de difficultés entre les personnalités ayant des intérêts à l'entrepôt.


Les règles sur les entrepôts sont quelquefois enfreintes. Quelles sont les peines qui sont alors applicables ? Des fraudes sont parfois commises. Comment sont elles réprimées ? C'est ce que nous nous proposons de rechercher dans ce chapitre.

L'entrepôt étant une faveur consentie, dans certains conditions, par l'Etat au commerce, il n'est pas étonnant que certains commerçants cherchent à .étendre cette faveur au delà des limites dans lesquelles elle est accordée. L'entrepôt est le centre (ou l'occasion), au moins accidentel, de fraudes commerciales dirigées contre les consommateurs. Des commerçants peu scrupuleux profitent du séjour des marchandises dans un entrepôt français, pour chercher à tromper l'étranger sur leur qualité réelle. Ainsi, avec la complicité d'un négociant local, des marchands d'alcool industriel viennent entreposer leurs eaux-de-vie dans les Charentes et se servent ensuite de ce titre de provenance pour les réexporter sous le nom de Cognac. C'est aussi un des procédés qu'emploie Hambourg pour s'enrichir à nos dépens ,en même temps que pour amener l'Amérique du Sud à cesser de prendre goût à nos vins de Bordeaux (1).

Mais notre sujet ne comporte pas que nous nous étendions sur ces fraudes ; celles qui doivent nous occuper sont les fraudes fiscales. Celles-ci tendent toutes au même but : éviter de payer à la Douane les droits qui sont dûs. D'une façon générale, on peut dire que les fraudes sont assez rares à l'entrepôt réel. Elles sont un peu plus nombreuses à l'entrepôt fictif.

Ces fraudes revêtent des formes diverses. Nous les rappellerons brièvement, en suivant la marchandise depuis son entrée dans l'entrepôt jusqu'à sa sortie.

Ce sont :

La *substitution,* consistant à faire croire que telle marchandise aura été réexportée alors qu'en réalité elle aura été livrée à la consommation ; le *déficit,* résultant soi-disant du cas de force majeure; les *avaries* provenant de faits présentés comme accidentels.

— Lorsque les colis pénètrent dans l'entrepôt (il en serait de même pour la sortie), l'on peut faire des fausses déclarations portant soit sur la nature, soit sur le poids des marchandises.

S'il s'agit de marchandises *non prohibées,* on applique les

<hr>

1. M. Schwob (*Le danger allemand*) cite, d'après Dumazet (dans son *Voyage en France*), le fait suivant : un négociant allemand expédie de Hambourg au Havre des tissus fabriqués par exemple à Berlin ; à l'entrepôt du Havre, ces tissus sont estampillés avec des marques françaises et vont ensuite à l'étranger enlever à Mayenne et à Laval leurs débouchés. Quoique ce fait nous semble bien peu probable, étant donnée la surveillance assidue et scrupuleuse dont sont l'objet de la part de la douane les marchandises entreposées, nous le citons toutefois pour mémoire et à titre de curiosité.

dispositions relatives aux fausses déclarations pour la consommation (1)-(2) (loi du 9 février 1832, art. 9).

Or, la fausse déclaration dans la qualité, l'espèce ou la valeur, tendant à éluder un droit de 12 francs et *au-dessus*, est frappée de la *confiscation* de la marchandise et *d'une amende* de 100 francs, décimes et dépens (lois 6-22 août 1791, titre II, art. 21 (3) ; 7 mai 1881, art. 4) ; si elle tend à éluder un droit de *moins* de 12 fr., elle est punie d'une amende de 100 fr., décimes et dépens et de la retenue préventive des marchandises pour sûreté de l'amende (mêmes textes) (4).

1. Pallain, tome II, p. 674.

2. La déclaration exacte doit être faite au moment où la marchandise dédouanée va sortir de l'entrepôt pour entrer en ville. Lorsque l'inexactitude de cette déclaration est constatée à ce moment, on ne se trouve pas en présence d'une simple tentative de délit, mais d'une fraude nettement caractérisée (Trib. Bordeaux, 5 avril 1889. *Jour. La Loi* du 10 sept. 1889).

3. Cass. 10 mai 1841, D. R., n° 478.

4. Aux termes d'une loi récente en date du 13 août 1898 (art. 20) (loi de finances), les taxes de consommations intérieures doivent être ajoutées aux droits de douane pour le calcul du droit compromis par une des fausses déclarations prévues par l'art. 21, titre III, de la loi du 6-22 août 1791. Cette loi a été promulguée en vue de frapper l'importation, sous la dénomination de vin naturel, de vin additionné d'alcool, importation restant le plus souvent impunie sous la législation antérieure. Bien que cette disposition, ainsi que l'explique la circ. n° 2902 du 20 avril 1898, ait été provoquée par les fraudes commises sur les vins, la généralité de ses termes la rend applicable à tous les produits passibles de taxes de consommation intérieure. Dans ces conditions, la question se pose de savoir si cette disposition est applicable en matière d'entrepôt. Elle l'est certainement pour la *sortie* d'entrepôt à la consommation, l'entrepôt étant, comme nous l'avons dit, considéré comme territoire étranger et ses portes simulant la frontière ; la marchandise sortant dès lors d'entrepôt est censée entrer pour la première fois en France. En ce qui concerne *l'entrée* en entrepôt, on serait tout d'abord tenté d'accueillir favorablement la négative en continuant la fiction que nous adoptons pour la sortie, la marchandise entrant en entrepôt étant censée sortir de France. Cette solution aurait en outre pour elle le silence du texte de l'art. 20 et serait une application des principes les plus libéraux.

Malgré ces arguments, nous adopterons l'affirmative. La fiction qu'on nous oppose ne doit pas être continuée en dehors des cas dans lesquels elle est spécialement utile ; c'est-à-dire hors du cas de la sortie de l'entrepôt, et seulement pour le paiement des droits et les pénalités applicables à la

S'il s'agit de marchandises *prohibées*, on applique les pénalités du transit du prohibé (voir leur énumération : amende, confiscation, etc., dans Pallain, II, p. 694, n°ˢ 2700 et suiv). ; c'est-à-dire que le *déficit de colis* est frappé d'une amende de 1.000 fr. par colis manquant (l. 9 février 1832, art. 4, § 3) ; que la *fausse déclaration*, quant à l'*espèce* en la *qualité*, rend passible de la confiscation de la marchandise déclarée ou non déclarée et d'une amende du triple de la valeur (*ibid*, § 4) ; que le *déficit* ou l'*excédent* sur le poids, le nombre, la mesure de la marchandise déclarée entraine une amende du triple de la valeur ou de la valeur seule des quantités formant déficit ou excédent, suivant que ce déficit ou cet excédent sont supérieurs ou inférieurs au 20ᵉ du poids, du nombre, de la mesure déclarés (*ibid.*, § 5).

— On peut être tenté de faire entrer en entrepôt des marchandises qui ne doivent pas y être admises (par ex. des sucres ne remplissant pas les conditions prévues dans les règlements, soit le poids, soit le titrage suffisant). On tombe alors sous le coup de l'art. 22 de la loi du 19 juillet 1880. punissant des peines prononcées par l'art. 3 de la loi du 30 décembre 1873, l'emploi de tout procédé ayant pour objet de déguiser la richesse du sucre (et de tromper sur son poids). Ces peines sont : 1° l'amende qui, variant entre 1.000 fr. et 5.000 fr., peut être portée à 10.000 fr. en cas de récidive ; et, 2° la confiscation.

On peut aussi vouloir faire admettre en entrepôt, à la dé-

sortie. Si nous examinons ensuite notre texte. nous voyons qu'il n'est autre que l'art. 21 du titre II de la loi de 1791 complété ; c'est donc la loi de 1791 qui doit être appliquée dans toute sa rigueur, comme elle l'a été précédemment au cas de responsabilité de l'entrepositaire en entrepôt réel, comme elle le sera en cas de déficit, comme elle le sera encore au cas d'entrepôt fictif. Or, aux termes de l'art. 14 du même titre, la mise en entrepôt ne prive pas l'administration du droit de visiter en détail les marchandises déclarées, ni du droit d'exercer immédiatement les poursuites. si la *fausseté de la déclaration* est reconnue (voir dans le même sens Trib. civ. de Marseille, 4 juin 1887).

charge d'obligation d'admission temporaire, des sucres n'ayant pas le poids déclaré ou n'ayant pas le degré de pureté exigé par les règlements. Dans les deux cas, la marchandise est retenue préventivement pour sûreté de l'amende ; dans le premier, cette amende est égale au double droit sur la quantité (loi du 7 mai 1864, art. 8) ; dans le second, elle est de 10 fr. par 100 k.

— Quant à l'excédent reconnu à l'entrée en entrepôt, il est assujetti au quadruple droit, s'il est de plus de 5 0/0 du *poids*, du *nombre*, de la *mesure* déclarés. Lorsqu'il s'agit d'objets, autres que les métaux, taxés au poids, à 10 fr. ou moins les 100 kilos, le quadruple droit n'est encouru que si cet excédent est de plus de 10 0/0 du poids déclaré. A l'égard des métaux, la limite de tolérance reste de 5 0/0 (art. 18, titre II de la loi du 6-22 août 1791 modifié par l'art. 16 de la loi de finance du 28 décembre 1895).

— Les marchandises sont, supposons-le, dans l'entrepôt : afin d'éluder les droits, l'entrepositaire les enlève clandestinement et les fait passer dans la consommation.

Lorsque la douane constate cet enlèvement clandestin, elle applique au délinquant les peines dont sont passibles les importations frauduleuses (1).

L'entrepôt, en effet, est considéré comme une terre étrangère, dont les portes sont les frontières. Ces peines sont (2) suivant les cas : l'emprisonnement (3), l'amende (4), la

1. Pallain, II, p. 673, n° 2631. Circ. 23 déc. 1844, n° 2046.

2. Pallain, II, p. 675, n° 2642 et sq.

3. L'emprisonnement, peine correctionnelle, varie de trois jours à trois ans et n'est applicable qu'aux fraudes les plus graves.

4. L'amende est tantôt *fixe* (fausses déclarations, tentative d'admission en entrepôt de sucres de pureté insuffisante, enlèvement clandestin, non rapport d'acquit en cas de mutations par terre ou de réexportation), tantôt *proportionnée* à la valeur de la taxe ou de la marchandise (tentative d'admission en entrepôt de sucres de poids insuffisant, non rapport d'acquit en cas de mutation par mer, déficit), tantôt *en partie fixe, en partie laissée* à l'arbitraire du juge (soustraction d'entrepôt fictif).

confiscation (1) ou ces deux dernières seulement (2).

Les marchandises sortent de l'entrepôt, tantôt pour aller dans un autre entrepôt, tantôt pour être réexportées. Dans les deux cas, les fraudes sont possibles.

— Au cas de mutation d'entrepôt, il arrive qu'on ne rapporte pas, en temps utile et avec décharge valable (3), les acquits à caution. En cas de mutation par *mer*, d'entrepôt réel (ou fictif), on applique le *double droit*, si les produits sont *tarifés;* et on exige le payement de leur valeur, avec amende de 500 francs, décimes et dépens, s'ils sont *prohibés* (loi du 17 mai 1826, art. 21) (4). — Les mutations d'entrepôt, par *terre*, s'effectuent sous le régime du transit. Le non-rapport, avec décharge valable, des acquits-à-caution de transit du *non prohibé*, entraîne le paiement du quadruple des droits, avec amende de de 500 francs, décimes et dépens (5); le non rapport des acquits du *prohibé*, entraîne le paiement de la valeur des

1. La confiscation de l'objet du délit ne peut pas être convertie en confiscation de sa valeur ; l'objet du délit venant par exemple à être perdu, ou volé, ou brûlé, l'administration n'obtient aucune compensation pour le préjudice indirect que lui cause cette perte, ce vol, cette incinération (Cass. crim. 19 août 1858).

2. Nous croyons hors de notre sujet de traiter les questions longuement et savamment exposées par M. F. Thibault, de la solidarité, du paiement des frais, de leur recouvrement, de la nature de l'amende et de la confiscation (se reporter toutefois à l'arrêt de la Cour de cassation du 22 juillet 1891 qui donne à l'amende un caractère mixte, à celui de la même Cour, du 3 décembre 1892, relatif au recours à exercer par l'administration contre les prévenus condamnés pour le paiement des frais, et qui admet la solidarité du droit commun ; à celui du 16 janvier 1811, à propos de ce même recours à exercer contre les héritiers du prévenu décédé pendant l'instance).

3. Circ. du 20 avril 1841, n° 1846 ; Cass. 10 mai 1841 ; *Bulletin, Cass. civ.*, n° 67.

4. Circ. n° 1863, S. 41. I. 425, P. chr. P. 41. II. 71, D. P. 41. I. 232, Dalloz R. 478, note 1.

5. Le recouvrement de ces sommes est poursuivi par voie de contrainte administrative (L. 6-22 août 1791, tit. III, art. 12, XIII, art. 32 et 33; *Pandectes françaises*, V° *Contraintes adm.*, n°s 449 et suiv.).

marchandises, indiquée dans l'acquit-à-caution, et d'une amende égale au triple de leur valeur, décimes et dépens (voir Pallain, II, page 694 et 695).

— Au lieu d'être dirigées sur un autre entrepôt, les marchandises peuvent être réexportées. La douane doit s'assurer que les marchandises ont réellement quitté le territoire et ne sont pas restées en France. Dans ce but, un permis de réexportation ou d'embarquement est exigé, qui doit être rapporté en temps utile avec décharge valable. Le défaut d'accomplissement de ces formalités donne lieu à la saisie et à la confiscation (1)-(2).

Le non-rapport des permis de réexportation de produits *prohibés* entraine le paiement de la valeur (3) des marchandises, une amende de 500 francs, décimes et dépens (4).

Le non rapport des permis d'embarquement de produits *non prohibés* entraine le paiement de la valeur des marchandises, amende de 100 francs, décimes et dépens (5).

---

1. Art. 59 loi du 28 avril 1816 ; Ord. du 8 mai 1816.

2. Quand le négociant ne peut rapporter une décharge valable. par suite, par exemple, d'une substitution de marchandises, il devient passible de l'application de l'art. 61 de la loi du 21 avril 1817, sans pouvoir invoquer, comme excuse, l'erreur commise par ses ouvriers (Cass. 14 avril 1841 ; P. chr. 41. II. 70, D. P. 41. 1. 222, D. R. n° 474 note 1 ; Circ. n° 1863).

3. La valeur que devraient être contraints de payer les propriétaires ou consignataires de marchandises, qui ne rapporteraient pas le permis de réexportation déchargé, doit être celle de la marchandise en France. c'est-à-dire le prix qu'en aurait retiré, sur le marché intérieur, le négociant qui serait parvenu à l'introduire en fraude (Circ. 8 février 1831, n° 1246).

4. *Quid*, s'il s'agit d'une marchandise qui, bien que prohibée, en principe, comme le tabac, peut, sous certaines conditions, être introduite dans la consommation, moyennant payement des droits inscrits au tarif ? Ces droits doivent-ils être perçus ? Non, car les lois applicables à la consommation de tabac en fraude permettent seulement d'exiger la valeur du tabac et une amende (Déc. 22 nov. 1894).

5. Dans le cas de non rapport du permis d'embarquement des marchandises réexportées par mer des entrepôts réels (ou fictifs), si la fraude est découverte, lors de l'embarquement des marchandises ou pendant que le

Voir la loi du 21 avril 1818 (1) (Pallain, t. II, n^os 2680 et 2681) (2)-(3).

— Enfin, à des moments divers — apurement des comptes de l'entrepositaire, recensements — un déficit peut être constaté, qui ne provient ni d'un cas de force majeure, ni d'un déchet naturel. Il n'y a assurément pas certitude de fraude, mais il en demeure le soupçon. Dans ces conditions, l'entrepositaire est condamné au paiement du *simple droit* et aux *dépens* (Pallain, t. II, n° 2632) (4). Cette décision est confirmée par le document suivant, du 24 mars 1898 (5) ; ce document est la réponse de l'administration à une lettre du directeur à Paris en date du 15 mai 1898.

navire manœuvre dans le port, il y a lieu, d'après l'art. 61 de la loi du 21 avril 1818, de réclamer, outre la valeur des marchandises, une amende de 100 ou de 500 fr. suivant qu'il s'agit d'objets tarifés ou prohibés à l'entrée (art. 13, t. II, art. 1, titre V, de la Loi du 6-22 août 1791). La peine est encourue, en effet, à raison du déficit constaté, dès le moment où la soumission d'acquit-à-caution a été faite et les expéditions du navire préparées. (Cass. 30 mai 1827, M. 9. 2. 33).

1. Les réparations pécuniaires, accordées à l'administration, par la loi du 21 avril 1818 contre tout réexportateur de marchandises entreposées, qui ne remplit pas ses engagements, ne sont édictées qu'en vue de la présomption d'importation frauduleuse qui résulte de la non régularisation du permis d'embarquement. Or, si, au lieu de cette présomption, le fait lui-même d'importation illégale est constaté par un procès-verbal, il est évident qu'en donnant suite à ce procès-verbal et en obtenant juridiquement les réparations dues pour le délit constaté, on ne serait pas fondé à réclamer en outre par un second procès ces mêmes réparations pour la présomption (Déc. 14 juin 1885).

2. Le non rapport en temps utile du certificat de décharge de l'acquit-à-caution destiné à assurer la réexportation par terre de marchandises tarifées, donne lieu au paiement d'une somme égale à la valeur des marchandises avec amende de 200 fr., décimes et dépens (loi du 4 Germinal an II, titre III, art. 4).

3. Les sommes reçues en cas de non rapport des permis de réexportation, appartiennent au Trésor : 1° Jusqu'à concurrence des droits d'entrée, lorsque les marchandises sont admissibles à la consommation ; 2° jusqu'à concurrence du chiffre représentant la simple valeur des marchandises, quand celles-ci sont prohibées (Circ. lith. du 7 sept. 1848, Déc. 16 juillet 1850).

4. On emploie dans ce cas la contrainte. (V. p. 127, note 5).

5. Voir à ce sujet la responsabilité de l'entrepositaire dans notre chap. V.

« Du moment que la perte de la marchandise n'est pas attestée par le service, les *droits* sont exigibles et l'administration ne saurait en faire remise.

« Si l'exigibilité du droit ne résulte pas d'une façon très nette de l'art. 23 de la loi du 8 floréal an XI, il suffit, pour la faire apparaître, de rapprocher ce texte de l'art. 11 de l'ordonnance du 10 septembre 1817 et des art. 23 et 26, § 3 de celle du 31 août 1838.

« D'une part, on ne concevrait pas que la législation des entrepôts de Marseille, si libérale à tous égard, fût plus rigoureuse que le droit commun de la France pour les déficits.

« D'autre part, la disposition de l'ordonnance de 1838 (1) qui suppose l'exigibilité des droits sur les déficits ne peut pas être en opposition avec le régime de la métropole, car la loi du 12 juillet 1837 qui confère au gouvernement la faculté de créer par voie d'ordonnances des entrepôts dans les colonies des Antilles, dispose que ces ordonnances déterminent dans les limites tracées par les lois relatives aux entrepôts réels de la métropole, les conditions et les formalités à remplir, les garanties à fournir par les entrepositaires, ainsi que les pénalités qui seront encourues dans les cas d'infraction. » (Pallain, *Les Douanes Françaises*, t. II, n° 2632).

Nous nous rallions à cette doctrine, bien qu'elle soit contraire à une autre décision (2) qui repose, elle, sur le principe admis de

1. Voir aussi la circ. n° 1308 du 1er mars 1832 qui, sous forme d'instruction au service, formule l'opinion que les entrepositaires sont sous le régime de *l'entrepôt réel*, tenus du paiement des droits.

2. Lettre du directeur général des douanes au directeur à Paris, en date du 1er juillet 1891 :

« M. le directeur à Paris a sainement apprécié l'affaire dont il s'agit :

« L'entrepôt réel est, en effet, considéré comme « l'étranger » et toute marchandise qui en sort pour pénétrer dans l'intérieur est traitée comme si elle arrivait directement du dehors.

« Ainsi, le service constate-t-il une sortie subreptice des magasins, il la considère comme importation sans déclaration et la réprime en conséquence.

« Mais, si après avoir éludé la surveillance des agents, on est parvenu à inl'exterritorialité fiscale ; car, si, sur ce point, nous suivions ce principe jusque dans ses dernières conséquences, nous abou-

« troduire frauduleusement la marchandise à la consommation, l'administration est dénuée de toute action comme elle le serait dans les mêmes conditions, à la frontière, faute d'avoir mis la main sur le corps du délit.

« Ainsi donc, le déficit reconnu à l'apurement d'un compte d'entrepôt ne pouvant être assimilé à un délit, l'affaire devra être abandonnée.

« Mais y a-t-il lieu d'exiger les droits d'entrée ? C'est un autre point de la question à examiner.

« La circulaire n° 1308 du 1er mars 1832 transmissive de la loi du 27 février de la même année, rappelle que l'entrepôt est aux risques de celui qui l'obtient et qu'il oblige au paiement des droits sur le poids reconnu à l'entrée.

« Ce principe, sans base légale, ne peut recevoir d'application judiciaire que dans le cas où l'entrepôt n'est pas constitué conformément aux conditions fixées par les art. 25 et 26 de la loi du 8 floréal an XI, c'est-à-dire lorsque les marchandises sont placées dans des magasins particuliers et ont fait l'objet de soumissions cautionnées.

« L'administration est alors en mesure d'exiger le paiement du simple droit, par voie de contrainte décernée en vertu de la soumission d'entrepôt.

« Elle est, au contraire, désarmée lorsque, l'entrepôt ayant été constitué comme au cas particulier, conformément à la loi de floréal an XI, les commerçants se sont bornés à déposer une simple déclaration ne donnant naissance qu'à un compte ouvert sans soumission.

« Il faut conclure qu'on est sans titre pour exiger les droits sur le manquant constaté à la douane de Paris.

« Toutefois, une mesure est à prendre pour combler la lacune que l'affaire actuelle a fait apparaître.

« Les entrepôts régulièrement constitués sont soumis à deux règles qui s'expliquent l'une par l'autre : 1° L'administration ne peut exiger des entrepositaires d'autres garanties que le nantissement même de la marchandise soumise aux droits ; 2° Les colis entreposés doivent sortir dans l'état même où ils se trouvaient à leur arrivée de l'étranger.

« Dans ces conditions, les abus sont difficiles. Les seules différences qui se produisent consistent en déchets naturels sur lesquels il ne peut être question de s'arrêter.

« Mais toute autre est la situation dans les entrepôts où les chefs locaux autorisent les divisions des colis, la manipulation des marchandises. Les magasins sont alors accessibles à des ouvriers et à des agents qui peuvent y rester longtemps sans être astreints à une surveillance efficace. Les colis ouverts se prêtent plus facilement à des soustractions successives et multipliées. L'administration est certainement en droit de s'armer pour réprimer ces abus. A cet effet, rien ne l'empêcherait de subordonner la faculté de manipuler les colis à un engagement spécial et cautionné de payer les droits sur les déficits qui seraient reconnus à l'apurement du compte ou après recensement ».

tirions soit à un défaut presque total de répression, soit à des formalités gênantes, longues, compliquées, coûteuses.

Cette décision, rapportée entièrement peu d'années après, outre qu'elle contredit les textes précités de 1817 et de 1838, n'est pas conforme à l'intention, nous ne dirons pas du législateur, mais des fonctionnaires de l'administration qui ont préparé la loi de floréal an XI et ont présidé, pour ainsi dire, à son élaboration (1).

— Pour terminer la question des fraudes et achever l'énumé-

1. — Voir dans le même sens, à propos du cabotage, la circul. explicative de l'art. 79 de la loi de l'an XI du 21 janvier 1805 (1er pluviose an XI). — « L'art. 1er de l'arrêté du 2 thermidor an X (art. 79 de la loi du 8 floréal an XI) a réglé qu'il ne serait accordé aucune réduction de droits pour cause d'avarie, que dans le cas d'échouement, ou autres accidents de mer constatés suivant les formes prescrites, et qui emporteraient recours contre les assureurs.

« Des difficultés survenues à la douane d'Anvers, ont fait naitre la question de savoir si les accidents qu'éprouveraient les denrées coloniales ou autres marchandises, dans le transport par mutation d'entrepôt, pouvaient donner ouverture aux déclarations d'avarie, quand il n'y en aurait pas eu de constatée à l'entrepôt de prime abord.

« Le Ministre que j'ai consulté à cet égard, a rendu, le 28 du mois dernier, une décision conçue en ces termes : « La faculté des mutations d'entrepôt « étant une simple facilité accordée au commerce, les événements qui peuvent « survenir dans le transport des marchandises de l'entrepôt de prime abord « à un autre entrepôt, *sont aux risques des propriétaires*, et ne doivent « point préjudicier aux droits qui auraient été perçus au premier entrepôt. « En conséquence, il n'y a pas lieu d'admettre les déclarations d'avaries sur- « venues dans le transport des marchandises par mutation d'entrepôt ».

« Je vous prie de donner des ordres en conformité, et de tenir la main à leur exécution ».

— Voir l'art. 7 du décret du 29 floréal an X.

— Voir aussi l'art. 82 de la loi de floréal an XI, d'après lequel la douane peut, dans le cas d'avarie, passer *même* outre à l'avis des experts.

— Rapprocher surtout cette phrase que le comte Roy prononça, lors de la discussion de la loi du 27 février 1832 : « La force et la régularité du service des douanes ne permet pas de soustraire à l'action des tarifs la moindre partie des marchandises que l'on admet *conditionnelle-ment*. Tout se réexporte, ou paye les droits avec de fortes amendes. *et le gouvernement a donné l'assurance à la Chambre que tout ce qui serait livré à la consommation payerait les droits, sans aucune réduction, pour déchet, perte ou accidents de force majeure.* »

ration de peines applicables, ajoutons que celles-ci *peuvent* être aggravées par la privation de l'entrepôt, du transit, et du crédit des droits. Cette mesure est prononcée par voie de décret. Elle frappe aussi les personnes qui prêtent leur nom pour soustraire à ses effets, les contrevenants qui l'auraient encourue. (Loi 8 floréal au XI, art 83 ; comp. Loi 27 février **1832**, art. 8) (1).

— L'étude individuelle des diverses pénalités, faisant partie de l'ensemble des règles concernant la repression des fraudes fiscales, nous n'avons point à entrer dans de plus amples développements sur ce sujet. (Voir d'ailleurs à ce sujet. Pallain. *Les Douanes Françaises* t. II p. 537 et F. Thibault. *Traité du Contentieux des Douanes* p. 101 et sq).

---

1. Elle ne peut être prononcée, ainsi que l'indique la loi de 1832, que s'il y a eu condamnation et elle n'est pas la conséquence nécessaire de cette condamnation. Le gouvernement a simplement le droit de la prononcer. Sous l'empire de la constitution de l'an VIII, sa décision devait être prise sous forme d'arrêté du gouvernement ; aujourd'hui, elle devrait faire l'objet d'un décret du président de la République (F. Thibault, *Traité du contentieux des douanes*, p. 121).

## REMARQUE

Quoiqu'il ne rentre pas dans le cadre de notre travail de traiter des rapports entre la commune, la chambre de commerce, titulaires d'un entrepôt de douanes, et le concessionnaire-gérant de cet entrepôt ou l'entrepositaire-locataire, nous croyons utile d'en dire un mot.

Si un conflit éclate entre la commune et l'entrepositaire (à raison des frais de magasinage), comme il s'agit d'une question qui rentre dans la sphère des contrats touchant le domaine privé de la commune, c'est non pas le conseil de préfecture qui sera compétent, mais le juge civil, le tribunal de droit commun (1). Si ce même conflit éclate entre un concessionnaire privé et ce même entrepositaire, la solution identique ne fait pas de doute.

Il en est autrement, croyons-nous, du conflit qui éclate (à raison du contrat de concession) entre la commune et le concessionnaire, société ou particulier, par analogie de ce qui se passe en matière de contributions indirectes et d'octroi.

1. Voir le *Répertoire* de Fuzier-Hermann. V⁰ *Commune*, p. 423 et sq. et V⁰ *Compétence administrative*.

# CHAPITRE VII



## SOMMAIRE

Causes générales de la différenciation de l'entrepôt réel type. Triple évolution : l'évolution vers l'entrepôt fictif ; l'évolution vers les docks ; l'évolution vers les entrepôts spéciaux, à certaines localités, à certaines marchandises.

I. L'évolution vers l'*entrepôt fictif* : Description de cet organisme. — L'entrepôt non régulier.

II. L'évolution vers les *docks à entrepôts*.

III. L'évolution vers la spécialité des entrepôts ; les entrepôts spéciaux à un *ensemble de marchandises* : marchandises : prohibées, encombrantes, insalubres. — Le régime spécial à *certaines marchandises* : houille, marbre, pétroles, grains, morues, vins et alcools, sel, sucre.

IV. L'évolution vers la spécialité des entrepôts ; les entrepôts spéciaux à *certaines régions* : entrepôts intérieurs et des frontières de terre ; entrepôts spéciaux du smoglage ; entrepôts d'Algérie, l'entrepôt fictif spécial ; entrepôts des colonies ; entrepôt réel, sans faculté de réexportation à *Madagascar*. — Les entrepôts spéciaux à *certaines villes* : Paris, les cabinets entrepôts, le double entrepôt ; Marseille ; Bayonne ; Dunkerque ; Lyon ; etc., et les emplacements d'expositions universelles.

L'entrepôt réel, ou entrepôt maritime, que nous avons étudié, est loin de répondre à tous les besoins.

Fonctionnant dans des magasins spéciaux, construits par l'Etat ou la ville et gardés par la douane, il donne lieu à des dépenses élevées et à des frais de surveillance assez considérables. Pour éviter ces inconvénients, le législateur a dû admettre, dès le commencement du xviiiᵉ siècle, l'entrepôt fictif, c'est-à-dire l'entrepôt dans les magasins privés des propriétaires des marchandises, et, dès le milieu de notre siècle, il a admis la possibilité d'entreposer dans le local des magasins généraux. Ces deux ramifications de l'entrepôt ordinaire feront l'objet des deux premiers paragraphes de ce chapitre (1).

1. Notons les différences qui existent entre nos entrepôts et ceux des contributions indirectes et de l'octroi, que nous trouvons dans l'ouvrage très documenté de M. Dubron (Docks et Warrants), dont nous extrayons les passages suivants :

Les entrepôts des contributions indirectes et des octrois sont établis d'après les mêmes principes que les entrepôts des douanes.

1º Les marchandises qu'ils reçoivent n'acquittent les droits qu'à la sortie, et seulement, si elles passent dans la consommation de la commune. Les locaux y affectés sont placés sous la surveillance des préposés des contributions indirectes et des octrois (L. 9 juin 1874 ; Trib. corr. Cherbourg, 2 mai 1887).

2º Les modes d'entrepôt applicables aux marchandises étrangères, le sont aussi aux marchandises qu'atteignent des contributions indirectes ou des taxes d'octroi. Il faut encore distinguer l'entrepôt réel de l'entrepôt fictif.

3º Les règles sur l'entrée, le séjour et la sortie des marchandises entreposées par les contributions indirectes et les octrois sont identiques ou analogues à celles applicables aux marchandises entreposées par les douanes.

Certains points, qui sont communs aux entrepôts des contributions indirectes et des octrois, les différencient des entrepôts des douanes :

1º Au point de vue de leur création :

La commune, en effet, peut établir un entrepôt d'octroi tant pour le crédit des droits généraux que des taxes locales.

2º Au point de vue de la gestion :

Dans le cas précité, c'est la commune qui gère et qui est responsable.

3º Au point de vue du personnel :

Ce sont les agents des contributions indirectes qui exercent les entrepôts, tant de leur administration que de l'octroi.

4º Au point de vue de la durée :

L'entrepôt fictif des contributions indirectes et de l'octroi est illimité.

— Règles spéciales aux entrepôts des contributions indirectes. — Ces règles sont différentes suivant l'espèce de marchandise entreposée :

A. *Boissons*. — Nous n'avons en France que deux entrepôts réels, tous deux à Paris, celui du quai Saint-Bernard et celui de Bercy. Il n'y a en province que l'entrepôt fictif. Tous les manquants y sont soumis aux droits.

B. *Sucres*. — En dehors des fabriques, la loi n'admet pas l'entrepôt réel. Les plus importants sont ceux de Paris (deux) et de Lille. D'autres ont été postérieurement ouverts à Valenciennes, Douai, Le Havre, Saint-Quentin,

Afin d'adapter notre institution aux besoins variables des milieux économiques et aux caractères divers des produits, on a modifié, sur beaucoup de points, les règles ordinaires, et établi des entrepôts spéciaux à certaines marchandises ou à certaines localités.

C'est à l'étude de ces entrepôts que sera consacrée la fin du chapitre.

### L'entrepôt fictif.

Un arrêt du Conseil du 6 mai 1738 sanctionna la pratique adoptée par la ferme générale de laisser aux commerçants la faculté de mettre les marchandises dans leurs magasins ; mais il imposa différentes règles (cautions — pénalités) en partie reproduites par nos textes en vigueur.

De fait, jusqu'en 1803, les denrées de nos colonies étaient toutes, comme aujourd'hui, admises à l'entrepôt fictif et soumises à des conditions analogues.

Bordeaux, Amiens, Rouen, Marseille, Saint-Ouen, Tergnier, Dunkerque. Les sucres ne voyagent en transit que lorsqu'ils sont destinés au sucrage des vins.

Presque toutes les autres marchandises sont fictivement entreposées, le plus souvent dans les locaux du fabricant, où elles restent jusqu'à leur consommation.

La régie des contributions indirectes possède un privilège très efficace pour assurer le recouvrement des droits en principal et intérêts, et des frais de magasinage.

Règles spéciales aux entrepôts des octrois. — Les tarifs des octrois doivent être approuvés par l'autorité compétente.

L'entrepôt en matière d'octroi est réel ou fictif.

L'entrepôt réel peut être ouvert par la municipalité dans les conditions que nous avons exprimées plus haut.

Il est alors permis au Conseil municipal de demander la suppression des entrepôts fictifs. Si l'entrepôt est réel, il est dû un droit de magasinage ou de location ; s'il est fictif, le bénéficiaire est soumis à l'exercice.

Le bénéfice de l'entrepôt à domicile est accordé par le maire. En principe, tout commerçant remplissant les conditions prescrites, a droit à l'entrepôt fictif : toutefois, l'admission des marchandises en entrepôt constitue un acte administratif, dont les tribunaux civils ne peuvent pas connaître ; ils constatent seulement si les conditions exigées pour l'exonération des taxes sont ou non remplies par l'entrepositaire qui la demande (Voyez ord. 9 déc. 1814, art. 41, 56 ; loi 28 avril 1816, art. 30 ; loi 28 juin 1833, art. 9).

L'entrepôt fictif est établi dans les magasins du propriétaire ou consignataire des marchandises et qui sont désignés par lui. La douane n'a pas la clef de l'entrepôt, mais elle peut y pénétrer librement, pour s'assurer de l'existence des marchandises entreposées, qui ne peuvent être déplacées sans son autorisation (1).

Ce caractère spécial de l'entrepôt fictif, ce fait que la douane n'en possède pas la clef et la surveillance continue, permet d'expliquer toutes les différences réglementaires qui le séparent de l'entrepôt ordinaire (2). Ces différences se traduisent par des mesures tendant à faciliter la surveillance de l'Administration et à prévenir la fraude.

Quant aux *conditions de son établissement*, l'entrepôt fictif ne peut exister que dans les ports ouverts au commerce des colonies françaises, et dans les ports d'entrepôts réels (3) (art. 2, loi du 7 décembre 1815). Vannes est le seul port qui soit ouvert au commerce des colonies sans posséder un entrepôt réel. L'entrepôt fictif ne peut être établi hors du périmètre de l'octroi (4). Toutes ces conditions facilitent le contrôle de l'administration.

Des exceptions ont été admises. Les grains, farines et légumes peuvent être mis en entrepôt fictif dans tous les ports où il existe un bureau de douane, ainsi que dans les villes de

1. La Régie peut aussi prélever des échantillons, pour éviter toute espèce de fraude (Circ. 23 vend. an II ; L. 7 déc. 1815, art. 2). De plus, il y a un compte ouvert *distinct* pour chaque partie de marchandise entrée.

2. Toutefois, les règles générales de douanes applicables à l'entrepôt réel, sont applicables à l'entrepôt fictif dans tout ce qu'elles n'ont pas de contraire aux dispositions qui le concernent spécialement.

3. Dès lors, en principe, les marchandises expédiées d'un entrepôt fictif sur un autre point, où il n'existe pas d'entrepôt fictif, sont soumises au régime de l'entrepôt réel. Dès lors également, lorsque les marchandises sont extraites de l'entrepôt fictif pour la réexportation, elles doivent être présentées à la douane afin d'y être vérifiées (Déc. 22 janvier 1835 ; Cir. 5 août 1847, n° 2185)·

4. Déc. 3 décembre 1857.

Lille, Valenciennes, Givet, Charleville ; l'entrepôt fictif des grains est en outre autorisé à Lyon.

Quant aux marchandises, sont admissibles les marchandises suivantes, importées sous quelque pavillon que ce soit (décret 29 juillet 1869, art. 1) (1) :

1° Les produits des colonies françaises, désignés par la loi du 8 floréal an XI (art. 12 à 15), ou ceux auxquels le tarif accorde une modération de droits.

2° Les marchandises dénommées dans l'ordonnance du 9 janvier 1818, qui sont au nombre de 27.

3° Les produits qui, admissibles en franchise (2) à l'importation directe, en vertu du tarif général ou du tarif minimum, se trouvent passibles de surtaxes d'entrepôt ou de provenance, d'après les conditions de leur importation (Décis. minist. 16 janv. 1865 ; 4 avril 1872).

4° Le guano (3), le riz (4), les grains, farines et légumes (5).

5° La houille (6), les fontes (7) et les fers en barres dans certaines conditions spéciales (8)-(9).

Tous ces produits sont de ceux qui, étant encombrants, faiblement taxés, facilement reconnaissables ou sans similaires en France, ne peuvent être remplacés frauduleusement dans le magasin du négociant par des produits nationaux dont l'exportation serait compensée par une importation en franchise de produits tarifés.

1. Jusqu'au décret de 1869, l'entrepôt fictif n'était accordé qu'aux marchandises importées sous pavillon français.

2. En principe, les produits en franchise ne peuvent pas être constitués en entrepôt.

3. Déc. min., 25 août 1856 ; Circ. n° 405 du 30 août 1856.

4. Déc. min., 3 mars 1877.

5. Lois des 11-17 nov. 1790; 15 juin 1861, art. 3 ; 16 juillet 1819, art. 11 ; Circ. n° 1225 ; arr. min. 29 décembre 1830, art. 3.

6. Circ. 24 juillet 1836.

7. Déc. 29 avril 1878.

8. Une circulaire du 7 juillet 1825 avait défendu de retirer de l'entrepôt fictif des marchandises destinées à l'entrepôt réel.

9. O. P. n° 148.

A Marseille, en outre, on admet quelques autres marchandises. (1)-(2)-(3).

1. O. P. eod. loc.

2. Les marchandises d'entrepôt fictif peuvent-elles être admises en entrepôt réel ? L'administration avait d'abord admis la négative (Lettre du D^r à Bordeaux, du 15 juin 1838) ; mais en 1842 et en 1857, elle se livra à une nouvelle étude à la suite de laquelle elle reconnut que l'entrepôt fictif n'étant qu'une faveur, une concession pour le commerce, celui-ci pouvait y renoncer (V. aussi jug. trib. Bordeaux, 23 mai 1881).

3. La question s'élève de savoir s'il faut une simple décision administrative ou une loi pour admettre des nouvelles marchandises en entrepôt fictif. Elle s'est présentée, après la promulgation de la loi de 1892, taxant des produits antérieurement admissibles en franchise.

Le commerce du Havre, représentée par la Chambre de la Ville, soutint avec l'administration des Douanes (voir la lettre du président de la Chambre de commerce du Havre du 3 décembre 1892 et celle du directeur général des douanes au ministre des finances du 11 février 1893) qu'une simple décision administrative était suffisante.

Voici les arguments présentés en faveur de cette opinion :

1° Si on interprétait la loi de floréal de l'an XI (art. 12 à 15), — créatrice de l'entrepôt fictif pour les produits des colonies françaises — d'après les principes du droit moderne, on devrait admettre qu'une loi est nécessaire ; mais une telle interprétation serait un anachronisme. Cette loi ne délègue, il est vrai, aucun pouvoir de réglementation à l'administration des douanes, (contrairement à ce que la Chambre de commerce du Havre avait cru) ; mais tout en établissant un impôt, elle laissait, d'après les principes de droit alors en vigueur, au pouvoir exécutif et aux autorités administratives le soin d'édicter les dispositions réglementaires relatives à la perception de cet impôt. C'est par suite de cette délégation que des ordonnances (9 janvier 1818, 10 septembre 1817, etc.), des décisions ministérielles (4 juillet 1825, 25 août 1856, 16 janvier 1865, etc.), ont édicté une réglementation spéciale en matière de douane.

2° Au cas particulier, la constitution en entrepôt fictif des marchandises dont il s'agit (marchandises encombrantes, de peu de valeur ou faiblement taxées) ne peut, en aucune façon compromettre les intérêts du Trésor que l'administration des douanes doit sauvegarder.

3° Il y a plus de convenances pour le commerce, au point de vue de la célérité, par exemple, à ne pas passer par la filière parlementaire.

— Craignant la diminution du trafic qui résulterait pour elle de l'extension du régime de l'entrepôt fictif à de nouveaux produits, la Compagnie des entrepôts du Havre, soutenue par le ministère du commerce (voir la réponse du ministre du commerce au ministre des finances du 17 juin 1893), était d'un avis contraire à celui de la douane.

Nous résumons les arguments invoqués en faveur de cette deuxième opinion :

1° La loi de floréal an XI est muette sur le point de savoir s'il faut une loi ou un décret ;

Les marchandises doivent être admises et conservées saines et franches d'avaries (1).

Lorsque les marchandises entrent en entrepôt fictif, elles doivent non seulement être déclarées, mais faire l'objet d'une *soumission* de les représenter à toute réquisition, de les réexporter ou de payer les droits de consommation, avant ou à l'expiration du délai d'entrepôt, soumission qui, pour la garantie de la douane, est corroborée par une

2° L'ordonnance du 9 janvier 1818 a surtout disposé pour les marchandises d'*entrepôt réel*, encombrantes, et elle a seulement autorisé l'administration à agréer des annexes à l'entrepôt réel. C'est également du local à fournir aux marchandises encombrantes, difficiles à classer (houilles), répandant une mauvaise odeur (guano), assimilées aux céréales (admises par la loi du 15 juin 1861 au bénéfice de l'entrepôt fictif) (riz), que les décisions ministérielles de 1834, 1836, 1856, 1877, s'occupaient et non de l'admission de nouvelles marchandises à l'entrepôt fictif.

3° Les ordonnances et décisions ministérielles invoquées (1817, 1818, etc.) ont une valeur sérieuse à l'appui de la thèse soutenue par la douane, mais il ne faut pas perdre de vue qu'à l'époque où elles ont été rendues, les attributions du pouvoir législatif et celle du pouvoir exécutif était moins nettement déterminées que de nos jours. On a contesté d'ailleurs la légalité de l'ordonnance de 1817.

4° Il n'est pas exact de dire que ce soient seulement des ordonnances et des décisions ministérielles qui ont accordé le régime de l'entrepôt fictif à de nouvelles marchandises ; en effet, ce régime a été accordé aux grains par les lois des 20 octobre 1830 et 15 juin 1861.

5° L'argument d'analogie se trouve dans la loi du 26 juillet 1872 (art. 5) qui, voulant atténuer la fâcheuse impression qu'aurait pu causer la taxation des matières premières, *admit* au bénéfice de l'entrepôt fictif de nouvelles marchandises, elle délégua, à cet effet, par une sorte de novation, ses pouvoirs au gouvernement, en lui permettant de distraire les marchandises précédemment exemptes et taxées par elle, de l'obligation de l'entrepôt réel. Quoique cette loi soit abrogée, le principe qu'elle édicte n'en subsiste pas moins.

Pour nous, qui sommes partisans de l'extension des facilités et qui serions portés à donner au gouvernement la plus grande latitude en ce qui concerne les impôts indirects, nous nous rallions à l'opinion de l'administration des douanes.

1. L. 27 juillet 1822, art. 22 ; Ord. 9 janvier 1818 ; Circ. 28 juillet 1822. C'est en vertu de cette idée que, comme nous le verrons, toutes réductions de droits sont refusées aux marchandises avariées sortant des entrepôts. Déc. ad. 10 oct. 1823.

caution, préalablement agréée par le receveur (1)-(2)-(3).

L'administration des contributions indirectes doit intervenir à l'égard des produits passibles de taxes intérieures. Les déclarants pour l'entrepôt fictif doivent justifier des engagements souscrits envers cette administration (4).

Les *opérations matérielles*, autorisées dans les entrepôts fictifs consistent exclusivement dans les manipulations nécessaires pour prévenir la détérioration des marchandises. Elles s'exécutent au vu d'une déclaration spéciale, avec l'autorisation et sous la surveillance de la douanes (5).

Néanmoins. comme on le verra, il est permis, sous certaines conditions, de travailler les marbres (6), et de fabriquer des briquettes de houille (7).

1. Loi du 8 floréal an XI, art. 14 et 15. Déc. ad. 23 octobre 1839.

2. « Une bonne soumission cautionnée garde mieux une marchandise que le factionnaire placé à la porte de l'entrepôt réel ».

3. Autrefois, les *cotons* reçus en entrepôt fictif étaient soumis à des formalités nombreuses, entre autres à l'apposition d'une estampille indicatrice de leur qualité, du lieu de leur chargement, du mode de leur transport (Ord. 1818, art. 5).

4. Circ. du 5 août 1847, n° 2185.

5. Déc. ad. du 26 mai 1841.

6. Déc. min. du 1er avril 1854.

7. Au sujet de l'admission à l'entrepôt fictif, on pose les deux questions suivantes :

1° — Un redevable peut-il être admis au bénéfice de l'entrepôt fictif, dans un port, où il n'est pas domicilié et où il ne possède aucune succursale de sa maison de commerce ?

Pour l'affirmative, on a fait valoir les arguments suivants :

*a*) Aucune décision ministérielle n'impose la formalité du domicile ;

*b*) La loi du 22 avril 1791, titre II, art. 16, se contente de la *présence* du déclarant aux opérations de visite (préliminaires ou conséquences de l'entrepôt fictif) ;

*c*) Si l'art. 15 de la loi du 8 floréal an XI prescrit de représenter les marchandises à toute réquisition, c'est qu'il exige la *présence*, mais rien de plus.

(V. la lettre du directeur général des douanes au directeur au Havre du 4 juillet 1896).

2° — Un étranger qui n'a pas de domicile en France peut-il être admis au bénéfice de l'entrepôt fictif ?

La négative est admise généralement, moins en vertu de principes légaux que par crainte de manquer de moyens d'action, en cas de fraude (Déc. 30 dé-

── 143 ──

*Opérations juridiques.* Au cas de déclaration de transfert de propriété de marchandises soumises aux taxes intérieures, on exige la justification des engagements souscrits envers l'administration des contributions indirectes.

En outre, la déclaration de transfert, destinée à faire passer, vis-à-vis de la Douane, la propriété sur la tête du cessionnaire, doit être faite par l'entrepositaire, concurremment avec une caution, (1) agréée par le receveur principal (2) et qui se substitue à la caution du cédant. Tant que le nouveau propriétaire n'a pas été inscrit sur les registres de la Douane, et qu'il n'a pas signé l'acte de transfert, la responsabilité du premier entrepositaire et de sa caution subsiste. La Douane est censée ignorer le changement du propriétaire, même quand elle a eu connaissance de la cession par une autre voie que le transfert (3).

*Recensements.* — La loi impose aux soumissionnaires l'obligation personnelle de représenter les marchandises, à toute réquisition ; aussi les recensements destinés à constater l'existence des marchandises s'effectuent-ils à l'improviste (4). Ils sont faits au moins chaque trimestre (5). Pour faciliter le dénombrement, les entrepositaires sont tenus de placer les colis en ordre. L'infraction à cette règle est traitée comme un déplacement de marchandises sans autorisation et entraîne la li-

cembre 1862 ; Déc. du 19 septembre 1867 ; Déc. 3 octobre 1894. (pour les cabinets-entrepôts de Paris). *Contrà*, (Déc. du 9 juillet 1839).

1. Circ. 25 août 1821, 7 mai 1841 ; Déc. ad. du 12 juillet 1841.

2. Peut-on admettre la substitution d'un gage matériel à la caution, en notre matière ?

L'affirmative est admise dans une lettre administrative du 14 novembre 1873, no 2746.

3. Cass. 9 mars 1835, aff. Zizinia. D. R. n° 468. Circ. n° 1485.

4. On les échelonne en ayant soin d'en opérer plusieurs simultanément. Déc. 29 janvier 1845.

5. Circ. 24 thermidor an X.

quidation des droits, c'est-à-dire la déchéance (1)-(2) de l'entrepôt pour les marchandises déplacées.

Mais nous ne croyons pas qu'il y ait lieu ici à la privation, visée par l'art. 83 de la loi du 8 floréal an II, de tout crédit de droit — pour l'avenir — Cette dernière déchéance est prononcée, indépendamment « des peines prononcées par la loi », ce qui implique qu'il y a eu « *condamnation* »; — or, ici, il n'y a pas de condamnation, il n'y a qu'une suspension de faveur.

*Durée de l'entrepôt.* — Elle est moins longue que celle de l'entrepôt réel. Elle est de deux ans pour l'entrepôt fictif des grains (3) et d'un an pour l'entrepôt fictif des autres marchandises (4).

Des prorogations de délai peuvent ici encore être obtenues (5)-(6), mais avant d'en transmettre les demandes, les receveurs doivent vérifier la solvabilité de la caution et en réclamer une autre, si l'ancienne n'offre plus toutes les ga-

1. Déc. 19 novembre 1821.

2. Il a été jugé que si, après des recensements, faits par les employés, il se découvre quelque soustraction ou substitution, et lorsque les parties contestent les faits allégués par l'administration des douanes, il y a *nécessité* et non *faculté* de recourir à l'appréciation des *experts*, institués par l'art. 19 de la loi du 27 juillet 1822, sans que les tribunaux puissent renvoyer les prévenus de la plainte sous prétexte que le délit n'existe pas. (Cass. 30 avril 1838, aff. Salavy, V. D, R, n° 284, 4°). On a objecté en vain que les tribunaux avaient, en droit commun, la faculté de se passer d'expertise pour s'éclairer, si la cause elle-même présentait des lumières suffisantes.

3. Elle est de deux ans à Marseille (Ord. 1817, art. 4).

4. Voir pour le calcul de la durée, lorsque la marchandise passe de l'entrepôt réel dans l'entrepôt fictif, la déc. du 5 avril 1841.

5. Sans qu'il soit nécessaire de faire renouveler les engagements du soumissionnaire et de sa caution, attendu qu'aux termes de la soumission, ils se sont engagés l'un *et* l'autre pour la durée *effective* de l'entrepôt (Déc. 8 oct. 1842). *Contrà*, D. R. n° 503. Dans cette dernière opinion, la caution ne serait engagée que pour le délai *exprimé dans la soumission.*

6. Au cas de prolongations de délai demandées à l'insu des cautions, celles-ci sont avisées par la douane, dès qu'elles sont accordées; elles peuvent alors, en conséquence, prendre les mesures qu'elles jugent convenables (Déc. 18 octobre 1847).

ranties : en cas de refus ils doivent exiger sur-le-champ le paiement des droits (1)-(2).

Si les marchandises ne sont pas réexportées avant l'expiration du délai ou des prolongations, ou si l'entrepositaire n'acquitte pas les droits, il est décerné contrainte, en vertu de la soumission, contre le soumissionnaire et sa caution (3).

*Sortie des marchandises.* — Aucun déficit ne peut être alloué pour les marchandises entreposées fictivement (4), il est dans tous les cas soumis intégralement aux droits (loi du 8 floréal an XI, art. 14) (5) : le négociant serait dans l'impossibilité de prouver qu'il y a substitution ou enlèvement. Voir dans ce sens l'arrêt suivant de la Cour de cassation du 17 février 1897 :

— La Cour, « Sur le moyen unique, pris de la violation et de la fausse application des articles 14, 15 et 31 de la loi du 8 floréal an XI, 8 de la loi du 17 décembre 1814, et 17 de la loi du 16 mai 1863, ainsi que des articles 1148, 1302 et 1315, Code civil ;

---

1. Circ. 14 mars 1821, n° 644.

2. L'entrepôt fictif, de même que l'entrepôt réel, ne cesse qu'au moyen de formalités prescrites pour le faire cesser. (Cass. 3 oct. 1810, aff. Baux, D. R. n° 455).

3. Circ. 14 mars 1821, n° 644 ; 13 janvier 1824, n° 847 ;

4. Il en est de même toutes les fois que les objets sont laissés conditionnellement à la disposition des intéressés et que les droits ne sont garantis que par des soumissions éventuelles. Ainsi, aux termes des lois sur les douanes, et particulièrement de celles des 14 juin 1806 et 17 décembre 1814 (art. 8), les sels dirigés sur les entrepôts de l'intérieur et les produits expédiés en transit, qui sont perdus, volés ou détruits, en cour de transport, sont assujettis au paiement des droits.

5. On a fait valoir, quelquefois, en vue de faire déroger l'administration au principe, qu'elle maintient dans toute sa rigueur, de la responsabilité absolue de l'entrepositaire, qu'en 1824 (le 17 nov.), elle a alloué une certaine somme, pour paiement des droits sur des marchandises détruites en entrepôt fictif; mais il ne faut pas omettre de dire qu'il s'agissait, dans ce cas, d'avaries causées par des mesures de défense et de préservation contre un incendie, mesures prises dans l'*intérêt général*.

« Attendu qu'aux termes des articles 1er, titre Ier, du décret des 6-22 août 1791 et 11, titre III, du décret du 4 germinal an II, les droits de douane fixés par les tarifs doivent être acquittés à l'entrée du territoire français, qu'en vertu des articles 14 et 15, titre IV, de la loi du 8 floréal an XI, les marchandises assujetties à ces droits jouissent de la faculté d'entrepôt moyennant : 1° la déclaration détaillée qui en est faite ; 2° la soumission cautionnée de les représenter à toute réquisition en mêmes qualité et quantité, à peine de payement immédiat des droits ;

« Attendu que, dans l'espèce, M...., admis à l'entrepôt fictif pour une certaine quantité de bois, n'en a pas représenté la totalité lors du récolement qui en a eu lieu, et qu'il a prétendu être déchargé des droits afférents à la quantité manquante, par l'incendie qui l'aurait détruite, et dont la régie ne conteste pas la réalité ;

« Attendu que c'est avec raison que le tribunal a refusé de voir, dans l'incendie même reconnu, un cas de force majeure, exonérant M..., de ses obligations ; que M..., aurait dû justifier en outre, ce qu'il n'a ni fait, ni offert de faire, que le sinistre a été le résultat d'un cas purement fortuit, impossible à prévenir, à empêcher, et qu'il n'a eu pour cause ni une imprudence, ni une négligence de sa part ; d'où il suit qu'aucun des articles susvisés n'a été ni violé, ni faussement appliqué ;

« Rejette le pourvoi formé par le sieur M..., contre le jugement du tribunal civil de Marseille du 19 décembre 1895, etc. » (1).

---

1. Voir aussi ce jug. du trib. de Marseille, du 19 déc. 1895. Doc. cont. n° 93. Rapp. jug. trib. civ. Seine, 5 août 1895 (*Gaz. des Trib.*, 23 et 24 déc. 1895). Cour de cass., cont. ind., 15 janvier 1879, S. 79. 1. 221 ; P. 79. 528 ; D. P. 79. 1. 49. Montbéliard, 10 mai 1894, *eod.* 95. 2. 87.

« Le laconisme des considérants de l'arrêt du 17 février 1897 laisserait supposer, en raisonnant *a contrario*, que si l'entrepositaire avait fourni la preuve indiquée, le tribunal aurait eu qualité pour le décharger du payement des droits. Mais cette solution » (comme nous l'avons vu à propos du déficit en entrepôt réel et de la responsabilité de l'entrepositaire vis-à-vis de la Douane), « ne saurait être admise en présence des termes de l'article 17 de la loi du 16 mai 1863, qui réserve formellement à l'Administration le droit de dispenser les soumissionnaires du payement des taxes afférentes aux marchandises, lorsque leur perte résulte d'un événement de force majeure. Cette règle, appliquée en matière de transit par la loi précitée, existait d'ailleurs depuis longtemps en matière « d'entrepôt réel (Ord., 10 septembre 1817, art. 11 et 31 août 1838, art. 26). Or, la situation du propriétaire de marchandises placées en entrepôt fictif ne peut pas être meilleure que celle du propriétaire de marchandises gardées par le service des douanes dans un entrepôt réel » (1).

L'entrepositaire est donc obligé légalement au paiement des droits lorsque ses marchandises sont détruites. Néanmoins, l'administration propose au ministre la remise des droits, à titre gracieux, lorsque les marchandises, dont l'existence a été constatée en entrepôt, ont péri par un cas de force majeure, que ce fait est régulièrement prouvé à la suite d'une enquête et que ces marchandises ne sont pas assurées pour leur valeur sur le marché intérieur (2).

---

1. (Note de l'Administration faisant suite au jugement précité). (Voir aussi *Pandectes françaises*, année 1896, une note dans le même sens à la suite du jugement du tribunal de Marseille du 19 décembre 1895).

2. Et dans ce cas, il y a lieu, pour l'entrepositaire qui veut obtenir une restitution de droits, de rapporter la preuve qu'il n'a pas été indemnisé par ses assureurs de la valeur, droit compris, des marchandises détruites. (Trib. civ. de Marseille, 2 mars 1896).

La sortie de l'entrepôt fictif pour la consommation suppose que les droits ont été payés, consignés ou garantis (1). Les marchandises sont soumises aux droits, d'après les quantités reconnues à l'entrée, c'est-à-dire, sans qu'il soit procédé à une nouvelle vérification, sauf abus. Il ne peut donc s'agir ici de responsabilité de la douane, de la ville ou du commerce, puisque l'entrepositaire est en même temps le gardien de l'entrepôt (2)-(3).

Les fraudes particulières à l'entrepôt fictif, sont : 1° *La soustraction des marchandises, opérée par le négociant entrepositaire* (cette soustraction n'est pas un vol, puisqu'elle est accomplie par le propriétaire lui-même) (4), elle est punie du paiement du double droit (5) et d'une amende (6), qui

1. O. P. n° 143.

2. Loi 8 floréal an XI, art. 15. Cass. 29 janvier 1834. Bull. Cass. civ. n°8, 9 mars 1835. Bull. Cass. civ. n° 35, S. 35. 1. 694, D. 35. 1. 273.

3. La douane n'est pas autorisée à rechercher la *qualité* (voir plus haut la question du redevable sans domicile commercial), la *solvabilité* de l'entrepositaire, ni à exiger qu'il soit pourvu d'une patente. Il lui suffit que cet entrepositaire souscrive les obligations prescrites par la loi et qu'une caution reconnue *solvable* par le receveur en garantisse l'exécution (Déc. 23 octobre 1839). Il ne faut pas, toutefois, inférer de cette décision que la douane doive négliger entièrement de s'occuper de la *solvabilité* du principal obligé. Il est de principe, en effet, de garantir toute remise de droits par la signature de *deux* personnes solvables (V. Circ. 27 mai 1820, n° 570, pour le crédit de droits) ; et si l'on exige cette double solvabilité pour une somme de 300 fr., *a fortiori* doit-on l'exiger pour une somme plus considérable.

4. D'après les considérants de l'arrêt du 9 mars 1835, déjà cité, cette soustraction ne constituant qu'une simple contravention, source d'une action civile de la part de la douane, ne libère pas la *caution*. Celle-ci ne peut, d'ailleurs, invoquer le bénéfice de l'art. 2037 C. c. : la douane créancière, n'ayant pas, par son fait, empêché la *subrogation*. — On applique à cette contravention les peines édictées, alors même que les marchandises soustraites n'ont été reconnues admissibles à l'entrepôt fictif que postérieurement à la soustraction. (Trib. civ. Nantes, 20 déc. 1852. Doc. lith. n° 194).

5. En matière de grains, la peine n'est que du double droit.

6. Dans la pratique, lorsque la bonne foi de l'entrepositaire est admise, on se borne à exiger une amende égale (en chiffres ronds) au montant de l'intérêt à 5 0/0 dont l'entrepositaire a pu bénéficier depuis la date de l'entrée en entrepôt, ou depuis celle du dernier recensement (Déc. 26 nov. 1883).

peut s'élever au double de la valeur des marchandises (1).

Mais cette responsabilité de l'entrepositaire est légalement absolue, ainsi d'ailleurs que celle de sa caution et tous deux doivent être *simultanément* mis en cause. (Cass., 30 avril 1838, aff. Salavy-D., R. n° 284. Circ. 6 janvier 1835 n° 1674) (2).

2° Nous avons vu que le *changement de magasin*, sans nouvelle déclaration préalable et sans permis spécial de la douane entraîne le paiement immédiat des droits.

Si le changement de magasin est accompagné de faits, tels qu'altération des marques déclarées ou défaut d'identité (3), il rend le négociant passible des peines prévues par l'art. 83 de la loi du 8 floréal an XI, sans qu'on puisse prétexter qu'il n'y a eu là qu'un déplacement simple (4). Si le changement de magasin est suivi de l'éparpillement, pour ainsi dire, des marchandises dans plusieurs autres magasins, il y a soustraction absolue et par conséquent application des mêmes peines (5)-(6).

1. Cette amende peut être remise en totalité ou en partie par le juge (c'est, il est vrai, une disposition tout à fait exceptionnelle dans la législation des douanes).

2. Cette décision, qui apporte une dérogation remarquable au droit commun, suivant lequel le débiteur accessoire ne peut être poursuivi qu'à *défaut* de payement par le débiteur principal (art. 2021, Code civil), s'explique par le caractère particulier de ce codébiteur : il s'agit ici, en effet, d'une caution spéciale qui a renoncé à certains avantages ; c'est un autre redevable accoté, pour plus de garantie, au redevable principal, qui n'en reste pas moins caution, non pas au sens du Code civil, mais au sens du droit fiscal : c'est ainsi, en effet, dit M. F. Thibault, (*De la solidarité en matière d'amende*, p. 46), que l'entendait notre ancien droit, d'après lequel, nulle différence n'existant entre la plégerie et la dette — dès lors qu'il s'agissait d'une créance du roi ou du comte, — la caution était contraignable par corps, à la différence des cautions ordinaires.

3. L. 8 floréal an XI, art. 1. Circ. 8 sept. 1815. Déc. 14 avril 1837.

4. Cass. 29 janv. 1834. Dalloz, R. n° 499, note 2. Circ. n° 1431.

5. En cas de *décès* du soumissionnaire, l'action de la douane s'exerce envers le copropriétaire ou les héritiers et envers la caution. Cass. 23 ventôse an XIII, P. chr. D. A. 6, 431. aff. Lévêque, D., R. n° 493.

6. En résumé, l'entrepôt fictif, tout en présentant des avantages très appré-

*L'entrepôt irrégulier.*

Nous n'avons parlé jusqu'ici que de l'entrepôt fictif proprement dit ; on peut en rapprocher les entrepôts *réels irréguliers* (Déc. 24 nov. 1842). Ces entrepôts irréguliers sont des annexes d'entrepôts réels, autorisés exceptionnellement, sous double clef, dans des magasins particuliers (1)-(2).

Les marchandises n'y sont aussi reçues que sous soumissions cautionnées (Circ. n° 987, du **23** mai **1826**). Cette précaution jointe à d'autres, a pour but de prévenir le danger de soustraction frauduleuse, résultant de la contiguité des magasins avec des locaux où l'on peut pénétrer librement.

Les déficits qui y sont signalés, n'y sont alloués qu'avec une grande circonspection (3). S'ils excèdent toutefois une proportion normale, et s'ils ont ainsi l'apparence de soustractions frauduleuses, il y a à examiner si l'on appliquera les pénalités dont est passible la soustraction de marchandises entreposées « fictivement ».

Quoiqu'il semble, au premier abord qu'on doive appliquer les pénalités, édictées par l'art. 15 de la loi de l'an **XI**, en vertu de la soumission précitée, nous n'en adopterons pas moins la négative. L'entrepôt irrégulier a, en effet, plus des

ciés par le commerce, à qui il permet de soigner ses marchandises dans ses propres magasins, sans être soumis aux exigences des compagnies concessionnaires des entrepôts, procure un véritable bénéfice à l'Etat. Les comptes doivent être apurés poids pour poids et si une dessication se produit, si une marchandise s'avarie et vient à être détruite, le titulaire du compte d'entrepôt fictif paie les droits sur le déchet ; en outre, le Trésor trouve dans cette institution une économie de frais de surveillance.

1. Assez souvent à titre temporaire, lorsque, par exemple, des marchandises avariées par événement de mer ont besoin d'être bénéficiées (Déc. 28 novembre 1843).

2. Ces annexes peuvent aussi être gardées par la douane, les frais de surveillance en sont dès lors à la charge des villes ou des concessionnaires, par application de l'art. 10 de la loi du 27 février 1832.

3. On en alloue quotidiennement pour les pétroles.

caractères de l'entrepôt réel, que de l'entrepôt fictif. D'ailleurs, les règles de l'entrepôt réel constituant le droit commun, ce droit commun se maintient partout où n'existent pas de textes dérogatoires. En conséquence, il n'y a pas lieu de frapper du paiement du double droit les soustractions en entrepôts irréguliers.

*L'entrepôt réel dans le local des docks.* .

Les docks on magasins généraux, adoptés en France par la loi du 21 mars 1848, à une époque de crise, sur le modèle des docks anglais (1), sont destinés à faciliter la circulation des marchandises, à l'image des comptoirs d'escompte pour la circulation de la monnaie. Ils sont réglementés aujourd'hui par la loi du 28 mai 1858. Ils consistent en un ensemble de surface d'eau, de quais, de magasins, réunis dans une même enceinte, séparée de toute autre partie du port et où pénètrent librement les navires.

Les marchandises qui y sont conservées, sont représentées par des titres (récepissés et warrants), qui en facilitent la vente ou l'engagement.

L'idée devait venir d'utiliser ces locaux pour y installer des entrepôts (2). De là, indépendamment des avantages donnés pour la vente ou l'impignoration de ces marchandises, une diminution notable dans les frais de construction, d'entretien, de surveillance.

Les docks-entrepôts reçoivent donc tous les navires arrivant de l'étranger, des colonies françaises ou des ports de France avec un chargement de marchandises étrangères ou coloniales.

1. London dock, Est india dock, Commercial dock, Surrey dock, Catherine dock, Victoria dock, etc.

2. C'est, en effet, la régularité du paiement des droits, le fonctionnement régulier des magasins généraux qui incitèrent le gouvernement à accorder aux docks le privilège de l'entrepôt.

En principe, ces établissements sont soumis aux règles générales (1). Cependant quelques dérogations ont été apportées au droit commun de l'entrepôt réel.

A Marseille et au Havre, les navires, chargés, pour moitié au moins, de marchandises, destinées au régime de l'entrepôt réel, sont obligés de déposer leur cargaison, à l'intérieur des docks. Il n'est permis à ces navires d'effectuer ce déchargement, sur d'autres points, que dans les cas, où il ne pourrait leur être donné de place au dock, jusqu'au moment où d'après la date de dépôt du manifeste, ils auraient droit à une place à quai dans les autres bassins.

On ne peut entrer dans le dock qu'avec un permis délivré par les propriétaires du dock ; exception faite pour les agents des douanes, les armateurs de navire, les consignataires ou leurs représentants, les capitaines ou leurs seconds.

Les marchandises sont reçues, conditionnées, livrées, emmagasinées et manipulées par les ouvriers des propriétaires des docks, agréés par la douane ; elles doivent, de plus, être déclarées régulièrement, sinon elles sont enfermées dans une partie du bâtiment, appelée *dépôt* (2) ; elles sont d'ailleurs reconnues immédiatement par la douane, au vu du manifeste.

Enfin, et surtout, les produits entreposés bénéficient des facilités de transmission et de crédit qui profitent à tous les objets reçus dans le magasin général. Les négociants, au nom desquels l'inscription est régulièrement faite au sommier, peuvent, se faire remettre un récépissé, et ainsi simplifier l'exercice de leurs droits de déposition et de d'impignoration.

1. Décret du 12 mars 1859, art. 7. Circ. 31 mars 1859, n° 581.

2. Les grains et autres produits en *vrac*, qui exigent de fréquentes manipulations, sont placés dans une partie distincte des docks.

Les employés des douanes ont simplement à certifier sur ces récépissés ou ces warrants, et sur le demande des intéressés, *l'existence* en entrepôt des marchandises (ils n'ont pas à faire de recensement préalable, d'examen au point de vue de l'état de la marchandise ou à indiquer sa valeur) (1). D'autre part lorsqu'un récépissé endossé leur est représenté (2) ils ne peuvent se refuser à inscrire la marchandise au nom de la personne à qui le récépissé est transferé ; mais le nouveau propriétaire, s'il s'agit d'entrepôt réel, doit signer le sommier, et s'il s'agit d'entrepôt fictif, ou d'entrepôt irrégulier, il doit fournir les engagements ou les cautions qui lui sont particuliers, sans que les anciens propriétaires aient à intervenir pour faire acte de cession. De même encore, en cas de protêt et lorsque la marchandise est vendue publiquement, la douane, tout en donnant toutes les facilités désirables pour cette vente, doit exiger que le créancier remplisse toutes les formalités pour se substituer aux entrepositaires dépossédés (3). Nous n'insisterons pas sur les détails concernant les ventes publiques.

*Régime d'entrepôt spécial à un ensemble de marchandises.*

*Entrepôt des marchandises prohibées.*—(Loi du 9 février 1832, art. 17 ; 26 juin 1835, art. 1). — Les entrepôts réels, auto-

1. Circ. du 31 mars 1859, n° 581. Les agents de la douane doivent donner tous les renseignements propres à établir la liquidation des droits ; ils doivent rester étrangers à la fixation des valeurs indiquées sur les récépissés ou warrants et ne peuvent remplir les fonctions d'agents de la compagnie.

2. Dûment timbré, ce dont ils doivent s'assurer (L. 28 mai 1858, art. 3. Circ. 31 mars 1859).

3. Les exploitants des magasins généraux peuvent se charger des opérations et des formalités de douane ; ils ne seront obligés envers la douane ni au paiement des droits à la sortie, ni à celui des amendes encourues sans leur faute ; il est nécessaire qu'ils aient à cet effet des pouvoirs réguliers, déposés

risés par la loi du 9 février 1832 à recevoir — dans l'intérêt de nos armements, et dans le but d'offrir aux pavillons étrangers la facilité de compléter, sans navigation ultérieure, leur cargaison de retour — des objets prohibés (se bornant aujourd'hui au tabac, à la saccharine, au bois pour allumettes, aux cartes à jouer, sans oublier les contrefaçons) (1) doivent leur affecter des magasins spéciaux, absolument distincts de ceux qui contiennent les marchandises tarifées ; ces locaux sont fermés à double clef, comme l'entrée principale de l'entrepôt.

Ces magasins spéciaux sont soumis aux règles générales, sauf quelques exceptions (2).

La loi du 9 février 1832 (art. 20) avait interdit toute division 'de colis renfermant des marchandises prohibées. Peu à peu de nombreuses dérogations ont porté atteinte à cette règle de sauvegarde contre les importations frauduleuses du prohibé.

En vertu d'une circulaire du 28 septembre 1839 (n° 1776) le chef de visite est autorisé à faire opérer la division, quand les marchandises prohibées et tarifées contenues dans un colis n'ont pas la même destination ; la douane exige alors la mise en entrepôt sous le régime applicable à chacune d'elles. La décision du 4 novembre 1843 va plus loin, et étend cette faculté

entre les mains de la douane, par les négociants intéressés (Déc. 12 mars 1859, art. 4. Circ. 31 mars 1859). Il est en est différemment en Italie et en Angleterre. Dans ces deux pays, les exploitants, dont il s'agit, répondent seuls de la conservation des marchandises, sauf, des avaries ou des déchets provenant de la nature de ces marchandises.

1. Les prohibitions à l'importation ont eu pour objet ou d'assurer les revenus de l'Etat, la sûreté publique, la salubrité générale, ou de mettre l'industrie française à l'abri de la concurrence étrangère (Voir le rapport du 23 janvier 1832, préparateur de la loi du 9 février 1832). Les contrefaçons en librairie ou les produits portant des marques de fabrique ou de commerce françaises, saisissables en tout lieu où la loi française est applicable, ne peuvent pas entrer en entrepôt.

2. Loi 9 février 1832, art. 17-24.

aux cas où il n'y a pas à craindre d'abus et à ceux présentant des circonstances particulières (O P n° 142). Enfin la division des colis de tabac, destinés à la fourniture des navires peut être autorisée sous certaines conditions. (1)

Telles sont les règles qui régissent les manipulations. De plus, quand les marchandises prohibées sortent pour être réexportées, il est toujours à craindre une manœuvre destinée à cacher un projet de contrebande. Aussi, doivent-elles sortir en même quantité que celle déclarée à l'entrée; de plus, le navire réexportateur doit avoir un certain tonnage (2); et, quel que soit son tonnage, il est signalé aux préposés du port et de la côte qui en suivent les mouvements et veillent à ce qu'il ne s'approche pas de la rive dans une tentative frauduleuse (3). D'autre part, à la sortie, ces marchandises sont soumises à une nouvelle visite qui est de rigueur. En outre, des règles spéciales concernent la vente des marchandises prohibées restant en entrepôt à l'expiration des délais; en principe, faute d'adjudication pour la réexportation, elles sont détruites. Enfin, le non-rapport de l'acquit-à-caution destiné à assurer la simple mutation par mer ou la réexportation,

1. Déc. 31 mai 1854 ; 7 août 1856 ; 27 octobre 1884; Lettre com. 19 mai 1888, n° 909; Déc. 14 juin 1895 ; Déc. 13 décembre 1895.

2. Ce tonnage, de rigueur, est de 40 tonneaux, s'il s'agit de bateaux à voiles, de 23 tonneaux si les navires sont à vapeur (Loi du 5 juillet 1836, art. 7). Toutefois, à Marseille, à la réexportation pour l'Espagne et pour l'Italie, et à Bayonne, le tonnage est réduit à 30 tonneaux (navires à voile) et à 18 tonneaux (navires à vapeur) (Ord. 10 sept. 1817, art. 12; Loi du 9 février 1832, art. 18; Déc. min. 30 mars 1838). A Bayonne, même, lorsqu'il ne se trouve pas, dans le port, de navire de tonnage obligatoire, ce tonnage peut être réduit (aussi bien pour les marchandises non prohibées) à 20 tonneaux, pour les navires à voiles, à 12, pour ceux à vapeur (Déc. min, 18 décembre 1828, 30 mars 1838, 4 août 1841). A Nantes, les marchandises prohibées (ou non) peuvent être, sur autorisation spéciale du directeur, réexportées à Bilbao par navires espagnols de 30 tonneaux (à voiles) ou de 18 tonneaux (à vapeur). Même règle à Saint-Malo, mais il faut que les navires à voile aient 26 tonneaux (Déc. min. 25 oct. 1833, 30 mars 1838, 4 août 1841, 6 nov. 1841).

3. Circ. 22 prairial an VII.

donne lieu au paiement de la valeur des marchandises et à une amende de 500 fr. (art. 20 et 21, L. 17 mai 1826).

Toutes ces dérogations au droit commun : magasins spéciaux, restriction des manipulations, surveillance très étroite à la sortie, etc., concourrent au même but ; prévenir les tendances qu'ont les fraudeurs d'employer l'entrepôt pour introduire dans la consommation des objets prohibés.

*Entrepôts des marchandises encombrantes.* (1) — Lorsque, dans les ports, l'emplacement de l'entrepôt réel est insuffisant, les laines brutes non filées, ni teintes (art. 2 de l'ord. de 1818), les cotons (art. 3 et 4 de l'ord. précitée), peuvent être placés en entrepôt dans les magasins du propriétaire, offrant les garanties exigées et à la condition que ce propriétaire consente à passer une soumission cautionnée, comme pour l'entrepôt fictif. La situation est analogue à celle des entrepôts réels non réguliers précédemment décrits (2).

*Entrepôts des marchandises insalubres.* — Les marchandises exhalant une mauvaise odeur (viandes et poissons salés, huiles de poisson et suifs bruts), (art. 1 de l'ord. de 1818) ou susceptibles d'altérer les autres par leur fermentation (grandes peaux brutes, fromages, résinés et goudrons, tabac en feuille), (décision du 29 août 1842), doivent aussi être mises à part. Mais, pour réaliser cette séparation, le commerce a l'option, soit de leur affecter un bâtiment spécial dans l'entrepôt réel, soit d'établir, hors de cet entrepôt, un local séparé sûr et convenable.

1. Ord. du 1818, art I et II.
2. Voir aussi déc. du 28 janvier 1857.

*Régime d'entrepôt spécial à quelques marchandises*
*individuellement déterminées.*

*La houille.* — L'importance dont jouit la houille dans l'industrie moderne, la faiblesse de la taxe dont elle est frappée et le peu d'intérêt qu'elle offre, par conséquent, aux entreprises de la fraude, expliquent le régime particulier auquel elle est soumise. La houille, en entrepôt fictif, peut être convertie en briquettes ; le poids du brai ou goudron employé dans cette opération et qui est à déduire du montant des sorties est évalué à 8 0/0 (1)-(2).

Lorsque les besoins de l'industrie ou de la navigation à vapeur l'exigent, mais que sur le point où ces besoins se font sentir, il n'existe pas d'entrepôt, mais un simple bureau de douane, il peut être établi sur ce point un *dépôt* de houille étrangère, sous les conditions et garanties de l'entrepôt fictif (3). C'est au ministre des Finances qu'il appartient de statuer à ce sujet, sur les conclusions de l'administration (Décisions 12 mai 1845 et 31 décembre 1858).

Ensuite, quoiqu'en principe, les bâtiments français qui font le cabotage (à l'exclusion de ceux de la marine étrangère) ne puissent pas prendre de marchandises en entrepôt pour les consommer, et que les marchandises qu'ils transportent, paient non seulement les droits de douane, mais les droits intérieurs sur les vins et alcools, il a toutefois été décidé, par une large assimilation du cabotage à la navigation internationale, « que les bâtiments à vapeur de la marine française, militaire ou marchande, qui naviguent en mer ou sur les affluents jusqu'au dernier bureau des douanes (que leur navigation soit interna-

1. Déc. du 26 déc. 1866.

2. Voir les lett. adm. des mois de juin et août 1834 pour les fontes en gueuses, le cuivre pur en masse brute, le plomb brut en saumon, les fers en barres.

3. L'administration subordonne au préalable cette concession à telle mesure qu'elle juge nécessaire pour prévenir les abus (Déc. ad. 13 mai 1889).

tionale ou réservée), peuvent se servir de houilles ou de briquettes de houilles étrangères (1), prises en franchise dans les
entrepôts (2), ou directement, à bord d'autres navires, par voie
de transbordement » (3)-(4).

Il y a aussi pour les houilles une autre exception aux principes généraux : d'après ces principes, en effet, les entrepôts
doivent être établis à terre (art. 15, loi 8 floréal an XI) ; cependant l'administration autorise la création d'*entrepôts*
« *flottants* » de houilles aux conditions suivantes :

1° Le chaland ou ponton qui porte les houilles, désigné par
un numéro très apparent, devra être amarré au quai ;

2° Les houilles seront placées sous écoutilles cadenassées ;

3° Le chaland devra être muni d'une échelle de jauge ;

4° Une déclaration préalable aura dû être déposée au
bureau de douane (5)-(6).

A l'égard des bâtiments qui naviguent dans la partie des
rivières affluentes à la mer, qui reste soumise à l'action des
douanes, le fait même de l'embarquement des houilles suffit
pour justifier l'extraction légale de l'entrepôt et la libération
de l'entrepositaire, mais le navire qui remonte vers l'intérieur
en amont du dernier bureau de douanes situé sur ces rivières,
ne peut disposer du combustible qui lui reste à bord qu'après
en avoir payé les droits d'entrée (Circ. du 24 juillet 1836,
n° 1555).

La faveur accordée aux navires de la marine française

1. Déc. 27 mars 1857.
2. Lois 2 juillet 1836, art. 23 ; 16 mai 1863, art. 20.
3. Déc. du 11 mars 1845.
4. Signalons à côté de cette facilité pour les houilles, une autre pour les
couleurs destinées à repeindre un navire étranger. Elles peuvent être tirées
de l'entrepôt en franchise (Déc. 19 mai 1892).
5. Décision du 5 sept. 1879.
6. Des entrepôts flottants existent également dans le même but à Gibraltar
et à Cadix. Voir chap. VIII.

(marchande ou militaire) s'applique : aux bateaux, affectés au remorquage des navires à voiles, qui ont des appareils à vapeur, servant à la distillation de l'eau de mer ; aux navires chargés de transporter et de déverser, en rade, les vases provenant du curage et du creusement, ou à ceux chargés de remorquer les allèges, employés à ce transport ; mais cette faveur se limite aux seuls cas visés (1).

Le certificat d'embarquement suffit pour motiver la décharge des déclarants (Circ. man. 5 juin 1857).

Si le navire se rend dans un autre port de France, la partie de la provision de houille, qu'il n'a pas consommée dans la traversée, est traitée dans ce port comme si elle arrivait directement de l'étranger. Ainsi, elle doit être entreposée, ou, si la localité ne possède pas d'entrepôt, *déposée* en douane, transbordée sur un autre navire ou soumise aux droits du tarif, si le bâtiment qui l'avait à bord ne reprend pas la mer (Circ. du 24 juillet 1836, n° 1555).

*Les marbres.* — Les marbres, autres que blancs statuaires, en blocs simplement équarris ou en tranches de 16 centimètres ou plus, peuvent être travaillés en entrepôt fictif. sous les conditions suivantes : les comptes d'entrepôt sont régularisés dans le délai d'un an ; les entrepositaires sont tenus de représenter les marbres à toute réquisition du service, avec interdiction de les changer de magasin, sans une autorisation spéciale ; il n'est accordé aucune allocation pour les déchets de main-d'œuvre, lesquels sont soumis, comme les produits fabriqués, déclarés pour la consommation, au payement du droit de la matière brute.

Sous aucun prétexte, le bénéfice de cette facilité ne peut s'étendre aux marbres qui, par leur nature, pourraient être

1. Circ. man. du 4 avril 1843 ; Déc. du 14 juillet 1870 ; Déc. du 18 juillet 1870 ; Circ. du 13 février 1895, n° 2501 ; Déc. du 3 déc. 1857.

confondus avec les marbres français et prêter à des substitutions frauduleuses (Déc. min. du 1ᵉʳ avril 1854).

Remarquons qu'à l'égard de cette marchandise, le régime
de l'entrepôt fictif a été préféré à celui de l'admission temporaire, parce que tout en offrant plus de garanties au service,
libre d'effectuer des recensements qu'il juge nécessaires, ce
régime se concilie mieux, soit avec les exigences de certaines
natures de main-d'œuvre, qui demandent un temps assez
long, soit avec les incertitudes de la vente.

*Le pétrole.* — Toutes les dispositions relatives à la houille
sont applicables au pétrole, ayant le même emploi (**L. 30 juin
1893, art. 2) (1)**.

Un doute s'élève sur la légalité de la circulaire du
9 mai 1894, n° 2410, aux termes de laquelle, les pétroles ne
peuvent pas être entreposés *fictivement* ; pour nous, cette légalité n'est rien moins que certaine, la loi ayant formellement
assimilé les pétroles aux houilles, en tout ce qui concerne les
conditions et les modes d'entrepôt (2).

*Morues.* — Les morues sont soumises à un régime
spécial qui a pour but de faciliter leur conservation et leur
trafic.

1. L'entrepositaire doit s'engager à prendre toutes les précautions d'ordre
matériel, jugées nécessaires : à payer le simple droit sur le déficit et le double
droit lorsqu'il y aura soustraction, substitution, dénaturation. Lorsqu'il est
constaté que le pétrole a fui, par suite de l'avarie d'une vanne, l'administration *peut* accorder le droit de payer la taxe d'après les seules indications du
connaissement (Déc. du 24 oct. 1892).

2. La question s'est posée de savoir si le propriétaire d'une maison voisine
avait le droit d'empêcher d'élever un hangar en pierres destiné à recevoir
des pétroles, à un mètre de distance sur un terrain lui appartenant. La Cour
de Douai a jugé que le commerçant qui s'est conformé aux prescriptions du
décret du 19 mai 1873, relatif aux dépôts de pétrole, n'a pas à se préoccuper de ses voisins (Cour de Douai, 26 mai 1884).

Quoique exemptes de droits, elles sont mises en entrepôt, afin qu'elles puissent bénéficier de la prime de 20 francs par 100 kilogs que leur alloue l'art. 1 de la loi du 22 juillet 1850.

Cette destination spéciale de l'entrepôt ne nous paraît pas devoir être traitée dans notre ouvrage, qui s'occupe non des primes, mais des moyens de franchise ou de crédit de droits.

*Les vins et alcools* (1). — L'administration des douanes permet qu'on fasse, sous sa surveillance immédiate (2), à l'*entrepôt réel spécial* (3), les opérations suivantes :

1° Mélanger des vins étrangers de provenances diverses, à la condition que ces vins étrangers n'excèdent pas en volume, la moitié du coupage, l'autre moitié étant formée de vins français (4) ;

2° Mélanger des vins étrangers de même provenance à la condition de remonter de deux degrés avec des alcools français, le titre alcoolique du coupage ainsi produit ;

3° Remonter avec des alcools étrangers, le titre alcoolique des vins français ;

---

1. L. 17 déc. 1814, art. 1. Titre 1; Déc. 6 déc., 1872; Réglement, 14 oct. 1892. — Voir à ce sujet : *Revue vinicole*, 15 nov., 1897. (Artaud) ; Delandre, II, p. 368. — Pour l'époque antérieure à la Révolution. Voir Magnien, *Recueil des droits de traite*, III V° vins; pour l'époque postérieur, Voir Dujardins-Sailly, tarif 1807.

2. On exige en principe la présence de deux employés, les liquides doivent en outre être escortés par les agents du service actif, à l'entrée, jusqu'à l'entrepôt spécial et, à la sortie, jusqu'au navire exportateur.

3. Cet entrepôt est réel, en ce sens qu'il est sous la double clef de la douane et de la ville ou de la Chambre de commerce, et spécial, en ce sens qu'il est exclusivement affecté aux opérations de l'espèce.

4. Ces vins français devront être accompagnés d'un certificat d'origine, émanant des viticulteurs et attestés par l'autorité municipale du lieu de production. Si ces vins viennent des clos des propriétaires de l'entrepôt spécial, il suffira d'une déclaration, dûment certifiée par l'autorité compétente (Lett. adm. du 23 avril 1894). Il devra être procédé en outre à une analyse (Lett. ad., 6 juin 1894).

4° Mélanger les alcools étrangers en entrepôt (1)-(2).

La plupart de ces manipulations facilitent l'exportation des produits français.


1. Les couper, les adoucir, les colorer, sous la seule réserve de ne pas appliquer aux récipients des étiquettes, des marques quelconque d'origine française (Déc. min., 25 août 64 ; Lett. comm., 6 janv. 65).

2. Légalité de l'entrepôt spécial.

I° L'opération de coupage ne constitue pas une opération d'admission temporaire ; le mélange de deux vins, d'origines différentes, ne peut pas être considéré comme une main-d'œuvre ; c'est plutôt une manipulation : il n'y a pas en effet de transformation, ni de commencement de transformation, qui modifie l'état de ces deux vins d'une manière sensible ; or il n'y a pas d'exemple de produits, jouissant du régime de l'admission temporaire, en vue d'un simple mélange, d'une simple manipulation. D'autre part, la corrélation entre le produit importé et le produit en compensation, corrélation, exigée par la loi créatrice de l'admission temporaire, n'existe pas ; le combiné des deux liquides, introduits en entrepôt spécial diffère de tous les deux. De plus, les vins destinés au coupage restent sous la clef de la douane, le négociant ne peut en disposer, comme il le pourrait, s'il s'agissait d'une admission temporaire.

II° Le coupage des vins, simple manipulation, prévue par le n° 142 de Obs. prél. du Tarif, est-il légal ? La question se subdivise : 1° l'administration des finances avait-elle le pouvoir d'autoriser la construction, à domicile, d'entrepôts réels en dehors de l'entrepôt réel public, de « prolonger » pour ainsi dire, ce dernier ? 2° dans l'affirmative, avait-elle le droit d'autoriser le coupage des vins étrangers dans les entrepôts ainsi constitués ?

1° — On ne peut répondre à la première question que par l'affirmative.

Aux termes de l'art. 1 de l'Ordonnance du 8 janv. 1818 et du n° 138 des Obs. Prél. (renvoi 1) il est permis, à défaut d'emplacement dans les entrepôts réels, de déposer, exceptionnellement, les marchandises, sous double clef, dans des magasins particuliers. Il en est ainsi pour les pétroles et personne n'a douté de la légalité de ce régime en ce qui concerne ce produit.

2° On ne peut également répondre que par l'affirmative à la deuxième question.

Le n° 142 des Obs. Prél. permet les manipulations lorsque des circonstances particulières l'exigent. De plus, il n'y a aucun texte posant à l'égard de l'administration le prétendu principe de l'interdiction des manipulations en entrepôt. Loin de là, à l'époque, où l'entrepôt était une exception, l'art. 11 de la loi du 6 juillet 1791 sur le commerce français aux colonies admettait sans restriction, le bénéficiement des marchandises, et l'ordonnance du 10 septembre 1817, art. 10, autorise les manipulations en entrepôt à Marseille. En outre le coupage des alcools étrangers est permis depuis 1865.

L'établissement de ces entrepôts réels spéciaux s'imposait.

En effet, l'élévation des tarifs de 1892 menaçait sérieusement l'industrie des vins de « cargaison ». Déjà la concurrence étrangère s'était emparée d'une partie du commerce du Brésil et de la République Argentine et à Bordeaux même des négociants voulaient transporter leur industrie en Espagne où des facilités spéciales leur étaient accordées. (1)

*Grains, Farines, Semoules, Sons* (2) *et Légumes.* — L'intérêt de l'alimentation publique, le soin de maintenir les approvisionnements explique la facilité accordée de placer ces céréales en entrepôt fictif (3)-(4)-(5), et en un magasin spécialement désigné (6), dans *tous* les ports où existe un bureau de douanes, dans cinq villes frontières (Lille, Valenciennes, Givet, Charleville, Nancy) (7), et dans une ville méditerranéenne (Lyon).

La durée en est réduite à deux ans dans le but d'éviter autant que possible l'accaparement (8).

Les pénalités sont fixées par l'art. 14 de la loi du 27 juillet 1822, aux termes duquel le négociant qui ne représente pas

---

1. Rapport de M. l'inspecteur général Certe, de 15 février 1894.

2. Déc. min., 9 mai 1892.

3. Dans une lettre à Lamartine, qu'il écrivait le 4 octobre 1846, Wolowski disait : « Le gouvernement.... s'il ne peut se faire marchand de blé peut bâtir des entrepôts où seraient versés les excédents des bonnes récoltes. »

4. Lois 27 juillet 1822, art. 140 ; 15 juin 1861, art. 3.

5. La loi du 15 juin 1825, abrogée par celle du 20 octobre 1830 avait remplacé les entrepôts fictifs par des entrepôts réels ; elle avait été rendue à l'instigation des partisans à outrance du système protecteur, qui avaient prétendu que l'entrepôt fictif facilitait l'entrée de quantités considérables de céréales étrangères.

6. Déc. 7 germinal an X.

7. Lois 17 novembre 1790 ; 27 juillet 1822 ; 15 juin 1861 ; Arrêté min., 20 décembre 1830.

8. En 1893, on a présenté un projet de loi tendant à restreindre encore cette durée.

les grains à toute réquisition est passible de l'amende du double droit.

En ce qui concerne les légumes secs, les manipulations sont permises par une décision du 16 décembre 1892 sous la double condition de souscrire une soumission de payer les droits sur les déchets et de prélever des échantillons (1).

*Les sucres. — Les sels.* — C'est en vue d'éviter ou de retarder le paiement, non pas de droits d'entrée, mais d'un impôt intérieur, qu'on permet d'entreposer ces denrées dans des conditions particulières et spéciales (2). Il ne nous appartient donc pas de nous étendre à leur sujet, puisque nous nous occupons seulement de l'affranchissement ou du crédit des droits de douane.

Contentons-nous de noter, pour le sel, l'existence de trois sortes d'entrepôts : les entrepôts *généraux* d'où les sels peuvent être expédiés pour toutes destinations ; les entrepôts de l'*intérieur*, approvisionnés, soit par les lieux de production, soit par les entrepôts généraux ; les entrepôts *spéciaux*, répartis le long du littoral, en vue de permettre aux inscrits maritimes de se livrer à la pêche côtière et de saler les poissons capturés.

1. On a proposé d'établir des *entrepôts flottants* pour les blés. Ces entrepôts établis sur des péniches en évitant les frais de mise à terre, de camionnage, d'embarquement apporteraient une notable diminution dans le prix de revient.

2. Si la vérification à la sortie des sucres de l'entrepôt réel faisait reconnaître un titrage inférieur à celui déclaré, il y aurait une contravention au régime prévu par la loi du 8 floréal an XI ; il ne serait pas, dès lors, nécessaire de recourir à un recensement pour constater la soustraction par substitution. Les poursuites seraient basées sur le certificat dont devrait être revêtu le permis de réexportation, d'après le résultat de l'analyse du laboratoire. Si le contrevenant se refusait à passer soumission pour la double infraction, contrainte serait immédiatement décernée pour le fait de non régularisation du permis et un procès verbal serait rédigé pour le fait de soustraction (Déc. du 10 novembre 1883).

*Régime d'entrepôt spécial à certaines régions.*

Les régions ou les villes, ont, aussi bien que les marchandises, leurs exigences particulières. C'est pour répondre à ces besoins qu'a été établie la dernière catégorie d'entrepôts dont il nous reste à parler.

Quelques-uns d'entre eux sont spéciaux à certaines régions : entrepôts intérieurs et de frontières, entrepôts de la Manche, entrepôts d'Algérie et des colonies.

Les autres sont spéciaux à certaines villes : Paris, Marseille, Bayonne, Dunkerque, Lyon, Le Havre.

Nous n'avons pas à décrire dans leurs détails toutes les particularités de ces divers entrepôts. Nous nous attacherons seulement à mettre en lumière l'idée générale qui enveloppe et éclaire la multitude des articles de loi qui les réglementent.

*Entrepôts à l'intérieur et aux frontières de terre.* — Leur établissement a été autorisé d'une manière générale, pour la première fois, par la loi du **27 février 1832**. Sans avoir pris le développement qu'on espérait, ils sont néanmoins en assez grand nombre : on en compte quinze en tout.

Les principales différences avec les entrepôts réels ordinaires, c'est-à-dire maritimes, consistent d'abord en ce que les pénalités applicables aux transports par mer sont moins sévères que celles applicables aux transports par terre; de plus, les déficits résultant d'événements de mer donnent lieu à des allocations en franchise, alors qu'au contraire les déficits sur les produits transportés par terre entraînent tout au moins le paiement des droits d'entrée ou de la valeur (1).

Notons aussi qu'au contraire de ce qui s'est passé pour les ports, les villes de l'intérieur, sauf Paris, Lyon, Orléans, Toulouse, doivent pourvoir à la dépense spéciale nécessitée

1. Déc. 19 mars 1834,

par la création et le service des entrepôts. La loi de 1839, qui a déjà attiré notre attention et qui met les frais de surveillance des entrepôts, existant déjà, à la charge de l'Etat, n'a pas statué pour l'avenir (Déc. du **28** février **1851**) (1)-(2). Toutefois les frais ont été mis à la charge de l'Etat à Chambéry et à Nice, après l'annexion de la Savoie.

*Entrepôts spéciaux à certains ports de la Manche et de la mer du Nord* (3). — Ces ports (Roscoff, Morlaix, Saint-Malo, Cherbourg, Fécamp, Dieppe, Boulogne, Calais, Gravelines et Dunkerque), étaient autrefois le centre du smoglage, ou contrebande faite à l'aide de petites embarcations (ou smogleurs), montées par des Anglais qui exportaient de l'or et rapportaient en fraude dans leur pays, des eaux-de-vie de grains, dites genièvre, des raisins de Corinthe, du thé ; et aussi avant que l'importation de ces marchandises ne fut libre dans le Royaume-Uni, des crêpes de Chine, des foulards et des croisés de l'Inde.

Pour faciliter ce commerce interlope, les lois du **23** septembre-10 octobre **1791** (art. 1) du **21** avril **1818** (art. 29) avaient ouvert dans ces ports des entrepôts où étaient reçues les marchandises de smoglage ; elles avaient aussi dispensé les bateaux destinés à ce smoglage des conditions de tonnage exigées par les lois générales. Mais ce trafic a aujourd'hui cessé complètement. Le privilège des ports de la Manche n'est donc plus qu'une survivance (4). Ces entrepôts sont devenus des entrepôts réels comme les autres.

1. Le montant de ces frais est versé par 1/12 au receveur des douanes qui en donne quittance.

2. « La dépense relative au service de perception et de surveillance des entrepôts de douanes créés en vertu de la loi du 27 février 1832 est mise à la charge de l'Etat à partir du 1er janvier 1840 » (10 août 1839, art. 11).

3. Delandre, I, p. 522 ; Pallain, t. I, p. 351.

4. Les soustractions et les versements frauduleux auxquels ces entrepôts

*Entrepôts d'Algérie* (1). — *Entrepôts réels.* — C'est en **1835** (loi du **11** novembre, art. 17), que les premiers entrepôts réels sont autorisés. Il en est établi à Alger (2), Bône, Oran (3). En **1843**, Philippeville, Mers-el-Kébir, Tenez, demandent et obtiennent la faculté de créer un entrepôt.

Jusqu'alors, les entrepôts réels ne recevaient que les produits importés par mer, les importations par les frontières de terre étant alors interdites.

Le décret du **11** août **1853** (art. 8) ouvrit les entrepôts à ces dernières importations et permit d'établir, par décret spécial, aux conditions ordinaires, des entrepôts dans tous les ports possédant un bureau de douane (4).

Les marchandises françaises passibles de droits d'octroi de mer sont, à l'exception des boissons, reçues en entrepôt réel.

Ces entrepôts réels, ainsi constitués sont, en vertu de la loi du **11** janvier **1851**, et du décret précité, soumis au même régime qu'en France.

Par suite, un concessionnaire d'entrepôt réel en Algérie a le caractère d'un dépositaire public salarié, responsable comme tel, sauf le cas de force majeure, des objets entreposés. Et le concessionnaire ne saurait se soustraire à la

pouvaient donner lieu n'étaient punis, conformément à l'esprit de la législation générale do l'époque que de peines pécuniaires auxquelles pouvaient s'ajouter la déchéance de la faculté d'entrepôt (L. 23 septembre, 19 octobre 1791, art. 5). Depuis l'organisation de l'entrepôt et de la police des côtes ces infractions tombent sous le coup des dispositions des lois du 8 floréal an XI, 21 avril 1818, 2 juin 1875.

1. Pallain, t. I, nº 539 et sq. ; Adnesse, *Lois, décrets et règlement de douanes, spéciaux à l'Algérie.*

2. Ord. du 16 décembre 1843, art. 18.

3. Ord. du 16 décembre 1843 et décr. du 20 juin 1857, art. 2 qui supprime l'entrepôt de Mers-el-Kebir. Circ. du 30 juin 1857 nº 476.

4. Voir circ. du 22 oct. 1853, nº 155.

responsabilité qui lui incombe, soit en excipant des conventions faites par lui avec la ville, soit en alléguant que dans la concession à lui faite, de l'entrepôt, toutes les prescriptions légales n'avaient pas été remplies. (Cass., ch. req. 21 juillet 1879 ; *Journal, Jurisp. Algér.*, 1881, p. 160 ; Hugues et Lapra, 1883-1886, p. 144).

*Entrepôts d'Algérie. — Entrepôts fictifs et entrepôts fictifs spéciaux.* — Il existe des entrepôts fictifs à Alger et à Oran.

Les entrepôts fictifs spéciaux sont des entrepôts ne jouissant pas de la faculté de réexportation, donc sans franchise. Toutes les marchandises y sont reçues, mais elles bénéficient seulement du crédit des droits jusqu'au moment de leur passage dans la consommation intérieure (1). Cependant on autorise exceptionnellement, par les navires du tonnage permis à Marseille (2), la réexportation avec franchise des produits suivants :

1° Des houilles, à Bône, Philippeville (3), Béni-Saff (4) ;

2° Des sucres bruts, des cafés et des griffes de girofle dans tous les ports où ces denrées sont entreposées (5) ;

3° De toutes les marchandises taxées à 20 francs au moins par 100 kilos, qui sont réexportées sous le régime du transit, par les bureaux de Lalla-Marg'hrnia, Nemours, La Calle, Souk-Ahras, Tebessa (6), et Ghardimaou (7).

Les mutations d'entrepôt s'effectuent sous le régime métro-

---

1. La durée de cet entrepôt est fixé à une année, elle peut être prolongée de 6 mois (Ord. 11 nov. 1825, art. 18 § 1. Circ. du 26 n° 1515. Ord. du 16 déc. 1843, art. 19. Circ. du 22 n° 2004 et décr. 11 août 1853, art. 9. Circ. du 22 oct. n° 155), sauf à Philippeville et à Bône où elle est de deux ans (Déc. m., 7 février 62).

2. Déc. min., 7 février 1862, O. P, n° 280.

3. Déc. min., 30 janvier 1886.

4. Déc. min., 14 juin 1888.

5. Déc. adm., 10 mars 1868.

6. Déc. min., 15 janvier 1870.

7. Déc. min., 27 sept. 84.

politain (Circ., 29 janvier 1851 et 23 juillet 1867) (Voir à ce sujet les Obs. prél., du tarif n° 271).

Ce curieux régime *d'entrepôt fictif spécial* a été établi en vue de prévenir des fraudes fiscales. Rien de plus facile à réaliser en effet, que des substitutions de marchandises, dans les bureaux du littoral, tels que ceux où se trouve l'entrepôt fictif spécial. D'abord, toutes les marchandises peuvent être reçues. Ensuite, dans les ports où il est établi, il n'existe qu'un bureau de douanes et pas d'entrepôt réel. Le personnel des préposés est donc insuffisant, et ne peut songer à surveiller étroitement les entrées et les sorties de l'entrepôt. Ces motifs expliquent pourquoi la faculté de réexportation en franchise est à peu près complètement interdite dans ces villes.

*Entrepôts des colonies* (1). — Ils existent et ont été créés d'abord, par voie de décret, dans nos vieilles colonies (la Martinique, à Saint-Pierre et Fort-de-France, la Guadeloupe, à la Pointe-à-Pitre et à Basse-Terre ; ordonnances du 31 août 1838 art. 1 (2) (3) et du 18 décembre 1839 ; la Réunion, à Saint-Denis, ordonnance du 18 octobre 1846) (4). Le Sénégal possède des entrepôts fictifs depuis le décret du 11 juillet 1887 (complété par l'arrêté du gouverneur du 14 décembre 1887). En Indo-Chine, les deux décrets du 7 septembre 1837 et 9 mai 1889 ont organisé le régime de l'en-

1. Pallain, t. I, p. 359. Delandre, II, p. 195 et suivants. Voir L. 12 juillet 1837 art. 1, 29 avril 1845. art. 7.

2. Cir. n° 1763.

3. L'Ord. de 1838 a pour base les mêmes principes essentiels en matière de responsabilité que les documents législatifs de la métropole concernant les entrepôts. En effet, cette ordonnance qui, par son art. 33, détermine nettement que les entrepositaires auront à répondre de tous les déficits reconnus à l'époque des recensements ou à la sortie d'entrepôt a posé les conditions de la responsabilité particulière, relativement aux marchandises entreposés, incombant tant à l'entrepositaire qu'à l'administration des douanes.

4. Cet entrepôt a été supprimé par décret du 22 juillet 1880.

trepôt fictif : le gouverneur a le droit d'autoriser la création d'entrepôts réels. Enfin, le décret du **27** juillet **1898** crée un entrepôt réel spécial à Tamatave, sans faculté de réexportation.

Voici l'exposé des motifs et le texte du décret :

« L'attention de l'administration locale de Madagascar a été appelée par les commerçants de Tamatave sur le préjudice que leur causait l'absence en cette ville d'un entrepôt où ils pouvaient déposer à leur arrivée dans la colonie et en suspension des droits de douanes, les marchandises passibles de ces droits.

« Un vœu identique fut émis par la chambre de commerce de Saint-Denis (Réunion), qui fit valoir des difficultés que rencontraient souvent les expéditeurs de cette colonie à faire accompagner leurs envois de rhum dans la grande île, du montant intégral de la taxe de consommation à percevoir.

« Reconnaissant le bien-fondé de ces demandes et désireuse de favoriser le plus possible l'essor du commerce d'importation dans notre nouvelle colonie, l'administration locale a fait édifier des bâtiments destinés à recevoir les marchandises en entrepôt.

« Je ne vois que des avantages à en autoriser l'ouverture et j'ai préparé à cet effet le projet de décret ci-joint, que j'ai l'honneur de soumettre à votre haute sanction.

« Art. 1er. — La douane de Tamatave est autorisée à recevoir, en suspension des droits, dans la limite des magasins dont elle dispose, 1° les marchandises passibles de droits de douane ; 2° les rhums de la Réunion, passibles de la taxe de consommation.

« Art. 2. — Les marchandises ainsi entreposées sont soumises aux tarifs en vigueur, les lois et règlements des douanes françaises sont applicables au recouvrement des droits de magasinage afférents à ces marchandises.

« Art. 3. — Le délai d'entrepôt ne devra pas excéder six mois.

« Art. 4. — Les magasins en question ne pourront recevoir les marchandises d'encombrement et celles réputées dangereuses, telles que les bois de construction, les vins en fûts, les alcools proprement dits, les pétroles, les allumettes, etc.

« Art. 5. — Les marchandises entreposées payeront par jour et par colis, les droits de magasinage ci-après :

« Deux centimes pour les petits colis dont le volume ne dépasse pas cinquante centimètres cubes ;

« Quatre centimes pour les colis n'excédant pas un demi mètre cube ;

« Cinq centimes par demi-mètre cube et fractions pour les autres gros colis.

« Art. 6. — Toutes les manipulations que nécessitent les colis, telles que mise en place et classement, etc., seront faites par l'entrepositaire et à ses frais, sous la surveillance des agents de la douane.

« Art. 7. — La douane ne pourra être rendue responsable, à aucun titre, des risques que subiraient les marchandises quelles que soient la nature et la cause de ces risques : détérioration, vol, incendie, déchet, etc... »

Des décrets peuvent créer des entrepôts réels des douanes dans les colonies, pour recevoir les marchandises de toute nature, même celles prohibées en France (Lois des 12 juillet 1837, art. 1 ; 29 avril 1845, art. 7 ; Circ. du 18 octobre 1846).

L'administration percevant à Fort-de-France (Martinique), un salaire à raison du dépôt des marchandises et se chargeant de leur garde, les faits d'imprudence et de négligence relevés à sa charge ont fait décider qu'elle était responsable de la disparition d'une partie de la marchandise. (Cass. 6 juillet 1864, *Bull. cass. civ.*, n° 117).

*Régime d'entrepôt spécial à certaines villes.*

*Paris.* — Paris, doté sous l'Empire de l'entrepôt réel des cotons en laine, l'avait conservé jusqu'aux évènements de **1814.** Depuis longtemps le commerce de la capitale se prévalait de ce premier essai pour demander à rentrer en possession de la faculté d'entrepôt et à pouvoir l'étendre à toutes les marchandises qui en jouissaient dans les ports de mer. Cette prétention qui avait soulevé dans les villes du littoral de violentes protestations (1) n'en fut pas moins réalisée.

Paris jouit encore de certains avantages particuliers.

— Notons en premier lieu, l'institution des « *Cabinets-entrepôts* » (2) avec compte courant spécial. Créés en **1840,** pour remplacer le deuxième entrepôt, dit des Marais, dont il sera parlé plus loin, les cabinets entrepôts ont pour objet d'assurer à certains objets fragiles ou délicats les *soins* qu'exige leur conservation (3). (Voir p. 174 la liste des objets qui y sont admissibles).

Cette faveur tout d'abord accordée à la Chambre de Commerce de Paris, le fût ensuite concurremment à la Compagnie des Magasins généraux et Entrepôts de Paris qui, après avoir protesté auprès du préfet de la Seine contre cette création, en avait réclamé le bénéfice, à son profit.

Pour connaître les règlements de cette institution, il nous faut suivre les instructions déjà citées :

Dès le début, on se préoccupe de faciliter le commerce et de prévenir les fraudes. Ainsi, tout en permettant le prélèvement d'échantillons ou en dispensant les objets d'un estam-

---

1. Amré, t. I, chap. IX, § II.

2. Il existe également à Bordeaux des cabinets entrepôts pour les vanilles.

3. Les négociants entrepositaires sont locataires de la Chambre de commerce ou de la Compagnie des magasins généraux et entrepôts.

pillage spécial, cherche-t-on à écarter les agents de contrebande : le 10 juin 1842, le Directeur interdit aux femmes non-marchandes, l'entrée des magasins particuliers de châles ; le 24 octobre 1848, rappel de ces prohibitions.

Mais c'est la décision administrative du 1<sup>er</sup> décembre 1856 qui, la première, énumère, d'une façon générale, les conditions à imposer pour la concession des cabinets-entrepôts et les précautions à prendre par le service.

A partir de cette décision, les facilités d'accès ou de manipulations inoffensives s'accroissent.

Les cabinets s'ouvrent aux produits prohibés (décis. du 1<sup>er</sup> avril 1861).

Dans un rapport au Sénat, sur la révision des lois relatives aux marques de fabrique, M. Dietz-Monin ayant affirmé qu'au moyen de manipulations et de changements d'emballage dans les cabinets entrepôts, on attribuait un caractère français à des marchandises étrangères, le directeur des douanes de Paris, s'élève contre cette opinion et défend le principe des cabinets-entrepôts. (Lettre du 8 décembre 1881).

Le 12 mars 1890, on permet à un négociant de réexporter en franchise le thé, après l'avoir mis dans des boîtes de fer blanc, portant l'indication de la maison de commerce. Le 19 août 1890, la faculté est accordée d'adapter aux colliers de corail un petit fermoir en métal. Le 1<sup>er</sup> décembre 1890, on donne aux entrepositaires, le droit de prélever en franchise à la décharge de leurs entrées, les échantillons de tissus nécessaires à l'alimentation de leur trafic d'exportation.

Mais parallèlement à ce mouvement libéral, il s'en dessine un autre plus restrictif, fondé sur la nécessité de prévenir les fraudes.

Citons parmi les décisions qu'inspire ce dernier mouvement, les décisions des 14 mai, 7 juillet 1891, 14 avril 1893, interdisant de recevoir dans un même cabinet, ou dans le même étage

## Nomenclature des marchandises admissibles
## dans les cabinets entrepôts.

| DESIGNATION des marchandises. | DATE des autorisations. | MINIMA DE POIDS fixés pour la sortie. |
|---|---|---|
| Foulards.............. | 23 mars 1840. | 5 kg. (acquittem. ou transit). |
| Armes à feu ... ........ | 14 septembre 1840. | 5 kg.   id.   id. |
| Peaux préparées........ | 9 novembre 1843. | |
| Rubans de soie......... | 11 juin 1844. | 5 kg. (sans distinction). |
| Châles de cachemire..... | 6 juillet 1844. | |
| Carillons à musique..... | Id. | |
| Châles de crêpe de Chine. | 9 juillet 1845. | 6 châles rep. 5 kg. (s. dist.). |
| Montres........ | 13 septembre 1849. | 4 montres (sans distinction). |
| Objets en verroterie ..... | 8 avril 1851. | 1000 kg. représent. 1.100 fr. (évidemment annulée par la décision plus favorable du 17 septembre 1888). |
| Corail.............. | Id. | 5 kg. rep. 1.000 fr. (s. dist.). |
| Ambre............... | Id. | 7 kg. rep. 1.000 fr. (s. dist.). |
| Chaussures en caoutchouc | 4 mars 1851. | 100 paires rep. 30 kg. pour la consomm. — 15 kg. pour le transit (évidemm. abaissée à 10 kg. par la décision du 17 septembre 1888). |
| Vanilles .............. | 1er décembre 1856. | 5 kg. (consom. ou transit). |
| Art. en chenille de soie.. | 4 août 1857. | 5 kg. pour la consommation. |
| Chinoiser. et art. du Japon | 3 janvier 1863. | 100 kg. |
| Thés ................. | 11 janvier 1872. | |
| Piment............... | 10 octobre 1872. | |
| Opium............... | Id. | |
| Muscades............. | Id. | |
| Thés................ | Id. | |
| Vanilles ...:......... | Id. | |
| Fèves de Tonka........ | Id. | |
| Tissus de toutes espèces. | 20 janvier 1885. | Minimum réduit à 1 kg. pour les opérations de transit relatives aux peluches de soie (Décision ministérielle 4 septembre 1890). |
| Echantillons de tabacs en feuilles et cigares ..... | 20 juin 1889. | |
| Cheveux bruts... ...... | 2 décembre 1889. | |
| Corail et cheveux bruts.. | 14 décembre 1889. | Minimum de sortie pour le corail abaissé à 2 kg. (consommation ou transit) (Décis. adm. du 2 mars 1889). |
| Laques, éventails et écrans japonais.............. | Don Mlle 5 août 1891. | |
| Beurre de cacao........ | Don Mlle 2 mars 1892. | |
| Armes (fusils).......... | 28 avril 1892. | |

du même cabinet, des marchandises similaires soumises à des taxes différentes; celle du 12 février 1894, défendant aux concessionnaires de cabinet ou à leurs employés, de circuler dans les couloirs des magasins, avec des marchandises, sans autorisation ; celle du 3 octobre 1894, refusant la faculté de cabinet-entrepôt aux étrangers n'ayant pas de maison de commerce en France ; celle du 5 octobre 1896, stipulant qu'au cas de déficit, constaté au cours d'un recensement, le plus fort droit sera toujours appliqué ; celle du 22 mars 1897, prescrivant, outre le recensement général annuel, des recensements supplémentaires, pratiqués à l'improviste.

— Une autre particularité de la douane de Paris consiste dans l'existence, du moins légale, de deux entrepôts, alors que les autres villes n'en possèdent qu'un seul. Voici comment s'explique, d'après Horace Say, à qui nous empruntons ces détails, cette double création :

« A peine la loi de 1832 (27 février) a été rendue, que l'on se préoccupa vivement à Paris de l'emplacement qui serait affecté à l'entrepôt.

« La discussion à cet égard est une des phases de la guerre ridicule déclarée par la rive gauche à la rive droite de la Seine. Le fleuve ne partage pas la ville en deux parties d'une étendue pareille, et l'inégalité de proportion a surtout augmenté depuis que l'accroissement s'est particulièrement porté sur les côteaux de la rive droite, qui présentent une pente douce, favorablement exposée au midi. Les propriétaires de la rive, que l'on dit déshéritée, ont demandé que les autorités communales prissent les mesures les plus propres à rappeler la vie dans leurs quartiers ; d'où deux fautes : deux entrepôts de douane, deux chemins de fer de Paris à Versailles. »

Les deux entrepôts ont en conséquence été établis : l'un

Place des Marais, au bord du Canal St-Martin, l'autre au Gros-Caillou, à l'île des Cygnes.

De ces deux entrepôts, ouverts en 1833, un seul a résisté (1), et pendant quelques années il a pu réunir dans ses magasins les 16 millions de kilogs. de marchandises, prévus dans l'origine, comme aliment pour les deux établissements (2).

L'entrepôt du Gros-Caillou a dû être fermé le 1er janvier 1849.

*Marseille.* — Comme on l'a déjà vu, Marseille, en compensation du privilège de franchise qui lui avait été enlevé, a obtenu par l'ordonnance du 10 septembre 1817 (3), des facilités plus grandes pour les manipulations dans l'entrepôt réel.

Marseille jouit également d'une situation privilégiée au point de vue de l'entrepôt fictif, puisqu'indépendamment des marchandises ordinaires admises dans tous les entrepôts fictifs, on y reçoit plusieurs autres produits désignés, soit par l'art. 5 de l'ordonnance précitée, soit par la décision ministérielle du 16 janvier 1865 (4). On y permet aussi, en entrepôt fictif, de transvaser dans les citernes (ou piles) les huiles d'olives, d'arachides, de graines grasses, au poids net auxquelles on ajoute, à la sortie, 17 0/0, pour reconstituer le poids brut d'entrée. En ce qui concerne le transfert, le commerce est dispensé de la déclaration préalable à la douane, mais cette déclaration devra être faite au plus tard le der-

1. Et encore a-t-il fallu l'exonérer des frais de douane (personnel).

2. En dix-huit ans les dividendes répartis aux actionnaires ont représenté à peine 2 1/2 0/0.

3. La légalité de cette *ordonnance* a été mise en doute, car elle détruisait de sa propre autorité le régime établi par une *loi* (celle de 1814) ; cette légalité a été confirmée par l'arrêt déjà cité de la Cour de cass. du 9 mars 1835 (D. R. n° 473).

4. Entre autres la fonte brute, le plomb, les fromages, les huiles d'arachides, etc. Mais en cas d'expédition sur un autre entrepôt ces marchandises sont replacées sous le régime commun (O. P. n° 148 note ).

nier jour du mois où le transfert aura eu lieu ; on représentera alors les marchandises à la douane et le cédant restera responsable jusqu'à la soumission du cessionnaire (1).

Indépendamment de faveurs, considérablement réduites aujourd'hui en matière de droits de navigation, l'ordonnance du 10 septembre 1817, accorde l'exemption des surtaxes pour les marchandises des pays méditerranéens que le tarif n'impose pas à un droit de plus de 15 0/0 les 100 kilogs (2).

C'est dans l'intérêt général du pays que Marseille jouit d'immunités qui facilitent le commerce avec le Levant et lui permettent de lutter avantageusement avec les villes étrangères de la Méditerranée qui jouissent de la franchise ; voici d'ailleurs ce qu'écrivait déjà en 1669 le sieur Fabre, député de Marseille :

« Il faut se persuader que ce commerce du Levant estant si important et si précieux, sa conservation fait de si grands biens et que sa décadence causerait de si grands maux qu'il a besoin par conséquent d'une puissante protection et d'estre soutenu contre les estrangers par une bonne police et fortifié par toute l'union possible, ce qui ne se peut que par l'exacte observation des règlements faits ».

*Bayonne.* — Nous avons déjà parlé des immunités de

---

1. Notons de plus que les sucres expédiés en Corse, doivent avoir été mis en entrepôt à Marseille (Voir *Pandectes*, n° 2215).

(2) L'art. 11 de l'Ord. de 1817 pose le principe que l'Administration est seule juge du dégrèvement du paiement des droits à accorder aux entrepositaires pour déchets, avaries ou perte :

« Les droits d'entrée ne seront point exigés pour le déficit provenant du déchet naturel et du coulage des liquides admis en entrepôt réel, et qui auront été conservés sans violation des conditions particulières à cet entrepôt.

« Notre directeur général des douanes pourra autoriser extraordinairement la réduction des droits, ou la décharge du compte d'entrepôt, pour cause de déchets, avaries ou perte des autres marchandises reçues en entrepôt réel, lorsque ces accidents lui seront justifiés, et qu'il aura la conviction qu'ils ne proviennent d'aucune infidélité ni collusion. »

cette ville au chapitre IV ; contentons-nous de rappeler, outre les particularités du tonnage des navires, qu'en raison des difficultés des chemins, la division des grosses balles, caisses, futailles est permise (art. 58 du décret du 20 juillet 1808) mais que pour les denrées coloniales et les marchandises taxées à plus de 20 fr. les 100 kig, le poids des nouveaux colis doit être au moins de 60 k. (déc. ad. du 17 avril 1838).

*Dunkerque.* — Déclaré par Colbert port franc en 1662, Dunkerque, vit accroître sa prospérité, grâce à cette institution. Au temps du smoglage il y fut établi un entrepôt spécial dans les conditions vues plus haut.

Aujourd'hui, le port de Dunkerque est ouvert à l'entrée des marchandises de toute espèce, tant pour l'importation et le transit que pour l'entrepôt réel et l'entrepôt spécial du prohibé.

*Lyon* (1). — Cette ville aurait mérité une étude spéciale alors que le transit était limité à certains objets ; car les facilités qui lui étaient accordées à cette époque pour la soie en faisaient une ville à part. Aujourd'hui que ces facilités ont été à peu près généralisées et que Lyon est rentré dans le droit commun, sauf sur certains points qui ne concernent pas le

---

1. Lyon n'était sous Louis XIV qu'un grand comptoir avec un nombre considérable de facteurs et de commissionnaires français et étrangers. Aussi, lorsqu'à la fin du xvie siècle, les représentants du commerce et de l'industrie en France demandèrent que l'on prohibât l'entrée des tissus de soie, les négociants de Lyon s'efforcèrent de prouver que l'Etat gagnait plus à laisser vendre aux grandes foires de Lyon les tissus étrangers qu'à en fabriquer de semblables avec de grandes peines : ils disaient que les étrangers qui les apportaient s'en allaient de Lyon avec des caravanes de cinquante à cent mulets chargés de marchandises de France. Barthélémy de Laffemas, officier de chambre du roi leur répondit : « Les négociants étrangers repartent de Lyon chargés de monnaies » (ce qui à cette époque comme nous l'avons vu était en contradiction avec le système mercantiliste).

régime des entrepôts, nous sortirions de notre sujet, si nous parlions d'elle plus longuement.

*Le Havre.* — Le dock-entrepôt y date du 17 juin 1854.

Au Hâvre, les navires dont la cargaison se compose pour moitié au moins de marchandises, destinées à l'entrepôt réel, sont tenus d'opérer le déchargement à l'intérieur des docks.

*Les expositions universelles.* — Les expositions universelles que la facilité des communications a beaucoup multipliées dans le dernier quart de notre siècle, forment une dernière application de l'entrepôt réel.

Les emplacements affectés aux expositions universelles sont en effet presque toujours constitués par décret en entrepôt réel, et les objets destinés à ces expositions peuvent, dès lors, y être envoyés directement sous le régime du transit international ou du transit ordinaire, par tous les bureaux ouverts à ces opérations (1).

---

1. Nous citerons de préférence le texte relatif à notre prochaine exposition internationale de 1900 (décret du 28 juillet 1894).

LE PRÉSIDENT DE LA RÉPUBLIQUE FRANÇAISE,

Sur le rapport du ministre du commerce, de l'industrie, des postes et des télégraphes, et du ministre des finances ;

Vu le décret du 13 juillet 1892 instituant à Paris, en 1900, une exposition universelle des œuvres d'art et des produits industriels ou agricoles ;

Vu l'article 34 de la loi du 17 décembre 1814 et l'article 3 de la loi du 5 juillet 1836 ;

Vu la loi du 28 avril 1816 ;

Vu la loi du 19 brumaire an VI.

DÉCRÈTE :

ARTICLE PREMIER

Les locaux affectés à l'exposition universelle de 1900 sont constitués en entrepôt réel des douanes.

ART. 2.

Les produits étrangers destinés à figurer à l'exposition peuvent entrer en France par tous les bureaux ouverts au transit.

Ils doivent être accompagnés d'un bulletin de l'expéditeur annexé à l'ac-

Depuis 1894 de nombreux décrets ont constitué en entrepôt
réel les locaux destinés à des expositions particulières : expo-

quit de transit et indiquant leur nature, leur espèce, leur poids, ainsi que
leur origine.

### ART. 3.

Les envois sont expédiés directement sur les locaux de l'exposition sous
les conditions du transit international ou du transit ordinaire, au choix des
intéressés.

Ils sont exonérés du droit de statistique.

L'expédition par transit international ou ordinaire a lieu sans visite à la
frontière.

Les plombs sont apposés gratuitement.

### ART. 4.

Les produits étrangers reçus dans les locaux de l'exposition sont pris en
charge, conformément aux règles applicables en matière d'entrepôt, par le
service spécial des douanes attaché à l'Exposition.

Ceux qui seraient livrés ultérieurement à la consommation ne supporteront
quelle que soit leur origine, que les droits applicables aux produits similaires
de la nation la plus favorisée.

### ART. 5.

Les objets fabriqués dans l'enceinte de l'exposition avec des matières d'origine étrangère importées sous le régime de douane ne sont assujettis à
d'autres droits que ceux afférents à la matière importée et mise en œuvre.

### ART. 6.

Les produits français passibles de taxes perçues par l'administration des
contributions indirectes (boissons, produits divers à base d'alcool, vinaigres,
huiles, bougies, cierges, sucres, sels, etc.) sont expédiés vers l'exposition
sous des acquits-à-caution spéciaux et placés sous le régime du transit ou
de l'entrepôt.

Ces produits ne subissent aucune vérification et n'acquittent aucun droit
aux entrées de Paris. Ils sont escortés gratuitement par le service de l'octroi
jusqu'à destination.

### ART. 7.

La fabrication des tabacs au moyen des machines ou appareils exposés
peut être autorisée à titre de démonstration du fonctionnement de ces machines et appareils, sous la réserve expresse que les produits ainsi obtenus
acquitteront les droits fixés par la loi et sous les autres conditions à déterminer par un règlement ultérieur.

### ART. 8.

Les ouvrages d'or et d'argent de fabrication française peuvent être dirigés
sur l'exposition sans être revêtus des marques légales.

Pour bénéficier de cette disposition, les exposants doivent préalablement
faire parvenir au chef du service de la garantie, à Paris, une liste détaillée
par nombre et par poids de ces ouvrages et prendre l'engagement de repré-

sition de velocipédie, de livres, d'animaux de basse cour, des arts de la femme, etc.

senter ces objets, lors de la clôture de l'exposition aux contrôleurs de la garantie chargés de la surveillance.

# CHAPITRE VIII



LÉGISLATION ÉTRANGÈRE ET PROJETS DE RÉFORMES EN FRANCE

## SOMMAIRE.

I. *Les ports francs à l'étranger.*
II. *Les entrepôts à l'étranger.*
III. *La question des ports francs en France.*
IV. *La question des entrepôts en France.*
A. — *Projets restrictifs de l'entrepôt.* La substitution à l'entrepôt des vins, de la prime à l'exportation, sous forme de bons à l'importation gratuite de marchandises étrangères taxées.
B. —*Projets extensifs de l'entrepôt.* a) Quant au nombre des entrepôts ; — b) Quant au nombre des marchandises ; — c) Quant à la liberté des manipulations.

V. *Manière de voir des chambres de Commerce.*


### Les ports francs à l'étranger

Les villes franches ont aujourd'hui complètement disparu. Elles ont fait place soit à des ports francs, soit, le plus souvent à des quartiers de ports francs (comme à Hambourg) ou même à des sortes d'entrepôts francs (comme à Trieste et à Gênes).

Les ports francs, ainsi définis, existent dans les colonies de commerce ou les stations anglaises : Gibraltar, Malte, Singapoor, Hong-Kong ; à Copenhague ; à Hambourg, Brême, Lubeck ; à Gênes ; à Trieste ; à Kola.

Enfin, dans divers pays, il est question de créer des ports francs. Ainsi en Suède, en Allemagne, en Belgique.

Nous allons successivement décrire ces institutions dans l'ordre où nous venons de les énumérer (1).

*Gibraltar.* — C'est le 19 février 1706 que, sous le gouvernement de la reine Anne, Gibraltar, possession anglaise depuis 1704, fut déclaré port franc.

Il est à remarquer que cette création eut lieu à une époque où le protectionnisme était très en faveur, même en Angleterre.

Très florissant, lors de la navigation à voile, le commerce de Gibraltar a décliné avec la prépondérance de la navigation à vapeur : les cotons, les laines qui y étaient entreposés, autrefois, en très grande quantité, sont dirigés maintenant, par steamers, directement des pays de provenance sur les pays de destination. Le trafic se limite maintenant à un petit nombre d'articles et encore ces articles sont-ils introduits le plus souvent en contrebande.

La seule marchandise digne d'appeler l'attention est le charbon, destiné au ravitaillement des navires ; mais la vente de ce combustible a subi en 7 ans une diminution de plus de 70 0/0, attribuée à la concurrence d'Alger.

Les marchandises autres que le tabac, les tissus, les liquides, le charbon, sont indroduites en franchise, à Gibraltar. A terre, un seul magasin, où ne sont reçus en entrepôt que les vins, les alcools, les bières. En mer, toutes les autres marchandises peuvent être librement entreposées, manipulées, reconditionnées, même transformées sur 30 ou 40 pontons, ancrés dans le port, en vue de la consommation dans la

---

1. Sur tous ces points, voir les opuscules de G. Fermé, Charles Roux, Estrine, auteurs déjà cités, à qui nous empruntons ces détails.

colonie ou de la réexportation. Ces pontons sont la propriété exclusive de sujets britanniques.

Pour emmagasiner sur ces pontons des vins, des alcools et du tabac, il est nécessaire d'obtenir du gouverneur une permission spéciale et encore cette faveur n'est-elle accordée que difficilement.

*Malte, Singapoor, Hong-Kong* sont également ports francs ; en ce qui concerne cette dernière ville une remarque s'impose ; les produits y pénètrent librement, alors que nous leur appliquons, en principe, le tarif métropolitain à leur entrée en Indo-Chine. N'y a-t-il pas là un obstacle sérieux à la dérivation du commerce de la Chine sur nos colonies d'Extrême-Orient ?

Pour *Copenhague*, nous emprutons une grande partie de nos renseignements, soit au rapport adressé au Ministre du commerce par M. Pradère Niquet, Chancelier de la Légation de France à Copenhague, soit à l'opuscule déja cité de MM. Estrinc, Richard et Gouin sur un port franc à Marseille.

« Le port de Copenhague est le port franc lpl u s récent Il comprend en tout 61 hectares, dont **36** de domaine terrestre et **28** de surface d'eau. Il a **4000** mètres de quai, une belle grille double l'entoure complètement........ Il a une profondeur de **30** pieds anglais ». Les navires qui entrent dans le port payent seulement un droit de quai de 0 fr. **25** par tonne débarquée ou embarquée, sans que le produit de ce droit puisse excéder le montant du même droit sur la jauge nette du navire. Les gardiens, sont les seuls habitants du port franc. En dehors du port franc, les autres institutions de franchise ou de crédit de droit peuvent exister concurremment.

Ce n'est que depuis 1895 que le port franc de Copenhague est en pleine activité ; il est possible qu'il remplisse le double

but que le Danemark s'est proposé en le créant en 1894 :
1° Faire échec au canal de Kiel ; 2° Faire de Copenhague le
Hambourg de la Baltique (1).

Outre les établissements que l'administration du port franc
a créés, avec les avantages de nos docks et institutions similaires, des maisons particulières, indigènes et étrangères, ont
installé des magasins, des ateliers, des fabriques pour y
travailler leurs produits. Parmi ces établissements on
remarque :

1 moulin à couleurs.

2 ateliers pour travailler les cuirs et les peaux.

1 fabrique de vitres et vitraux.

1 fabrique de meubles et ébénisterie.

1 fabrique de marqueterie.

6 magasins où l'on travaille et où l'on fait même le coupage des vins.

1. Pour avoir une idée de l'extension croissante du commerce à Copenhague, consulter les tableaux ci-dessous :

*Articles déposés en 1896 et vendus en Danemark ou en Belgique.*

| | 1895 | 1896 |
|---|---|---|
| Maïs | 11.170.000 kilos | 132.200.000 kilos |
| Tourteaux | 6.020.000 » | 10.900.000 » |
| Froment | 5.406.000 » | 7.700.000 » |
| Coton | 187.000 » | 7.700.000 » |
| Son | 5.543.000 » | 7.600.000 » |
| Café | 2.404.000 » | 5.300.008 » |
| Cacao | » | 300.000 » |

*Navires entrés dans le port franc en 1895 et en 1896 et pendant
les neuf premiers mois de 1897.*

Espèces de navires :

| — | 1895 | 1896 | 9 premier mois de 1897 |
|---|---|---|---|
| Vapeurs | 219 | 355 | 353 |
| Voiliers | 2.010 | 2.152 | 3.601 |
| Tonnage : | | | |
| Vapeurs | 201.672 t. | 244.744 t. | 312.077 t. |
| Voiliers | 58.424 t. | 77.855 t. | 105.566 t. |

1 dépôt de charbon.

4 magasins de machines agricoles et autres.

1 magasin de fers.

1 magasin de métaux bruts et ouvrés.

1 magasin d'huile de poisson.

1 magasin de vieilles ferrailles et chiffons.

1 magasin de bois de charpente de Suède.

3 magasins de cycles.

4 magasins d'huiles à graisses.

1 magasin de confections.

3 magasins de poteries et porcelaines.

3 magasins de bois à plaquer, acajou, etc.

3 comptoirs de commissionnaires.

3 comptoirs d'expéditeurs de bateaux.

1 fabrique de machines.

1 fabrique de ciment.

1 fabrique de chocolat.

1 fabrique de cycles.

2 fabriques de liqueurs.

1 fabrique pour tailler, polir et travailler les marbres, spécialement ceux de Norwège et de Massa Carrare.

1 fabrique d'allumettes.

4 rôtisseries de café.

2 rôtisseries de cacao,

1 dock pour la Compagnie Maritime d'Extrême-Orient.

1 entrepôt pour le charbon de l'usine à gaz.

1 fabrique de bois de construction.

1 magasin pour tissus, bijouterie, etc., etc.

Les terrains du port franc n'appartiennent pas aux entrepositaires, ils sont simplement loués à long terme.

En Danemark, il n'y qu'un seul tarif douanier ; il en résulte que les Danois peuvent, dans le port franc travailler les produits étrangers de tous pays, destinés à l'intérieur, sans avoir à craindre un supplément de droits. En outre, les usines dont nous avons parlé plus haut, possèdent cet avantage que les matières premières nécessaires à leur construction, brutes ou ouvrées, et même les machines qui y sont installées, ne sont pas grevées de droits d'entrée.

Enfin, un grand nombre de voies de communication relient le port franc tant à l'intérieur, qu'à la Suède et à la Norwège.

*Hambourg* mérite une étude spéciale, car, grâce à son port franc, cette ville est appelée à devenir le premier port de l'Europe continentale.

C'est elle-même qui, en 1866 a demandé, comme Marseille, en 1817, qu'on lui permit de restreindre la franchise de la ville entière au seul port.

Deux cas sont à considérer ; ou le navire qui arrive à Hambourg entre dans le port ordinaire, ou il entre dans le port libre. Dans le premier cas, les marchandises importées sont soumises aux obligations douanières de l'empire allemand ; dans le second, elles n'ont à acquitter que les droits de quai et sont libres de toute formalité, surveillance et visite douanières. C'est là un système très profitable à l'accroissement du commerce de Hambourg.

Le port franc, situé à 125 kil. de l'embouchure de l'Elbe, au point précis, où se rencontrent la navigation maritime et la navigation fluviale, est un espace bordé de quais, du côté de la mer, sur une longueur de 75 kilomètres et entouré, du côté de la terre, par une simple barrière (1). Il comprend dans son enceinte des hangars de débarquement,

1. Il paraît d'ailleurs que l'espace ne suffit plus, car le Sénat vient de voter 5.075.000 marks pour augmenter la longueur des quais et construire des hangars sur les deux rives de l'Elbe.

des dépôts et entrepôts de marchandises, des usines cons-
truites sur les quais ou sur des canaux, reliés, par embran-
chements au chemins de fer. La matière première entre
directement du navire ou des allèges dans l'usine, quelquefois même dans les appareils de fabrication; (d'immenses
grues mues par la vapeur servent à cet effet), puis, le produi$^{t}$
fabriqué est expédié directement de l'usine dans toutes les
directions, par voie ferrée ou par eau : « Voici maintenant
qu'on projette d'unir l'Elbe au Danube. C'est la continuation du drainage vers Hambourg, de toute l'Europe cen-
trale et d'une partie de l'Europe orientale et l'Angleterre
est désormais atteinte dans son métier d'entrepositaire général, des marchandises du monde (1) ». Son mouvement
commercial qui ne s'élevait pas à **2.800.000** tonnes en **1880**
dépassait **6.000.000** en **1893**, et à l'heure actuelle Hambourg
est devenue l'émule de Liverpool.

Un tel succès donne à penser qu'Hambourg doit être citée
comme modèle ; c'est en effet, à notre avis, le modèle-type
du port franc.

Toutes les opérations de manipulation, de reconditionne-
ment, de transformation, comme on le voit, y sont permises ;
tout est utilisé, tout est travaillé, tout est réexporté, sans la
moindre intervention de la douane. Quant aux restrictions,
elles sont fort simples : le commerce de détail est interdit
dans le port franc et on ne peut y élever de maisons d'habitation : les restaurants établis pour les officiers, employés
et ouvriers du port, ne peuvent vendre que des marchandises ayant acquitté les droits de douane. Les employés et
ouvriers qui y travaillent ne peuvent y séjourner de nuit.

Toutes ces libertés, à ces dernières restrictions près, entraînent comme conséquence la réexportation presque forcée de

1. M. Schowb, *Le Danger allemand*, p. 11.

la marchandise ; en effet, si celle-ci vient à entrer en Allemagne, elle est immédiatement frappée du droit maximum ;
si au contraire elle avait été manipulée en dehors du territoire franc, il n'y aurait eu d'imposée que la seule matière
première, d'après le tarif établi pour chaque espèce et pour
chaque provenance.

*Brême*, autrefois ville franche, est entrée dans le Zolwerein
en 1888 ; c'est alors qu'on a créé le Freihafen ; c'est là un
premier exemple de la distinction très nette, entre la ville
franche et le port franc, distinction qu'on n'a malheureusement pas su faire pour conserver les ports francs de Marseille, Bayonne et Dunkerque, tout en rattachant ces villes au
territoire.

Le port franc de Brême se détache bien nettement du terrain environnant ; il comprend un seul bassin en forme de
parallélogramme allongé, appuyé à l'est au quartier nord de
la ville et débouchant à l'ouest dans le Weser. Les quais sont
couverts sur le côté nord, de hangars et d'entrepôts, le tout
est entouré de grilles ; le bâtiment de la douane se trouve à
l'extrémité avoisinant la ville. Grâce à cette institution, le
mouvement de cette ville qui était en 1880 de 1.169.000
tonnes dépassait en 1896, 2 millions de tonnes.

*Lubeck.* — Ici comme à Brême, le port franc est simplement un bassin entouré de grilles ; toutes les opérations de
déchargement et de réexpéditions sont libres ; mais il y a peu
de manipulations.

*Gênes* (1). — L'ancien « porto franco » de Gênes (2) s'inti-
tule aujourd'hui « deposito franco ». C'est une série de quais

1. Voir sur ce point M. J. Charles Roux, *Rapport sur le budget du
commerce de l'exercice 1898*, p. 35. V. Reg<sup>t</sup>. Italien, du 4 mars 1873,
art. 22 et 23.
2. Notons ici la loi française du 30 avril 1806 (art. 29) qui proscrivit l'en-

dont la chambre de commerce est propriétaire, qu'elle loue aux négociants et sur lesquels la douane n'a pas accès. Les manipulations y sont libres ; les formalités se bornent au dépôt d'une déclaration d'entrée ou de sortie. Les restrictions concernent les marchandises des pays qui n'ont pas de traité de commerce avec l'Italie : elles ne peuvent pénétrer dans le « deposito franco ». Pour débarquer dans le « deposito franco » une autorisation de la douane est indispensable ; pour embarquer une escorte est exigée. L'embarquement, ou le débarquement ne sont pas directs ; un allège sert d'intermédiaire entre le navire et le quai. Les locaux sont fermés et couverts et l'on y travaille constamment.

Ajoutons que la loi italienne du 6 août 1876 et le décret du 31 octobre de la même année permettent au pouvoir exécutif d'autoriser l'ouverture des ports francs, dans toutes les villes qui en feront la demande.

*Trieste* n'est plus port franc depuis le 30 juin 1891 ; il n'y existe plus que des entrepôts, où les marchandises peuvent être emmagasinées, sans être soumises aux prescriptions de la douane, si elles sont destinées à l'exportation. Ce sont en somme des sortes de magasins généraux.

Citons enfin *Fiume*. Par suite de la suppression de la franchise douanière dont jouissait autrefois cette ville, le gouvernement austro-hongrois a établi un règlement de douane applicable à la partie du port de Fiume qui continue à bénéficier de la franchise (1).

trée des marchandises anglaises dans le port-franc de Gênes, faisant alors partie de notre territoire. C'est une occasion pour nous de rappeler un arrêt de la Cour de cassation du 19 novembre 1807 décidant que pour les marchandises étrangères autres qu'anglaises, il fallait, en vertu de cet art. 29 inapplicable aujourd'hui, une certificat d'origine, sinon, elles étaient saisissables même dans le port-franc

1. *Revue de droit maritime*, 1891-1892, p. 614.

La *Gazette de Voss* de Berlin, 3 novembre 1899 publie
la note suivante : « Le territoire de Kiao-Tchéou ayant été
déclaré port franc, aucun droit ne sera perçu sur les marchandises utilisées sur territoire allemand, sauf un droit
de consommation sur l'opium. D'après une communication
officielle, le transit des marchandises d'or pour la Chine
donnera seul lieu à la perception d'une taxe, conformément
au tarif conventionnel ».

Enfin suivent les villes où se trouve actuellement à l'étude
la création de ports francs :

*Stockholm.* — Il y a deux ans déjà, un comité s'est formé
dans cette ville, dans le but d'étudier la création, dans un des
principaux ports de la Suède, d'un vaste entrepôt qui serait
déclaré port franc.

*Danzig.* — Sur la proposition de la Chambre de Commerce de cette ville et malgré l'opposition de l'Administration
des douanes, le Conseil fédéral, saisi de la question en dernier
ressort, a adopté, en 1895, le principe d'une zone franche,
qui comprendrait le grand bassin de Neufahrwasser, port
maritime de Danzig situé à l'embouchure de la Vistule. Mais
aucune mesure d'exécution n'a été prise jusqu'à présent.

*Altona*, dont le port fait suite à celui de Hambourg, vient
d'obtenir du Conseil fédéral l'autorisation d'établir un port
franc.

*Anvers.* — Jusqu'à présent, le port a pu prospérer ; grâce
aux grandes facilités qu'il offre au transit international et au
régime libéral de la Belgique ; il semble que la population
anversoise se soit toujours opposée à constituer un port franc,

dans l'espoir que le pays tout entier soit en fait un seul marché franc, comme c'est le cas en Angleterre.

Aussi les tentatives faites depuis 1870, en 1871 et en 1872, en vue de l'établissement d'un port franc, ont-elles échoué ; mais, depuis que la politique économique de la Belgique s'est orientée vers la protection, une campagne plus intense a été entamée en vue de la transformation du port en port franc.

L'année dernière, la Commission spéciale nommée par la Chambre de Commerce d'Anvers se prononça pour la franchise du port, en adoptant, dans son rapport du 16 mai 1896, les conclusions du projet de 1872. A partir de cette époque, les sections de la Chambre de Commerce se sont toutes prononcées en faveur de l'érection de la ville en port franc et de la nomination, à cet effet, d'une Commission gouvernementale.

### Les Entrepôts à l'Étranger.

La multiplicité des règles diverses, auxquelles sont soumis les entrepôts étrangers, ne nous permet pas de présenter sur ceux-ci une étude détaillée.

Nous nous contenterons de signaler quelques-unes des différences les plus notables avec le régime français.

Les unes concernent les facilités spéciales accordées au Commerce, les autres, les mesures protectrices des intérêts du Trésor.

Parmi les facilités spéciales accordées au Commerce, nous signalerons d'abord la tendance que l'on a à créer ou à multiplier les entrepôts près des gares. Ainsi, aux Etats-Unis, les « elevators » qui remplissent souvent les fonctions d'entrepôt réel, sont situés près des gares (ou des ports). En Autriche, on encourage l'installation des magasins (Freilager) sur les terrains appartenant aux Compagnies de chemin de fer (Loi du 28 avril 1889, art. 4) et on les défend sur les frontières par crainte de représailles.

Le développement des dépôts provisoires, en Italie, ou des entrepôts flottants, en Espagne, (1) est très caractéristique.

La différenciation progressive que nous avons signalée entre les entrepôts se retrouve, mais peut-être encore plus accentuée, dans certains pays. — Ainsi en Russie (Loi du 30 mars-11 avril 1888), où le régime fonctionne à peu près dans les mêmes conditions qu'en France, il y a des entrepôts destinés à assurer exclusivement le bénéfice de la *suspension des droits* : c'est l'équivalent du régime que nous avons trouvé à Madagascar ; et à l'inverse, on y tend à limiter les entrepôts de réexportation aux ports ou aux localités voisines des voies ferrées. Ainsi donc : tendance à séparer les deux fonctions ordinairement réunies de l'entrepôt, la franchise, le crédit ; tendance à réserver aussi la liberté des assortiments à certains entrepôts (2).

C'est en vue de faciliter aussi le commerce, que l'on augmente le nombre des manipulations permises, que l'on admet plus largement l'apposition de marques, l'admission en entrepôt de marchandises nationales en vue de faciliter leur exportation, le coupage des vins, leur transvasement (Voir notam-

---

1. Un ordre royal du 29 avril 1890 a décidé la création à Cadix d'entrepôts flottants pour les charbons destinés aux approvisionnements des bâtiments de guerre (les marchandises autres que le charbon et le coke ne sont pas admises). L'entrée dans un même entrepôt de charbons nationaux et de charbons étrangers est interdite (*Revue de droit maritime*, p. 113 (1890-1891).

2. Indépendamment des entrepôts proprement dits, il existe sur certains points du territoire moscovite des entrepôts particuliers où les négociants peuvent, avant l'acquittement des droits, garder certaines marchandises sous clés, plombs, sceaux.

ment les entrepôts belges, (1) ; les entrepôts des Etats-Unis (2); les entrepôts suisses (3); les entrepôts allemands (4) ; les entrepôts espagnols « *Depositos de commercio* » pour le coupage des vins) (5).

C'est aux mêmes besoins de l'esprit commercial que se rattache la durée limitée de certains entrepôts fictifs, ceux, par exemple, d'Italie (6) ou de Belgique (7).

Notons aussi en Allemagne, dans les villes de grandes foires, un système d'entrepôt privé, qui paraît reposer sur la prise en compte (*Contirung*) des marchandises par certains négociants en gros, sous diverses conditions et garanties.

Parallèlement à ce mouvement libéral que nous nous bornons à indiquer, il s'en dessine un autre très restrictif. Ce mouvement qui se rattache au désir de prévenir la contre bande est curieux à noter.

1° En Espagne, où toute sortie d'entrepôt comporte un engagement cautionné de payer les droits d'entrée, si dans un délai déterminé, les intéressés ne rapportent pas un certificat de la douane étrangère établissant que les marchandises sont arrivées à destination.

2° En Angleterre où malgré une grande liberté, la douane

---

1. Particulièrement ceux de la ville d'Anvers qui est devenue, dit M. Papelier, grâce aux facilités accordées, le port d'attache de la France.

2. *Customs regulations of the United States*, Washington, 1892.

3. Art. 7 du règlement de Genève, art. 7-8 du règlement général.

4. Chap. IV, §19-21, règlements généraux.— Il nous revient que le consul de France à Zurich, M. Jacquemin, a écrit le 12 septembre 1898 au ministre des affaires étrangères pour lui faire connaître le préjudice que porte à notre commerce, en Suisse, la supériorité des entrepôts allemands sur les entrepôts français.

5. Lois des 9 juin 1862 et 17 juillet 1894.

6. Loi du 11 septembre 1862, art. 11 et 37.

7. Cette durée est de quatre ans en Espagne moyennant le paiement d'un droit de garde, payable par anticipation ; de cinq ans en Allemagne; de cinq ans en Angleterre, avec échéance renouvelable (*Customs cons.*, Sect. CIII, c· IV).

cependant peut imposer pour chaque cas, les formalités qu'elle juge nécessaires ; quoique libre-échangiste, ce pays conserve des droits fiscaux sur les produits non similaires des produits anglais. Or les fraudeurs évitent de payer les droits, en employant le «truc » de l'entrepôt, ce qui explique les précautions innombrables, relatives aux conditions d'établissement de l'entrepôt, à celles du transport des marchandises entre les quais et l'entrepôt (1), etc.

A la différence de ce qui se passe en France, les magasins généraux en Angleterre, comme du reste en Italie sont responsables tant des droits que des amendes, sauf recours (2).

A titre de compensation pour les frais de surveillance qui incombent au Trésor, toutes les marchandises extraites d'entrepôt pour la consommation, sont soumises à une taxe additionnelle (change).

*Les ports francs en France* (3).

Les arguments en faveur des ports francs nous sont suffisamment connus. Nous les avons exposés dans notre chap. I.

---

1. Les entrepôts sont assujettis à des conditions fort sévères sous le rapport de l'épaisseur des murailles, de l'isolement des portes et fenêtres. — Le propriétaire est tenu de souscrire une soumission cautionnée (bond) envers la douane ; celle-ci détermine la valeur de cette soumission : cette valeur ne peut en aucun cas être inférieure à 3.000 livres. — Le transport des marchandises entre les quais et les entrepôts et réciproquement est exclusivement confié à des bateliers ou charretiers, agréés par la douane (licensed) et dont les chalands et les fourgons sont construits de manière à offrir toute garantie ; ces transporteurs sont d'ailleurs tenus de verser en douane un cautionnement dont le taux est fixé à Londres, à 500 livres.

2. *Customs consolidations*, art. 16-17, Vict. chap. 107, sect. IX. — Loi italienne du 17 décembre 1882, art. 10 ; Reg<sup>t</sup> italien, 4 mai 1873, art. 5.

3. Cons. Emile Delivet : *Du véritable caractère et de l'utilité réelle des ports francs* (Le Havre, 1898, imp. Le Roy). Voir Julliany, *Histoire de Marseille*, p. 260, t. I.

Ils nous expliquent la campagne faite dans notre pays en faveur de cette institution (1).

Mais deux difficultés se présentent :

La première est celle de savoir quelle est la forme de ports francs qu'il y aurait lieu d'adopter, le seconde porte sur les villes qu'il conviendrait de favoriser ainsi.

La première question a donné lieu à des réponses fort différentes. Le système de port franc adopté à Hambourg compte le plus grand nombre de partisans (Estrine, Fermé).

Celui de la ville franche a trouvé un défenseur en M. Artaud.

Et c'est en faveur du régime de l'entrepôt franc que s'est prononcé M. J. Charles Roux. Voici comment ce publiciste développe et justifie son projet (2) :

« On peut n'accorder la franchise qu'au port proprement dit, le reste de la ville et de son territoire restant dans le droit commun.

« On peut enfin ne la donner qu'à une partie du port ; c'est le régime en vigueur à Hambourg, à Copenhague et à Trieste, depuis la réforme de 1891.

« Examinons comment, en présence de notre tarif douanier, pourrait bien être institué chez nous un port franc. Quand nous disons : « notre tarif ». nous employons une façon de parler tout à fait vicieuse. Nos tarifs sont, en effet, multiples. Enumérons-les.

1. La création de port franc, en raison des séparations douanières qui existeraient dans l'intérieur de la France nous ferait revenir, en quelque sorte, sans dommage d'ailleurs, comme nous l'avons montré, deux siècles en arrière: cette idée n'est pas neuve ; elle a été émise en 1822 par M. Basterrèche, député : « Si votre système de douane vous paraît utile à une partie du pays, si quelques provinces veulent le rendre plus sévère, faites alors la part de chacun. Portez jusqu'à la Loire [tout votre système de rigueurs douanières et laissez aux provinces méridionales le commerce d'échanges. »

2. Page 37 du rapport précité. L'éminent publiciste est revenu sur cette question ainsi que sur celle des entrepôts dans un livre consacré à la marine marchande publié récemment.

« Nous avons d'abord notre tarif maximum ou, pour parler comme la douane, notre tarif général.

« Nous avons ensuite un tarif maximum accordé à un assez grand nombre de pays sous la condition qu'ils nous appliquent, eux aussi, un tarif réduit.

« Nous avons même un tarif plus minimum que le minimum et nous l'avons concédé à la Suisse.

« Nous avons un tarif spécial au produits des colonies françaises (tableau E de la loi de 1892).

« Nous avons un tarif propre aux produits importés de la Corse dans la France continentale.

« Nous en avons un autre qui vise les importations d'Algérie en France.

« Un qui s'applique à l'importation des produits tunisiens.

« La surtaxe d'entrepôt en crée un nouveau pour les produits extra-européens venus des entrepôts d'Europe.

« Enfin, la surtaxe d'origine (tableau D de la loi de 1892) constistue encore un autre régime applicable aux produits européens soumis à la condition du transport direct

« Et si nous ajoutons à cela les quelques prohibitions qui subsistent, cela fait, si nous ne nous trompons, dix tarifs différents, non pas tous applicables sans doute aux mêmes marchandises, mais tels toutefois que, selon les cas, une même marchandise peut acquitter l'un ou l'autre de trois ou quatre droits différents.

« Dans ces conditions, il est manifeste que la franchise d'un port ne saurait impliquer une complète abstention de la douane dans les opérations qui s'y effectuent. Le port franc ne reste donc pas moins soumis à l'exercice de la douane. En quoi va consister cet exercice ?

« La douane devra d'abord s'assurer que les produits prohibés qui peuvent se trouver à bord des navires entrant dans le port ont été régulièrement déclarés, et prendre les mesures nécessaires, si à ce port se trouve annexé un territoire franc, pour qu'aucun débarquement non autorisé de ces produits ne soit effectué.

« Puis, d'une façon générale, elle devra vérifier, au moment de la mise à terre de la cargaison, les conditions d'origine, de provenance, de transport, des marchandises débarquées.

« Il sera nécessaire d'exiger la mise en entrepôt de toute marchandise passible soit du tarif général, soit d'une surtaxe quelconque, à moins que l'importateur, renonçant d'ores et déjà à la faculté de réexporter, ne consente à acquitter tout de suite le montant différentiel de la taxe. On comprend que, s'il en était autrement, toutes les fraudes seraient possibles. La perception des droits différentiels serait en fait abolie.

« Mais la mise en entrepôt de ces marchandises implique le maintien et la cœxistence de l'entrepôt réel pour les marchandises fortement taxées, de l'entrepôt fictif pour les autres, et par conséquent l'application des règlements qui leur sont spéciaux.

« Il y a plus : les marchandises jouissant de détaxes et celles qui, à raison de leur origine corse, algérienne, tunisienne, coloniale, sont exemptes de droits, ne peuvent pas davantage circuler librement. Pour que, livrées à la consommation, elles puissent bénéficier de cette exemption, à leur sortie du port ou territoire francs, il va de soi, en effet, qu'il faudra justifier à la douane de leur origine et de leur identité. Celles de ces marchandises qui ne seront pas exportées devront donc être soumises à un régime à déterminer, mais qui exigera, quel qu'il soit, l'intervention de la douane.

« On voit, dès lors, qu'un port franc, avec un tarif compliqué comme l'est le nôtre, est bien loin de restreindre les formalités auxquelles est soumis le commerce du chef de la douane. On pourrait même affirmer qu'il les multiplie en rendant chacune d'elles plus délicate.

« A la vérité, la franchise aurait pour la population du territoire ou du port ce grand avantage de permettre la consommation sur place des produits étrangers en exemption des
droits de douane. Par contre, les habitants des agglomérations
voisines, ceux de la ville même, auraient à subir les formalités de surveillance et de contrôle imposées par la douane
dans le but d'éviter la fraude et la contrebande, devenues à la
fois plus faciles et plus lucratives.

« Mais ce régime ne différerait pas sensiblement de celui
que comporte la perception des droits d'octroi. A la rigueur, ne
pourrait-on pas opérer la fusion des deux services, ainsi que
cela se fait pour le recouvrement des droits d'entrée ? Il faut
convenir toutefois que la justification de la nationalité des
marchandises non importées et introduites sur le marché intérieur entraînerait une gêne et des difficultés d'application
considérables.

« D'autre part, les industries installées en dehors des frontières protégées par les droits de douane auraient certainement
les matières premières à meilleur compte et disposeraient peut-
être d'une main-d'œuvre moins cher que dans le reste du pays.
Il n'en faudrait pas moins établir — pour nous, nous avons
confiance dans le résultat favorable d'une pareille enquête —
que ce serait là une compensation suffisante de l'exclusion des
produits francs de la consommation nationale, alors que, exportés ou réexportés, ils se heurteraient aux barrières fiscales
dont s'entourent et derrière lesquelles semblent de plus en
plus disposées à s'isoler la grande généralité des nations étrangères.

« L'institution du port tout entier ou d'une partie des quais
et bassins en port franc, à l'exclusion de la ville ou du territoire environnant, laisserait également subsister toutes les
complications qu'entraîne la regrettable diversité de nos tarifs.
Les marchandises passibles de surtaxes, celles qui, à un titre

quelconque, jouissant de détaxes devraient être l'objet d'un régime spécial ; et ce sont là des formalités qui impliquent l'intervention de la douane. Nous nous trouverions replacés dans la même situation que tout à l'heure.

« Il n'en demeure pas moins vrai qu'un grand port accolé à à un grand pays, s'il ne peut se résoudre à abandonner le marché national ou simplement à le déserter en partie, doit s'efforcer avant tout d'étendre ses débouchés au dehors. Alors la conception du port franc se limite, mais devient une réalisation plus facile.

« La franchise ne visant désormais que les marchandises destinées à la réexportation, l'entrepôt ne devrait plus être pour la douane qu'un ensemble de magasins où tout pourrait entrer librement, où tout pourrait être manipulé librement, d'où tout pourrait sortir librement pour l'échange, et où le rôle du service se bornerait à s'assurer de cette réexportation. Ce serait l'*exterritorialité absolue*.

« Le commerce aurait, bien entendu, la faculté d'opter, au moment du débarquement, pour le régime du droit commun, de placer par conséquent sa marchandise, selon les cas, sous les conditions actuelles de l'entrepôt réel ou sous les conditions du fictif, de se réserver dès lors le droit de la mettre à la consommation, de la réexpédier à l'étranger, si mieux lui convenait, ou de la faire entrer à l'entrepôt franc si elle devait y subir des transformations qui la rendissent inadmissible au réel ou au fictif. Il pourrait donc, selon son intérêt, ou laisser à cette marchandise son cachet d'origine ou la transformer comme il l'entendrait. Du même coup, les entrepôts étrangers ayant la faculté de faire entrer en France des denrées présentées de telle façon que la taxe atteigne exclusivement la denrée elle-même et non, avec elle, les corps sans valeur qu'elle peut contenir, on se trouverait fatalement conduit à accorder aux entrepôts de France cette faculté, qui leur est aujourd'hui refusée sans motif plausible.

« Supposons ces réformes accomplies, nous aurons non point, à proprement parler, un port franc, nous aurons un entrepôt franc, où la marchandise échappera à toutes les formalités, où elle sera libre, absolument libre, en vue d'une réexportation ultérieure, sous sa forme première ou sous telle autre que le commerce lui voudra donner. En même temps, dans l'entrepôt réel, toutes les manipulations, qui n'altèrent point la nature de la marchandise, en ne la disqualifiant pas quant aux taux du droit, seront permises.

« Tels sont les différents aspects pratiques sous lesquels nous paraît devoir être envisagée cette question très actuelle de la constitution dans notre pays de ports ou d'entrepôts francs » (1).

Nous rapprochons de l'exposé de cette théorie le projet d'un port franc dans l'étang de Berre, projet qui a fait l'objet d'une étude de la part de l'administration des douanes en 1893-1894 (2), étude qui, en présence de la difficulté d'application de nos tarifs gradués, à la sortie des marchandises du port franc pour l'intérieur, écarte, *à priori*, la constitution d'un port franc « à moins que dans ce port les marchandises étran-
« gères ne soient placées sous la surveillance de la douane,
« c'est-à-dire, constituées en entrepôt (3) ».

1. *Neuester Plan der Hamburger Hafen-Anlagen*, nach amtlichen Plänen bearbeitet. Druck und Verlag von Freytag und Bielefeld, Hamburg.
*Hamburger-Freihafen-Lagerhaus-Gesellschaftq*
*Copenhagen free port*, published by G. L. Gad, for the free port Company limited. Copenhagen, 1896.
Lire également l'*Histoire du commerce français dans le Levant au XVII° siècle*, par Paul Masson, docteur ès-lettres, chargé du cours d'histoire et de géographie commerciale à l'Université d'Aix-Marseille, Hachette, Paris, 1897 ; et dans le journal commercial que publie la Société pour la défense du commerce de Marseille, l'étude *sur le commerce au XVII° siècle*.
2. Voir la lettre de M. le Serurier, ancien directeur des douanes à Marseille, en date du 22 février 1893, et la note pour le ministre des finances du 11 octobre 1894.
3. « Réformons », dit M. Le Sérurier, « la législation qui régit les entrepôts, rompons avec les traditions qui, aujourd'hui, ne sont plus que des préjugés,

— Reste la seconde question que soulèvent les ports francs. Si le législateur trouvait utile d'en créer, où devrait-il les établir?

Ici encore nous retrouvons de grandes divergences de vues. Le problème est en effet loin d'être suffisamment mûri pour aboutir à une solution acceptable. Entre le projet qui, pour flatter le plus possible de départements, tendrait à attribuer la franchise à tous les ports importants et celui qui voudrait restreindre cette faveur au seul port de Marseille, nous nous arrêterons à un projet intermédiaire.

Le premier projet multiplierait inutilement les centres de fraude, les frais de construction, les frais de surveillance, sans apporter au pays tout entier des éléments notables de prospérité. A notre avis, il ne faut ni répandre, ni disséminer, ni éparpiller, mais au contraire, retenir, concentrer tous les crédits disponibles de l'Etat, sur un nombre de villes très restreint, villes douées, déjà, d'une grande activité commerciale. Voir, à ce sujet, la comparaison judicieuse, faite par M. J. Charles-Roux avec notre système militaire de défense : « Nous n'avons pas, dit-il, doté d'un fort ou d'une citadelle toutes les villes de France ». Ce n'est qu'au prix de la concentration, que l'on crée les grands capitaux, les grands marchés, les grands débouchés. Et sans aller jusqu'à limiter cette faveur à une seule ville, le port franc pourrait, à notre avis, être concédé par ordre d'importance : à Marseille, au Hâvre, à Dunkerque, à Bordeaux, peut-être à Saint-Nazaire (1).

Et de deux choses l'une, mais c'est là une question d'éco-

suivons résolument les autres peuples dans la voie libérale qu'ils ont adoptée vis-à-vis de leurs exportations, laissons à nos entrepositaires toutes les libertés compatibles avec l'intérêt du Trésor et nous aurons plus fait pour développer nos exportations et du coup nos importations, que ne feront jamais les ports francs ou les territoires francs. »

1. Saint-Nazaire prendrait une grande extension si on aménageait le lit de le Loire jusqu'à Orléans, comme les Allemands ont aménagé le lit de l'Elbe (M. Schwob, *le Danger allemand*).

nomie intérieure : ou l'Etat imposerait le port franc et dans ce cas, il prendrait à sa charge les frais du personnel, apposé à la barrière du port franc ; ou, solution préférable, les villes le demanderaient et alors, les frais seraient supportés par elles (1).

Rappelons en finissant ce chapitre, que Turgot pensait que la prospérité des colonies était liée à la liberté du commerce, il conseillait de faire *(de l'Ile de France et de la Réunion) « des ports francs »* ouverts à toutes les nations (2).

### *Les entrepôts en France.*

Suivant qu'on a égard aux avantages ou aux inconvénients des entrepôts, on est porté à demander leur extension ou leur restriction.

A. *Projets restrictifs.* — Parmi ces projets, nous devons signaler le système préconisé, pour les vins, par un négociant de Bordeaux, dans un journal de la région (3), système qui consisterait à supprimer les entrepôts spéciaux des vins et à leur substituer une prime à *l'exportation*, déguisée sous la forme de bons, permettant d'entrer gratuitement du vin ou d'autres

1. L'idée peut se présenter d' « *affermer* » pour un certain temps, la franchise à une ville qui en solliciterait l'essai ; la ville en question pourrait, en effet, payer à l'État une certaine somme pour le dédommager des droits qu'il ne percevrait plus. Il est probable que cette ville trouverait une large compensation du prix de son abonnement à la franchise dans les avantages que lui apporterait l'exonération des droits ? Il y aurait une certaine analogie avec ce qui se passe aujourd'hui pour les villes *rachetées*, avec ce qui se passait autrefois, soit pour certaines provinces, soit pour la ville de Lyon qui acheta, en 1536, les droits d'imposition foraine. (Dufresne de Francheville, p. 398).

2. *Mémoires sur la vie et les ouvrages de M. Turgot*, par Dupont de Nemours, 1er partie, p. 129 et 135.

3. Voir la lettre de M. Bert dans le *Nouvelliste de Bordeaux* du 10 août 1898.

marchandises étrangères, taxées. En d'autres termes, les exportateurs de vins recevraient, non de l'argent, mais des bons au porteur, d'une valeur déterminée par hectolitre, qui seraient endossables, et permettraient de faire entrer en franchise des produits du dehors, soumis aux droits de douane.

Les entrepôts dits « spéciaux » facilitent, en effet, les manipulations, qui accroissent le stock des vins étrangers, naturalisés français ; il en résulte une concurrence nouvelle, qui entraîne avec elle une dépréciation croissante des prix intérieurs. La création du bon-prime d'exportation réunirait donc un double avantage : il protégerait le viticulteur, en supprimant les entrepôts spéciaux, tout en garantissant les intérêts de l'exportateur, qui réserverait au pays le bénéfice de son trafic.

Nous n'avons pas à prendre part dans cette question ; qu'il nous suffise d'invoquer entre nombre d'objections, la perte qu'une telle mesure causerait au Trésor ; tous les Etats, aujourd'hui, commencent à se lasser des primes à l'exportation ; un congrès international s'est déjà réuni, en vue de la suppression de celles qui ont été accordées à l'exportation des sucres. Ce n'est donc pas le moment de proposer d'étendre un privilège, dont le principal effet serait d'enrichir certains négociants plutôt que d'autres, et peut-être au détriment de ces derniers et de faire parvenir aux consommateurs étrangers, du vin à des conditions plus avantageuses que sur notre marché national !

Le projet en question s'inspire, il est vrai, de la loi allemande du 14 avril 1894 sur les bons à l'importation, qui peuvent être versés comme numéraires, pour le payement des droit d'entrée par les exportateurs de blé, loi que tout récemment M. Viger, ministre de l'agriculture, proposa d'appliquer en France ; mais il ne semble pas que les circonstances toutes spéciales sur lesquelles on s'est appuyé en Allemagne pour adopter ce système, se retrouvent chez nous.

Parmi les projets restrictifs de l'entrepôt, citons encore le vœu suivant du Congrès agricole de Tarbes, qui s'est réuni en septembre 1898. « Le Congrès émet le vœu :

1° Que les blés et les farines ne soient admis que dans les entrepôts réels, établis par l'autorité publique, à l'exclusion des entrepôts fictifs ;

2° Que ces entrepôts soient sévèrement règlementés ;

3° Que les admissions temporaires et les acquis-à-caution soient supprimés ; que tous les blés entrant en France acquittent intégralement et en numéraire les droits de douane, et que les importateurs de blés étrangers, en vue de leur dénaturation et de leur exportation soient remboursés à la sortie du montant de ces droits.

L'étude que nous avons faite démontre que ces desiderata sont déplacés et mal venus ; ils ne se comprennent pas pour les entrepôts : ceux-ci sont, en effet, aussi sévèrement réglementés qu'ils doivent l'être.

B. *Projets extensifs*. — On peut songer à deux extensions : *a*) celle de la liberté des manipulations dans les entrepôts — *b*) celle du nombre des entrepôts.

— *a*) En faveur de l'extension de la liberté des manipulations, on peut invoquer ce qui se pratique déjà pour les houilles, qui peuvent être converties en briquettes ; pour les marbres, qui peuvent être travaillés ; pour le thé, qu'on peut mettre en boîtes, pour les colliers de corail, auxquels on peut ajouter un fermoir, etc.

Nous pensons qu'il serait dangereux d'aller loin dans cette voie. Sans doute, il y a intérêt à faciliter les transformations industrielles en franchise, sous un régime autre que l'admission temporaire, car les délais de celle-ci sont souvent trop courts et ce régime donne lieu à des abus ; mais il y a intérêt aussi, en raison de l'exiguité des locaux, ou de l'étendue de la surveillance, à limiter ces manipulations à certains produits désignés, facilement reconnaissables, et nécessitant une réparation ou une transformation reconnues urgentes. Il en serait autrement dans les ports francs qui satisferaient tous les desiderata sur ce point.

— Pour la même raison, il ne nous semblerait pas utile d'étendre à tous les ports, les privilèges dont jouit Marseille, en vertu de l'ordonnance de 1817. Les opérations concernant les marchandises, destinées à la réexportation doivent être facilitées, mais encore ici, ne faut-il pas s'arrêter à mi-chemin ; il faut aller jusqu'au port franc, et ne pas craindre d'emprunter à Gênes et à Hambourg, les procédés qui ont fait leur richesse.

— *b*) C'est du défaut de liberté que souffre le commerce, qui use des institutions de franchise et de crédit de droits, ce n'est pas du défaut de place. Il ne nous paraît donc pas utile d'accroître le nombre des villes à entrepôt. En ce sens nous invoquerons ce qui s'est passé pour les docks ou magasins généraux.

Le service rendu par les *magasins généraux* était un grand progrès au milieu de ce siècle, alors que les moyens de communication et de correspondance étaient défectueux. Le négociant ne pouvait pas acheter directement des denrées exotiques dans le pays de production, le négociant étranger n'avait pas d'argent pour aller solliciter les commandes à domicile, il ne trouvait pas de compagnie pour signer un connaissement direct, pour les gares desservant les petits centres, de banquier pour faire des encaissements dans les petites localités. Dans ces conditions, les docks rendaient un grand service, en groupant dans un vaste local, les marchandises d'entrepôt réel, qui, sans eux, auraient été disséminées dans des magasins séparés. Mais aujourd'hui, la structure économique du monde s'est modifiée, sous l'influence des applications industrielles de la vapeur et de l'électricité. Les rapports de producteurs à consommateurs sont devenus possibles, faciles et rapides et les magasins généraux ont perdu de leur utilité.

Pour des raisons analogues, il en est un peu de même des entrepôts et particulièrement des entrepôts de l'intérieur.

Pour sauver notre commerce de réexportation, il faut lui accorder non pas plus d'emplacements de franchise, mais plus de liberté dans son trafic (1).

Toute question de liberté dans les manipulations mise à part, la seule solution se trouve encore dans la création de quelques ports francs.

Telles sont les causes générales pour lesquelles, comme nous l'affirmions plus haut, les entrepôts, tout au moins intérieurs, sont en nombre suffisant (2).

1. « La liberté est féconde, elle dédommage des sacrifices momentanés qu'elle impose » (séance de la Chambre des députés du 26 décembre 1831). « A mesure qu'un pays ouvre ses portes à toutes les nations, au lieu de trouver sa ruine dans cette liberté, il y trouve sa richesse » (Adam Smith).

2. Le crédit des droits de douane accordé à l'entrepositaire par le fisc pourrait faire songer à une combinaison, sur laquelle il est peut-être bon de dire un mot. L'État possède, du chef des taxes, une créance à terme contre l'*entrepositaire*. Cette créance, il ne l'utilise pas aujourd'hui, avant l'échéance du terme. Or, la question que nous posons est celle de savoir s'il serait possible de donner au fisc des moyens de vendre cette créance, de la céder avant terme. En un mot, n'y aurait-il pas intérêt à permettre d'escompter la créance du fisc, comme on permet aujourd'hui de négocier ? Oui, l'intérêt existe. Il y aurait là pour le Trésor, notamment en temps de déficit ou de crise, un moyen commode de percevoir un impôt par anticipation. Mais le caractère même des droits dûs par l'entrepositaire s'oppose à ce que le bon qui les représente puisse être négocié. Ces droits, en effet, sont purement *éventuels*. Le propriétaire ne les doit que s'il ne réexporte pas les marchandises. La vente de la créance fiscale n'est donc pas possible, car on ne sait pas encore si cette créance prendra naissance. Il en est sans doute autrement pour les entrepôts, comme il en existe, on s'en souvient, aux colonies, et qui s'ouvrent seulement aux marchandises destinées à la consommation intérieure. Alors, on est sûr d'avance que les droits seront payés. La négociation de la créance ne nous parait pas cependant, même alors, aisément praticable. Elle est, en effet, à terme *indéterminé*, puisqu'on ignore le moment où les produits sortiront de l'entrepôt. Il est donc très difficile de fixer la valeur de la créance : l'escompte manquerait de base rationnelle.

*Manière de voir des Chambres de commerce.*

— Nous avons recherché tout d'abord, le sentiment des Chambres de commerce sur la question des *ports francs.*

Cette question, posée dans les grands ports, n'est presque nulle part résolue.

D'après l'avis du président de la Chambre de commerce de *Marseille*, cette question présente « de très grandes difficultés à raison de la diversité des tarifs de douane. Notre Chambre, dit-il, qui apprécie toute la gravité de la question, n'a pris encore aucune résolution à son égard. L'étude approfondie qu'elle en fait en ce moment est loin d'être terminée » (1).

Au *Havre*, on serait en principe favorable à la constitution d'un port franc (2), mais là encore, les difficultés d'application n'ont pas permis de présenter un projet suffisamment mûri.

A *Bordeaux*, la Chambre de commerce vient dans sa séance du 12 octobre 1898, de renvoyer à une Commission l'étude des ports francs.

La lettre de la Chambre de commerce de *Cette* est pleine d'intérêt. Voici ce que nous écrit son Président :

« L'érection du port en port franc serait une mesure ardemment souhaitée, mais on considère cela comme une utopie. On conçoit du reste, que la création de ports francs ne peut rendre de services à la nation, qu'à la condition de ne pas trop étendre la mesure, de façon à concentrer sur un petit nombre de points choisis et bien placés, d'immenses docks de marchandises qui constitueraient des marchés d'une richesse, d'une importance énormes ».

« Or si l'on crée des ports francs, Cette sera certainement oubliée.»

1. Et cependant le quartier franc était déjà demandé par Julliany en 1842.
2. *Recueil havrais*, 5 nov. 1897, 5 août 1898.

« Et pourtant on méconnaîtra, en ce faisant, l'admirable situation de notre port, au point de vue géographique et au point de vue économique, de même que les facilités qu'il offre et peut offrir au commerce et à la navigation : canaux accessibles aux plus gros navires, avec magasins sur les quais et débarquements directs ; accès des canaux du Midi (récemment libérés) et du Rhône (qu'on va améliorer et rendre accessible aux barques venant directement de la Saône et du Centre) ; lignes ferrées directes sur Paris à l'Est et Bordeaux à l'Ouest, et sur le Centre (Rodez-Limoges) ; etc... »

« Jusqu'ici on ne s'est pas officiellement préoccupé de la question des ports francs et je ne vois, pour ma part, pas bien clairement dans quel sens on pourrait élever la voix.

« On a déjà objecté qu'il est suffisant pour les intérêts généraux du commerce français avec les Etats méditerranéens, que le principal port (Marseille) jouisse seul de certains privilèges, et que l'extension de ces privilèges à d'autres ports conduirait à la suppression des droits de tonnage, d'où une nouvelle cause d'infériorité pour notre marine et une perte pour le Trésor. »

— En ce qui concerne la question et l'extension du *nombre des entrepôts*, il résulte des renseignements particuliers que nous avons pu obtenir, que cette extension n'est presque nulle part demandée, sauf cependant, d'une façon peu évasive, par les villes de *Saumur*, pour les vins mousseux, *Roubaix*, pour les cafés, les produits chimiques, etc.., *Cambrai, Chálons-sur-Marne, Le Mans*.

Nous donnons ici un extrait de la lettre du Président de la Chambre de Commerce de cette dernière ville : « La création d'un entrepôt réel de douanes au Mans présenterait incontestablement des avantages à l'industrie et au commerce sarthois. En effet, le département de la Sarthe compte des industries diverses, dont les produits font l'objet de transactions importantes avec l'étranger, leur permettant d'utiliser la totalité de leur puissance et de leurs moyens d'action que le marché intérieur est insuffisant à leur offrir : telles la meunerie et la métallurgie, pour ne citer que les principales et qui sont obligées, pour ces opérations, de recourir aux matières premières exotiques soumises aux droits de douane.

A propos de l'extension du nombre des entrepôts, nous tenons à donner un interview que l'honorable député de la Meurthe-et-Moselle, M Papelier, a bien voulu nous accorder. Avant de citer ses paroles, il est bon de savoir que l'entrepôt de *Nancy*, autorisé par décret du **28** septembre 1887, n'a pas encore été créé et qu'ainsi que pour tous les autres entrepôts, institués après 1840, les frais de cette organisation, sont à la charge de la municipalité.

Notre interlocuteur rappelle d'abord les généralités sur lesquelles nous nous sommes étendu dans les chapitres précédents et, refaisant l'historique de la question, il ajoute : « L'Etat, qui a considéré comme utile au commerce général du pays, la création d'entrepôts dans certains ports maritimes, devrait également créer, dans les mêmes conditions, des entrepôts dans certaines villes frontières, qui peuvent être considérées comme « ports terrestres », en raison de leur situation transitaire. Il devrait prendre à sa charge les frais de surveillance et d'entretien de ces entrepôts. Ce principe, a d'ailleurs, déjà, reçu son application : avant 1870, les entrepôts de Strasbourg, de Metz étaient exploités comme ceux des ports, et après l'annexion de la Savoie, Chambéry a joui de la gratuité des frais de construction et d'entretien. Ce principe paraissait avoir un tel caractère d'utilité générale, qu'il eût dû, semble-t-il, recevoir encore son application, après 1870, quand

Nancy prit, malheureusement, la succession commerciale de Strasbourg et de Metz. Et cependant, par suite de
négligence ou d'ignorance de cette importante question, il
n'en a pas été ainsi. La municipalité n'a pas prévu, en
effet, les besoins véritables du pays et les intérêts de la ville
de Nancy ; elle n'a pas été, du reste, encouragée par les négociants locaux, dont quelques-uns, redoutant pour eux un
déplacement commercial, ont fait partager leurs craintes à
la majorité. En sorte qu'on n'a pas su, à cette époque, réclamer ce que tout gouvernement prévoyant n'aurait pas hésité
à accorder, c'est-à-dire un entrepôt en tout semblable à ceux
de Strasbourg et de Metz. Pour ces mêmes raisons on n'a
su plus tard (en 1887) trouver les ressources nécessaires
à la création de l'entrepôt autorisé. Voilà pourquoi nos négociants, en denrées coloniales, continuent à utiliser pour leurs
relations en Alsace, les entrepôts de Metz et de Strasbourg,
qui, cependant, sont loin d'offrir au point de vue des facilités
commerciales, les avantages réels d'un entrepôt sur place.
Voilà pourquoi le courant, qui devrait avoir ses extrémités
à Dunkerque, au Hâvre et à Nancy s'est détourné de sa route
naturelle et s'est établi très actif entre Anvers et le centre de
l'Europe au grand préjudice des ports français ».

Emettant, ensuite, des idées plus générales, M. Papelier
démontre que la France, grâce à sa position géographique,
au bord d'un continent, devrait être une contrée essentiellement transitaire (1)-(2). Or, il n'en est rien ; c'est la Belgique
qui a tout le transit.

« En France, le législateur ne doit pas seulement protéger
le commerce et l'industrie, il doit prendre toutes les mesures

1. « La France est désignée par la nature comme le magasin universel, le
terrain d'échange et de transit du genre humain. » J. Charles Roux.

2. Voir l'édit de Charles V du 30 septembre 1367 ; le préambule de l'édit
d'Henri II du 4 février 1557 ; le mémoire remis par Colbert à Mazarin en 1650
(Clément, *Histoire du système protecteur*).

« propres à faciliter les transactions, car du jour où elles
n'ont plus d'entraves, il se produit un accroissement de
richesses sur tous les points du territoire traversés par ce courant transitaire. Ces mouvements sont indispensables et essentiels au développement de notre marine marchande et nous
n'en voulons pour preuve, dit en terminant, l'inspirateur du
décret du 9 août 1897, que ce qui s'est passé pour les blés. Du
jour où les zônes ont été supprimées, des échanges commerciaux se sont établis entre le Hâvre et Nancy : les blés amé-
ricains, nécessaires aux consommateurs du centre de l'Europe
entrent désormais en France par nos ports de l'Ouest et nos
blés français, grâce aux acquits, peuvent s'écouler par les
frontières de l'Est, au grand profit de notre marine marchande,
de notre commerce, de notre meunerie et de notre culture,
puisque le blé français, récolté en Bourgogne, en Champagne,
en Lorraine, refoulé par le blé américain, va s'écouler en Allemagne, au lieu de venir comme autrefois encombrer les marchés de Paris et concurrencer les blés du Nord, de la Brie et
de la Beauce. Ce qui se produit pour le blé, se réalisera pour
beaucoup d'autres articles, lorsque les Français voudront utiliser leur admirable situation géographique ; malheureusement, nous ne savons pas, en France, défendre notre commerce et pendant nos hésitations, Hambourg, Brême, Rot-
terdam, Anvers se développent à pas de géant, pendant que
Dunkerque et le Hâvre ont beaucoup de peine à conserver
leur situation et leurs grands marchés de café, de laine, de
coton, et de grains ».

Plusieurs villes ont demandé comme Nancy un entrepôt,
entre autres : *Aix-les-Bains* (séance du conseil général de la
Savoie du 20 avril 1898), *Oloron* (15 oct. 1894), *Nevers* (lettre du
24 fév. 1898 au contrôle des Régies), *Bastia*, dont Marseille cependant peut être considérée comme l'entrepôt général (1891),
*Aix-en-Province* (1891), *Propriano* (1888), etc.

Dans quelques-unes, il a été autorisé, mais loin de répondre aux besoins des centres où il a été établi, il ne fonctionne quelquefois pas du tout; ainsi : à *Fécamp*, la ville, trouvant les frais de construction trop élevés, n'a pas même tenté un essai jugé infructueux; ainsi. également, à *Dijon* et à *Perpignan*.

D'autres entrepôts fonctionnent, mais pour la forme seulement. Ainsi en est-il de l'entrepôt « fictif » de *Toulon*, parce que, nous écrit le président de la Chambre de commerce de cette ville, le commerce de la localité consiste presqu'entièrement dans les fournitures effectuées à l'administration de la marine.

Consultées également sur la question de savoir s'il y aurait pour elles un intérêt à la création ou au maintien d'un entrepôt réel, les villes de *Lons-le-Saulnier*, *Grenoble*, *Bourges*, *Epinal*, *Saint-Dizier*, *Cognac*, *Angoulême*, ont répondu par la négative.

Le président de la Chambre de commerce de Lons-le-Saulnier nous écrit : « Un entrepôt réel des douanes ne serait d'aucune utilité à Lons-le-Saulnier, le commerce de notre ville passant pour ses achats de l'étranger, par l'intermédiaire de courtiers de Marseille, du Havre, etc., et n'ayant pas assez d'importance pour importer directement des pays d'outre-mer. Un entrepôt réel des douanes ne peut être utile qu'aux maisons dont le chiffre d'affaires est considérable, et qui ont besoin de crédit, pour suppléer aux capitaux que nécessite le mouvement de leurs transactions. Ce n'est pas le cas à Lons-le-Saulnier. »

Ce qui donne en quelque sorte raison à ces dernières villes c'est que certains entrepôts, qui prospéraient autrefois, tendent à perdre de leur importance, sous l'influence, déjà étudiée, des chemins de fer et des navires à vapeur. C'est ainsi que de *Cherbourg,* on nous écrit que l'entrepôt réel voit son activité restreinte par suite de causes diverses :

*a)* La réduction du droit sur le sel destiné à la consommation ;

*b)* La réduction des approvisionnements en denrées coloniales, notamment en café, qu'il faut attribuer tant aux services maritimes à vapeur, qu'à la rapidité des transports par voies ferrées ;

*c)* L'extension du nombre des marchandises admises en entrepôt fictif.

D'après cette modeste enquête, il semble, ainsi que nous l'avons dit plus haut, que le nombre des entrepôts réels soit suffisant.

— En ce qui concerne les *manipulations* en entrepôt réel, nous citerons tout d'abord le document suivant (1) qui nous vient de *St-Nazaire:* « Les manipulations autorisées actuellement dans l'entrepôt réel de Saint-Nazaire consistent, principalement, en subdivisions de colis, tels que café, poivre, que l'on dispose en petits sacs variant de 5 à 10 kilos pour la facilité de la vente à titre de provisions de bord.

Il serait prématuré d'indiquer, dès à présent, quelles manipulations pourraient y être autorisées en dehors de celles-ci.

Le commerce de Saint-Nazaire n'est pas assez étendu, pour que l'on puisse émettre actuellement une opinion quelconque à cet égard.

A Bordeaux, les vins de la Gironde sont mélangés dans les entrepôts avec des vins étrangers, sous la condition d'être réexportés. Ces manipulations se font sur une grande échelle, le commerce bordelais ayant des débouchés considérables, dans toutes les parties du monde.

L'article 10 de l'ordonnance du 10 septembre **1817** auto-

_______

1. Rédigé par la douane locale.

rise dans l'entrepôt réel de Marseille, les divisions et réunions de colis et les assortiments de marchandises ; les mélanges d'huile d'olive de différentes provenances, ainsi que les mélanges de ces huiles avec des huiles d'arachides et autres graines grasses sont également autorisés, mais cette ville dispose de locaux spécialement aménagés à cet effet, et comme à Bordeaux, elle a des marchés considérables avec l'étranger.

Pour appliquer ces facilités au port de Saint-Nazaire, il faudrait d'abord que les conditions qui précèdent fussent remplies.

Il découle de ce qui précède, qu'il n'existe, d'une manière générale, aucune modification à apporter au régime des manipulations en entrepôts actuellement en vigueur. puisque, je le répète, les entrepositaires ne profitent pas des facilités auxquelles ils ont droit.

Toutefois, l'administration des douanes pourrait, sur la demande de la Chambre de commerce, autoriser à titre exceptionnel et déléguer aux chefs locaux l'envoi, sur les ports non ouverts au transit et se trouvant dans un rayon déterminé, de marchandises tarifées et prohibées, sous la double condition qu'elles seraient exclusivement réservées à l'approvisionnement des navires et que les marchandises seraient immédiatement réexportées à l'étranger. »

Saint-Nazaire ne demande donc aucun changement relativement aux manipulations, il en est de même de *Nice, Saint-Malo, Calais.*

Au contraire, d'autres villes voudraient plus de liberté pour telles ou telles manipulations. Par exemple *Rochefort* demande la facilité de trier les cafés autres que ceux destinés à la réexportation.

*Cette*, outre la création d'un port franc, demande toute liberté pour les manipulations sur les vins : « On permet ici, les coupages de vins en entrepôt réel, mais seuls les coupages de vins étrangers avec 50 0/0 de vins français.

« Le mélange de sommiers différents de vins, quoique *de même qualité* et *de même provenance* est interdit : cette interdiction est fort gênante et ne s'explique guère. Il serait indispensable de laisser faire en entrepôt réel, *toutes* les opérations qu'on fait dans les magasins et les chaix ».

Certaines villes sont encore plus exigeantes. Elles voudraient plus de tolérance dans les manipulations en général. *Valenciennes* nous écrit : « Ce qu'il y aurait lieu de souhaiter surtout, pour les entrepôts tels que ceux de Valenciennes, c'est une simplification des formalités imposées préalablement à tout transvasement, remplacement d'emballage défectueux, triage ou autre manipulation, ayant pour but d'assurer la bonne conservation des marchandises. Actuellement, les négociants intéressés, pour être admis à ces opérations, sont astreints à en adresser la demande à un agent supérieur des douanes, qui a pouvoir pour statuer. Mais les retards causés par cette obligation ont parfois, en certains cas urgents, des conséquences très préjudiciables. Il faudrait que les manipulations dont il s'agit, fussent permises sous la surveillance des gardes-magasins de la douane, sans formalités préliminaires ».

Enfin d'autres villes vont plus loin : elles demandent l'extension à tous les ports, ou du moins à *elles-mêmes*, des privilèges conférés à Marseille, par l'ordonnance de **1817**. Nous citerons entre autres *Fécamp, Toulon, la Pallice, la Rochelle, Cette, Bordeaux* (1), *Valenciennes* se prononce dans le même sens. La Chambre de Commerce de *Dunkerque* ne donne que des raisons d'intérêt local pour s'opposer à cette extension :

« La Chambre de commerce qui a construit à grands frais un entrepôt réel qu'elle exploite, s'exposerait, si les prescriptions de l'ordonnance de **1817** lui étaient appliquées, à voir

1. Voir pour cette dernière, la lettre de la Chambre de commerce du ministre du commerce, du 8 septembre 1897.

déserter ses magasins et décroître les ressources qui lui sont indispensables pour faire face aux engagements financiers qu'elle a contractés.

— Pour ce qui est de l'entrepôt fictif, *Saint-Nazaire* ne demande non plus aucun changement. — « Non seulement dit le document précité, les entrepositaires ne demandent pas à augmenter le nombre des denrées à entreposer fictivement, mais encore ils ne profitent du régime auquel ils ont droit, que pour les quelques marchandises dont l'énumération suit : houilles, briquettes de houille, farine de froment, froment en grains, seigle, avoine, maïs, orge, fèves, pois communs. Ils pourraient avoir, dans leurs magasins particuliers, indépendamment d'une longue liste de marchandises, dont ils ne trouveraient que difficilement le placement, toutes les denrées coloniales qui sont d'un écoulement facile, mais ils n'usent pas de ce droit. »

Par contre, quelques ports demandent l'accroissement du nombre des marchandises admises en entrepôt fictif. Ainsi *la Rochelle* et *Dunkerque*. De la Rochelle on nous écrit en effet : « Les sels neufs et dénaturés, les morues et la houille crue (briquettes) sont les seules marchandises admises actuellement en entrepôt fictif à La Rochelle. Le commerce Rochelais s'occupant également des vins, des bois et des blés, il y aurait lieu d'étendre la faculté dudit entrepôt à ces diverses marchandises. » *Cette* demande l'extension de l'entrepôt fictif aux raisins secs. *Dunkerque* est hésitant et après avoir énuméré les marchandises auxquelles il serait utile d'ouvrir l'entrepôt fictif, nous donne les motifs de ses hésitations. Voici cette lettre intéressante :

« Il serait bon que l'Administration admît en entrepôt fictif, comme à Marseille, les fontes brutes, les fers en barres de formes régulières ou irrégulières, les tôles de fer, le plomb, le cuivre, l'étain et le zinc brut.

« Il est, en effet, impossible d'exiger le transport à l'entrepôt réel de marchandises aussi pondérantes et, pour éviter au commerce un surcroît de frais considérable, la Chambre de commerce de Dunkerque, concessionnaire de l'entrepôt réel, délivre toujours, aux négociants qui lui en font la demande, un certificat attestant que les locaux de l'entrepôt sont remplis et que les marchandises dont il s'agit ne peuvent y être admises.

« Sur le vu de ce certificat, la douane prolonge les délais de séjour sur les quais.

« Il serait donc plus simple, et surtout plus régulier, que les produits énumérés ci-dessus fussent compris au nombre de ceux pour lesquels l'entrepôt fictif est autorisé ».

Nous avons ainsi terminé l'étude de l'organisation et du rôle économique des villes franches, des ports francs et des entrepôts de douane.

Nous avons, chemin faisant, indiqué sur les parties principales de notre travail, quelles étaient nos conclusions. Pour résumer celles-ci dans une formule générale, nous dirons : la marche de l'histoire, l'expérience du présent paraissent favorables au triomphe des ports francs ; cette évolution, cette tendance, dont les traces sont visibles, pousse à entourer l'entrepôt de douane, d'un côté, de facilités croissantes pour le commerce ; de l'autre, de garanties croissantes pour le Trésor public : de ce double mouvement en sens inverse naissent les multiples différenciations que nous avons essayé de faire ressortir.

**Résumé analytique par entrepôt** (Valeurs exprimées en millions).

| Rang d'importance. | Entrepôts. | Années. | | | | | | |
|---|---|---|---|---|---|---|---|---|
| — | | 1891. | 1892. | 1893. | 1894. | 1895. | 1896. | 1897. |
| 1 | Le Havre | 287.8 | 297.2 | 279.5 | 210.0 | 298.8 | 231.8 | 273.2 |
| 2 | Marseille | 210.5 | 137.0 | 147.5 | 125.7 | 136.2 | 156.0 | 171.6 |
| 3 | Bordeaux | 64.1 | 60.6 | 71.4 | 61.0 | 53.6 | 63.2 | 53.1 |
| 4 | Rouen | 39.0 | 22.6 | 27.3 | 24.9 | 25.7 | 28.7 | 26.9 |
| 5 | Dunkerque | 42.4 | 18.0 | 22.5 | 15.4 | 13.3 | 23.9 | 19.3 |
| 6 | Cette | 5.3 | 2.2 | 15.9 | 14.1 | 12.6 | 22.0 | 14.7 |
| 7 | Nantes | 24.7 | 26.6 | 32.2 | 24.0 | 24.7 | 21.1 | 20.9 |
| 8 | Paris | 23.5 | 26.8 | 27.4 | 11.5 | 12.8 | 17.9 | 19.5 |
| 9 | Lyon | 9.2 | 7.2 | 8.8 | 6.2 | 5.0 | 5.9 | 5.7 |
| 10 | Dieppe | 3.8 | 1.6 | 3.0 | 3.1 | 5.7 | 4.6 | 3.4 |
| 11 | Saint-Nazaire | 11.7 | 9.8 | 6.8 | 11.0 | 5.0 | 4.4 | 10.0 |
| 12 | Nice | 4.3 | 1.0 | 3.4 | 2.5 | 2.7 | 3.1 | 3 |
| 13 | Saint-Ouen | 5.7 | 2.3 | 4.1 | 4.0 | 3.0 | 2.9 | 3.1 |
| 14 | Caen | 2.7 | 2.4 | 1.8 | 0.2 | 0.3 | 2.8 | 1.6 |
| 15 | Bayonne | 5.8 | 1.2 | 2.8 | 2.7 | 2.2 | 2.1 | 4.2 |
| 16 | Fécamp | 0.5 | 0.9 | 0.5 | 0.7 | 0.9 | 4.4 | 1.4 |
| 17 | Boulogne | 1.0 | 1.1 | 0.9 | 1.0 | 1.0 | 1.1 | 1.2 |
| 18 | Granville | 1.0 | 1.0 | 0.1 | 0.5 | 0.5 | 0.3 | 0.5 |
| 19 | Lorient | 0.4 | 0.4 | 0.3 | 0.5 | 0.3 | 0.3 | 0.3 |
| 20 | La Rochelle | 0.4 | 0.3 | 0.4 | 0.2 | 0.3 | 0.3 | 0.2 |
| | Autres entrepôts | 52.0 | 45.1 | 47 6 | 41.0 | 53.3 | 36.6 | 54.8 |
| | Totaux | 795.8 | 665.3 | 704.2 | 560.2 | 657.9 | 630.4 | 688.6 |

## Résumé analytique par entrepôt (Quantités exprimées en quintaux métriques).

| Rang d'importance. | Entrepôts. | Années. | | | | | | |
|---|---|---|---|---|---|---|---|---|
| | | 1891. | 1892. | 1893. | 1894. | 1895. | 1896. | 1897. |
| 1 | Marseille | 8.809.552 | 4.414.815 | 6.904.854 | 7.268.408 | 7.616.789 | 9.384.756 | 10.876.066 |
| 2 | Le Havre | 9.345.750 | 8.685.417 | 7.981.780 | 7.208.433 | 6.374.952 | 5.875.832 | 8.711.640 |
| 3 | Rouen | 2.047.785 | 1.413.345 | 2.000.244 | 2.030.689 | 2.143.712 | 2.576.944 | 2.602.759 |
| 4 | Bordeaux | 2.598.567 | 2.756.346 | 2.734.312 | 2.412.773 | 2.088.891 | 2.494.883 | 2.523.850 |
| 5 | Saint-Nazaire | 1.367.875 | 1.320.559 | 1.085.378 | 1.110.240 | 1.094.436 | 1.459.425 | 1.218.463 |
| 6 | Dunkerque | 1.946.327 | 1.018.701 | 1.460.272 | 974.795 | 876.599 | 1.033.291 | 1.278.108 |
| 7 | Cette | 209.332 | 275.350 | 870.539 | 744.671 | 758.727 | 761.762 | 795.824 |
| 8 | Nantes | 608.452 | 735.589 | 914.554 | 1.028.792 | 951.808 | 761.480 | 812.687 |
| 9 | Nice | 487.755 | 28.570 | 151.005 | 151.033 | 220.936 | 308.399 | 223.498 |
| 10 | Boulogne | 244.138 | 208.285 | 186.869 | 236.597 | 259.562 | 233.645 | 242.375 |
| 11 | Fécamp | 153.772 | 190.975 | 119.956 | 166.821 | 221.768 | 221.694 | 213.735 |
| 12 | Dieppe | 201.893 | 232.346 | 387.226 | 222.397 | 224.665 | 205.090 | 241.280 |
| 13 | La Rochelle | 46.434 | 63.238 | 83.104 | 71.629 | 54.673 | 118.813 | 113.674 |
| 14 | Lorient | 71.464 | 65.597 | 61.943 | 62.051 | 46.917 | 83.867 | 57.788 |
| 15 | Paris | 106.886 | 104.568 | 88.054 | 46.144 | 71.231 | 76.499 | 84.476 |
| 16 | Bayonne | 197.393 | 96.519 | 128.314 | 140.441 | 123.146 | 54.663 | 203.453 |
| 17 | Granville | 69.456 | 57.962 | 26.958 | 47.261 | 51.680 | 47.349 | 46.651 |
| 18 | Caen | 63.107 | 46.619 | 58.049 | 42.556 | 33.389 | 30.471 | 35.545 |
| 19 | Lyon | 101.865 | 92.818 | 151.141 | 119.994 | 50.948 | 23.866 | 59.279 |
| 20 | Saint-Ouen | 107.471 | 14.766 | 24.735 | 15.538 | 13.415 | 15.181 | 26.709 |
| | Autres entrepôts | 3.214.768 | 2.743.092 | 3.762.373 | 3.377.660 | 3.673.709 | 3.492.133 | 4.456.001 |
| | Totaux | 34.669.742 | 24,565.177 | 29.081.624 | 27.478.323 | 26.954.953 | 28.960.013 | 34.821.061 |

**Résumé analytique par marchandises** (Valeurs exprimées en millions).

| Rang d'importance. — | Désignation des marchandises. | Années. | | | | | | |
|---|---|---|---|---|---|---|---|---|
| | | 1891. | 1892. | 1893. | 1894. | 1895. | 1896. | 1897. |
| 1 | Cacao, café et poivre | 239.2 | 288.4 | 297.8 | 232.7 | 342.8 | 280.6 | 239.9 |
| 2 | Céréales | 340.8 | 142.5 | 145.1 | 80.1 | 75.9 | 88.6 | 168.7 |
| 3 | Huiles et essences de pétrole | 29.1 | 32.4 | 20.1 | 26.1 | 35.3 | 33.0 | 26.0 |
| 4 | Tabac en feuilles | 22.0 | 29.4 | 31.1 | 30.2 | 28.9 | 26.9 | 20.0 |
| 5 | Bois à construire | 0.0 | 11.7 | 26.7 | 21.1 | 22.2 | 24.9 | 28.4 |
| 6 | Sucres coloniaux | 23.1 | 27.8 | 25.5 | 18.5 | 15.4 | 22.2 | 22.1 |
| 7 | Houille crue | 18.3 | 16.1 | 14.7 | 17.7 | 17.3 | 20.1 | 24.7 |
| 8 | Merrains de chêne | 0.7 | 2.2 | 18.5 | 18.3 | 11.3 | 14.6 | 15.5 |
| 9 | Huiles d'olive et de graines grasses | 22.1 | 20.1 | 16.8 | 12.9 | 13.7 | 11.6 | 15.4 |
| 10 | Fruits de table et fruits à distiller | 14.6 | 10.6 | 9.5 | 6.9 | 7.1 | 4.7 | 6.8 |
| 11 | Riz | 11.0 | 3.7 | 5.0 | 4.6 | 4.1 | 4.0 | 2.6 |
| 12 | Fonte, fer et acier | 2.9 | 3.1 | 1.2 | 1.7 | 1.7 | 2.0 | 4.3 |
| 13 | Sucres étrangers | 4.2 | 4.7 | 3.7 | 2.9 | 1.5 | 2.0 | 0.2 |
| 14 | Bois exotiques | 0.1 | 0.5 | 0.2 | 0.1 | 1.0 | 1.5 | 0.2 |
| 15 | Sucre raffiné | 3.2 | 2.9 | 5.3 | 1.6 | 1.5 | 0.8 | 0.4 |
| 16 | Sel marin, sel de saline et sel gemme | 0.2 | 0.2 | 0.2 | 0.1 | 0.2 | 0.2 | 0.3 |
| | Autres marchandises | 64.3 | 69.0 | 82.8 | 84.7 | 78.0 | 92.7 | 113.1 |
| | Totaux | 795.8 | 665.3 | 704.2 | 560.2 | 657.9 | 630.4 | 688.6 |

**Résumé analytique par marchandises** (Quantités exprimées en quintaux métriques).

| Rang d'importance. | Désignation des marchandises. | Années. | | | | | | |
|---|---|---|---|---|---|---|---|---|
| — | | 1891. | 1892. | 1893. | 1894. | 1895. | 1896. | 1897. |
| 1 | Houille crue | 10.797.031 | 9.481.415 | 9.302.451 | 10.599.293 | 10.840.760 | 12.162.990 | 14.216.007 |
| 2 | Céréales | 14.504.112 | 6.818.396 | 9.157.422 | 5.945.535 | 5.637.215 | 5.337.739 | 8.260.573 |
| 3 | Huiles et essences de pétrole | 1.873.340 | 2.165.704 | 2.754.762 | 2.647.488 | 2.949.097 | 2.921.400 | 2.803.464 |
| 4 | Bois à construire | 3.300 | 1.253.480 | 1.881.870 | 3.677.700 | 2.587.080 | 2.818.640 | 2.893.380 |
| 5 | Cacao, café et poivre | 1.229.198 | 1.512.571 | 1.415.722 | 1.209.693 | 1.476.411 | 1.315.758 | 1.754.475 |
| 6 | Sucres coloniaux | 629.970 | 748.624 | 624.553 | 669.687 | 571.468 | 793.968 | 828.987 |
| 7 | Merrains de chêne | 36.470 | 111.536 | 838.402 | 912.502 | 591.429 | 728.959 | 858.852 |
| 8 | Riz | 452.010 | 180.804 | 202.558 | 264.264 | 250.889 | 278.854 | 157.442 |
| 9 | Fonte, fer et acier | 379.724 | 320.747 | 277.426 | 249.771 | 216.816 | 255.534 | 389.987 |
| 10 | Huiles d'olive et de graines grasses | 287.635 | 292.168 | 278.032 | 262.298 | 268.901 | 251.062 | 353.073 |
| 11 | Tabac en feuilles | 195.027 | 243.967 | 257.229 | 236.105 | 218.790 | 260.300 | 130.435 |
| 12 | Fruits de table et fruits à distiller | 432.829 | 285.666 | 304.584 | 202.430 | 158.880 | 178.672 | 153.574 |
| 13 | Sel marin, sel de saline et sel gemme | 130.339 | 141.648 | 120.267 | 140.855 | 135.591 | 106.036 | 244.400 |
| 14 | Sucres étrangers | 114.798 | 120.552 | 85.593 | 116.478 | 54.419 | 74.328 | 44.230 |
| 15 | Sucre raffiné | 66.385 | 57.436 | 112.609 | 59.083 | 44.787 | 23.144 | 8.434 |
| 16 | Bois exotiques | 3.446 | 23.229 | 6.834 | 7.475 | 3.122 | 6.141 | 8.242 |
| | Autres marchandises | 534.788 | 807.234 | 1.464.310 | 308.266 | 946.898 | 1.506.491 | 1.778.839 |
| | Totaux | 31.669.742 | 24.565.177 | 29.081.624 | 27.478.323 | 26.951.953 | 28.960.043 | 34.821.061 |

# ANNEXE N° 5

Le tableau ci-après donne la nomenclature des ports et des villes où il existe des entrepôts :

*Tableau des ports et des villes où il existe des entrepôts*

| DIREC-TIONS | VILLES | NATURE DE L'ENTREPOT | TITRE en vertu duquel l'entrepôt est constitué |
|---|---|---|---|
| | | **ENTREPOTS MARITIMES** | |
| Nice...... | Nice ........ | Réel, pour les marchandises { prohibées...... / non prohibées. | Décret du 11 août 1860. |
| | | Fictif...................... | Lois du 28 avril 1816, art. 22, et du 7 décembre 1815, art. 2. |
| Marseille .. | Toulon....... | Réel, pour les marchandises non prohibées................. | Loi du 2 juillet 1836, art. 13. |
| | | Fictif...................... | Loi du 8 floréal an XI, art. 12. |
| | Marseille..... | Réel, pour les marchandises / prohibées..... | Loi du 9 février 1832, art. 17. |
| | | } non prohibées. | Loi du 8 floréal an XI, art. 23. |
| | | Fictif...................... | Loi du 8 floréal an XI, art. 12. |
| | Arles (avec interdiction de réexportation p<sup>r</sup> mer). | Réel, pour les marchandises non prohibées................. | Loi du 9 février 1832, art. 26. |
| | | Fictif...................... | Lois du 28 avril 1816, art. 22, et du 7 décembre 1815, art. 2. |
| Montpellier. | Cette......... | Réel, pour les marchandises { prohibées..... | L. du 6 mai 1841, art. 13. |
| | | } non prohibées. | Loi du 8 floréal an XI, art. 23. |
| | | Fictif...................... | Loi du 8 floréal an XI, art. 12. |
| | Agde......... | Réel, pour les marchandises non prohibées................. | Loi du 2 juillet 1836, art. 13. |
| | | Fictif...................... | Lois du 28 avril 1816, art. 22, et du 7 décembre 1815, art. 2. |
| Perpignan . | Port-Vendres.. | Réel, pour les marchandises non prohibées................. | Loi du 9 février 1832, art. 27. |
| | | Fictif...................... | Lois du 28 avril 1816, art. 22, et du 7 décembre 1815, art. 2. |

| DIRECTIONS | VILLES | NATURE DE L'ENTREPOT | TITRE en vertu duquel l'entrepôt est constitué |
|---|---|---|---|
| Bayonne... | Bayonne..... | Réel, pour les marchandises { prohibées..... | Loi du 9 février 1832, art. 17. |
| | | { non prohibées. | Loi du 8 floréal an XI, art. 23. |
| | | Fictif............... | Loi du 8 floréal an XI, art. 12. |
| Bordeaux.. | Bordeaux..... | Réel, pour les marchandises { prohibées..... | Loi du 9 février 1832, art. 17. |
| | | { non prohibées. | Loi du 8 floréal an XI, art. 23. |
| | | Fictif............... | Loi du 8 floréal an XI, art. 12. |
| La Rochelle | Rochefort..... | Réel, pour { les marchandises non prohibées........... | L. du 22 juin 1846, art. 6. |
| | | { les tabacs destinés à l'avitaillement des navires............. | Décision ministérielle du 5 janvier 1886. |
| | | Fictif............... | Loi du 8 floréal an XI, art. 12. |
| | La Rochelle... | Réel, pour les marchandises { prohibées..... | L. du 6 mai 1841, art. 13. |
| | | { non prohibées. | Loi du 8 floréal an XI, art. 23. |
| | | Fictif............... | Loi du 8 floréal an XI, art. 12. |
| | La Pallice... | Réel, pour les marchandises { prohibées..... non prohibées | Décr. du 6 janvier 1893. |
| Nantes.... | Nantes....... | Réel, pour les marchandises { prohibées..... | Loi du 9 février 1832, art. 17. |
| | | { non prohibées. | Loi du 8 floréal an XI, art. 23. |
| | | Fictif............... | Loi du 8 floréal an XI, art. 12. |
| | Saint-Nazaire. | Réel, pour les marchandises { prohibées..... non prohibées. | Décret du 3 juillet 1857. |
| | | Fictif............... | Lois du 28 avril 1816, art. 22, et du 7 décembre 1815, art. 2. |
| | Vannes....... | Fictif............... | Lois du 21 avril 1818, art. 49, et du 7 décembre 1815, art. 2. |
| | Lorient....... | Réel, pour { les marchandises non prohibées........... | Loi du 8 floréal an XI, art. 23. |
| | | { le tabac en feuilles..... | Loi du 29 floréal an X, art. 2 et 5. |
| | | Fictif............... | Loi du 8 floréal an XI, art. 12. |
| Brest..... | Brest........ | Réel, pour les marchandises { prohibées..... non prohibées. | Décr. du 5 janvier 1870. |
| | | Fictif............... | Loi du 8 floréal an XI, art. 12. |
| | Roscoff...... | Spécial, pour { l'eau-de-vie de grains, dite genièvre, les raisins de Corinthe et le thé........... | Lois du 19 octobre 1791, art. 1er et 4, et du 21 avril 1818, art. 29. |

| DIREC-TIONS | VILLES | NATURE DE L'ENTREPOT | TITRE en vertu duquel l'entrepôt est constitué |
|---|---|---|---|
| Brest..... (suite) | Morlaix ..... | Réel, pour { les marchandises non prohibées........... | Loi du 28 avril 1816, art. 24. |
| | | { le tabac en feuilles..... | Loi du 29 floréal an x, art. 2 et 5. |
| | | Fictif..................... | Loi du 8 floréal an xi, art. 12. |
| | | Spécial, pour { l'eau-de-vie de grains, dite genièvre, les raisins de Corinthe et le thé.......... | Lois du 19 octob. 1791, art. 1er et 4, et du 21 avril 1818, art. 29. |
| Saint-Malo. | Le Légué .... | Réel, pour les marchandises non prohibées.............. | Loi du 17 mai 1826, art. 16. |
| | | Fictif..................... | Lois du 28 avril 1816, art. 22 et 23, et du 7 décembre 1815, art. 2. |
| | Saint-Servan.. | Réel, pour les { prohibées..... marchandises { non prohibées. | L. du 6 mai 1841, art. 14. |
| | | Fictif..................... | Lois du 28 avril 1816, art. 22, et du 7 décembre 1815, art. 2. |
| | Saint-Malo ... | Réel, pour les { prohibées..... marchandises { non prohibées. | L. du 6 mai 1841, art. 13. |
| | | | Loi du 8 floréal an xi, art 23. |
| | | Fictif..................... | Loi du 8 floréal an xi, art. 12. |
| | | Spécial, pour { l'eau-de-vie de grains, dite genièvre, les raisins de Corinthe et le thé.......... | L. du 19 octobre 1791, art. 1er et 4, et du 21 avril 1818, art. 29. |
| | Granville..... | Réel, pour les { prohibées..... marchandises { non prohibées. | Décision ministérielle du 29 février 1864. Décision ministérielle du 6 avril 1825. |
| | | Fictif..................... | Loi du 8 floréal an xi, art. 12. |
| Rouen..... | Cherbourg.... | Réel, pour les marchandises non prohibées.............. | Loi du 8 floréal an xi, art. 23. |
| | | Fictif..................... | Loi du 8 floréal an xi, art. 12. |
| | | Spécial. pour { l'eau-de-vie en grains, dite genièvre, les raisins de Corinthe, le thé, les foulards de l'Inde, les croisés des Indes et les crêpes de Chine.... | L. des 19 octobre 1791, art. 1er et 4, et du 21 avril 1818, art. 29, et décisions des 16 avril et 2 décembre 1818. |
| | Caen......... | Réel, pour les { prohibées..... marchandises { non prohibées. | Décret du 23 novembre 1857. Loi du 28 avril 1816, art. 24. |
| | | Fictif..................... | Lois du 28 avril 1816, art. 22 et 24, et du 7 décembre 1815, art. 2. |

| DIREC-TIONS | VILLES | NATURE DE L'ENTREPOT | | TITRE<br>en vertu duquel l'entrepôt est constitué |
|---|---|---|---|---|
| Rouen.....<br>(suite) | Honfleur...... | Réel, pour les marchandises | prohibées..... | L. du 4 juin 1864, art. 5. |
| | | | non prohibées. | Loi du 8 floréal an xi, art. 23. |
| | | Fictif........................ | | Loi du 8 floréal an xi, art. 12. |
| | Rouen........ | Réel, pour les marchandises | prohibées..... | Loi du 26 juillet 1856, art. 11. |
| | | | non prohibées. | Loi du 8 floréal an xi, art. 23. |
| | | Fictif........................ | | Loi du 8 floréal an xi, art. 12. |
| | Le Havre..... | Réel, pour les marchandises | prohibées..... | Loi du 9 février 1832, art. 17. |
| | | | non prohibées. | Loi du 8 floréal an xi. art. 23. |
| | | Fictif........................ | | Loi du 8 floréal an xi, art. 12. |
| Le Havre .. | Fécamp...... | Réel, pour les marchandises | prohibées..... non prohibées. | Décret du 21 novembre 1858. |
| | | Fictif........................ | | Loi du 8 floréal an xi, art. 12. |
| | | Spécial, pour | l'eau-de-vie de grains, dite genièvre, les raisins de Corinthe, le thé, les foulards, les croisés des Indes et les crêpes de Chine. | L. des 19 octobre 1791, art. 1er et 4, et 21 avr. 1818, art. 29 ; et décisions des 16 avril et 2 décembre 1818. |
| | Dieppe ....... | Réel, pour les marchandises | prohibées..... | Loi du 22 juin 1846, art. 7. |
| | | | non prohibées. | L. du 17 décemb. 1814, art. 4. |
| | | Fictif........................ | | Loi du 8 floréal an xi, art. 12. |
| | | Spécial, pour | l'eau-de-vie de grains, dite genièvre. les raisins de Corinthe, le thé, les croisés des Indes et les crêpes de Chine.... | L. des 19 octobre 1791, art. 1er et 4, et 21 avr. 1818, art. 29 ; et décision du 2 déc. 1818. |
| Boulogne... | Saint-Valery-sur-Somme | Réel, pour les marchandises | prohibées ..... | Ordonnance du 17 septembre 1839, art. 1er. |
| | | | non prohibées. | Loi du 28 avril 1816, art. 24. |
| | | Fictif........................ | | Loi du 8 floréal an xi, art. 12. |
| | Abbeville. .... | Réel, pour les marchandises non prohibées ............... | | Ordonnance du 17 septembre 1839, art. 2. |
| | | Fictif........................ | | Lois du 28 avril 1816, art. 22, et du 7 décembre 1815, art. 2. |
| | Boulogne..... | Réel, pour les marchandises | prohibées ..... | Loi du 26 juin 1835, art. 2. |
| | | | non prohibées. | L. du 27 mai 1817, art. 10. |
| | | Fictif........................ | | Loi du 8 floréal an xi, art. 12. |

| DIREC-TIONS | VILLES | NATURE DE L'ENTREPOT | TITRE en vertu duquel l'entrepôt est constitué |
|---|---|---|---|
| Boulogne... (suite( | Boulogne .... | Spécial, pour l'eau-de-vie de grains, dite genièvre, les raisins de Corinthe, le thé, les foulards, les croisés des Indes et les crêpes de Chine............... | L. des 19 octobre 1791, art. 1er et 4, et 21 avr. 1818, art. 29; et décisions des 16 avril et 2 décembre 1818. |
| | | Réel, pour les marchandises { prohibées..... / non prohibées. | L. du 26 juin 1835. art. 2. L. du 17 décemb. 1814, art. 4. |
| | Calais........ | Fictif............... | Loi du 8 floréal an xi, art. 12. |
| | | Spécial, pour l'eau-de-vie de grains, dite genièvre, les raisins de Corinthe, le thé, les foulards, les croisés des Indes et les crêpes de Chine............... | L. des 19 octobre 1791, art. 1er et 4, et 21 avr. 1818, art. 29: et décisions des 16 avril et 2 décembre 1818. |
| Dunkerque. | Gravelines.... | Réel, pour les marchandises { prohibées..... / non prohibées. | Décret du 6 juillet 1894. Loi du 26 juillet 1856, art. 12. |
| | | Fictif............... | Lois du 28 avril 1816, art. 22, et du 7 décembre 1815, art. 2. |
| | | Spécial, pour l'eau-de-vie de grains, dite genièvre, les raisins de Corinthe, le thé, les foulards, les croisés des Indes et les crêpes de Chine............... | L. des 19 octobre 1791, art. 1er et 4, et 21 avr. 1818, art. 29 ; et décisions des 16 avril et 2 décembre 1818. |
| | Dunkerque... | Réel, pour les marchandises { prohibées..... / non prohibées. | Loi du 9 février 1832, art. 17. Loi du 8 floréal an xi, art. 23. |
| | | Fictif............... | Loi du 8 floréal an xi, art. 12. |
| | | Spécial, pour l'eau-de-vie de grains, dite genièvre, les raisins de Corinthe, le thé, les foulards, les croisés des Indes et les crêpes de Chine............... | Loi du 21 avril 1818, art. 29; et décisions des 16 avril et 2 décembre 1818. |

| TITRE en vertu duquel l'entrepôt est constitué | NATURE DE L'ENTREPÔT | | VILLES | DIREC-TIONS |
|---|---|---|---|---|
| ENTREPOTS A L'INTÉRIEUR ET AUX FRONTIÈRES DE TERRE (1) | | | | |
| Paris | Paris | Réel, pour les marchandises { prohibées..... { non prohibées. | | Ordonnance du 28 juin 1833. |
| | Saint-Ouen | Réel, pour les marchandises { prohibées..... { non prohibées. | | Décret du 23 avr. 1872 et circulaire n° 1343 du 19 septemb. 1877. |
| | Orléans | Réel, pour les marchandises { prohibées..... { non prohibées. | | Ordonnance du 26 oct. 1832. |
| Lille | Lille | Réel, pour les marchandises { prohibées..... { non prohibées. | | Décret du 15 avr. 1873. |
| | Douai | Réel, pour les marchandises non prohibées.............. | | Déc. du 30 juillet. 1857. |
| Valen-ciennes | Valenciennes | Réel, pour les marchandises { prohibées..... { non prohibées. | | Décret du 5 avril 1852. |
| Besançon | Besançon | Réel, pour les marchandises non prohibées.............. | | Déc. du 10 juillet 1893. |
| Lyon | Lyon | Réel, pour les marchandises { prohibées..... { non prohibées. | | Ordonnance du 17 novembre 1836. |
| | Saint-Étienne (2) | Réel, pour les marchandises { prohibées..... { non prohibées. | | Déc. du 17 mai 1881 et circulaire n° 2555. |
| | Roanne | Réel, pour les marchandises non prohibées.............. | | Décret du 11 août 1893. |
| Chambéry | Chambéry | Réel, pour les marchandises non prohibées.............. | | Décret du 11 août 1860, art. 1er. |
| Perpignan | Toulouse | Réel, pour les marchandises { prohibées..... { non prohibées. | | Ordonnance du 9 août 1833. |
| La Rochelle | Tours | Réel, pour les marchandises { prohibées..... { non prohibées. | | Déc. du 16 octobre 1872 et circulaire n° 2548. |
| | Limoges | Réel, pour les marchandises { prohibées..... { non prohibées. | | Déc. du 7 novemb. 1890. |

(1) A été en outre autorisée, mais n'a pas encore été effectuée, la création d'entrepôts réels, pour les marchandises prohibées et non prohibées, dans les villes désignées ci-après : Saint-Quentin (décret du 21 janvier 1881) ; — Dijon (décret du 28 février 1881) ; — Charleville (décret du 10 janvier 1881) ; — Nancy (décret du 28 septembre 1887) ; — Cambrai (décret du 12 juin 1896).

(2) L'entrepôt de Saint-Étienne n'étant pas disposé pour recevoir des marchandises prohibées, il n'y a pas lieu de délivrer des acquits-à-caution pour les marchandises prohibées ayant cette destination (Circulaire n° 2568, nouvelle série).

# INDEX BIBLIOGRAPHIQUE


**Accarias de Serionne.** — Le commerce en Hollande. 1768, Amsterdam.

**Adnesse.** — Lois, décrets et règlements de douanes, spéciaux à l'Algérie.

**Amé.** — Etude économique sur les tarifs des douanes et sur les traités de commerce. 1876, Guillaumin, Paris.

**Annales** du commerce extérieur, 1897.

**Anonyme.** — Le Grand Trésor historique et politique du florissant commerce des Hollandais. Rouen, 1712.

**Archives** de l'administration des douanes (bureau des entrepôts et colonies).

**Arnauné.** — Cours de commerce extérieur à l'école des sciences politiques, année 1897.

**Artaud.** — La franchise du port de Marseille. Marseille, 1898.

**Aubée.** — Magasins généraux et warrants. Tunis, 1897.

**Audiffred** (marquis d'). — Système financier de la France.

**Bacquès** (H.). — Les douanes françaises.

**Batbie.** — Traité historique et pratique de droit public et administratif.

**Bellet-Verrier.** — Mémorial alphabétique des choses concernant la police, la justice et les finances de France, pour les gabelles et les cinq grosses fermes. 1714.

**Blanche.** — Dictionnaire général d'administration. V⁰ Douane.

**Block** (Maurice). — Introduction au traité de Damaschino sur les magasins généraux.

**Block** (Maurice). — Dictionnaire de l'administration française. V⁰ Douane.

**Bodin** (J.). — Les six livres de la République. Lyon, 1593.

**Boislisle** (de). — Correspondance des contrôleurs généraux.

**Bourgat.** — Essai sur le contentieux des douanes pour les frontières de terre.

**Bourquelot.** — Histoire des foires de Champagne.

**Bulletin** de la Chambre des négociants commissionnaires et du commerce extérieur (1ᵉʳ janvier 1895).

**Burat.** — Dictionnaire du commerce et des marchandises. V⁰ Entrepôts.

**Clamageran.** — Histoire de l'impôt en France.

**Caumont.** — Dictionnaire du droit maritime, 1867. V⁰ Entrepôts.

**Cauwès.** — Economie politique.

**Canale.** — Storia del commercio, dei viaggi, etc. Gênes, 1866.

**Claudio Jannet.** — Le capital, la spéculation, la finance.

**Clément** (P.). — Histoire de Colbert.

**Clément** (P.). — Histoire du système protecteur.

**Copenhagen and its free port.** — Copenhagen, 1896.

**Compte rendu** des travaux de la Chambre de commerce du Havre, 1897. Le Havre, 1897.

**Compte rendu** des travaux de la Chambre de commerce de Dijon. Dijon, 1878 et Dijon, 1880.

**Courcel Seneuil**. — Etudes sur la science sociale.

**Couetoux**. — Des achats et des ventes de marchandises.

**Customs** regulations of the United States. Washington, 1892.

**Cossa** (Luigi). — Introduzione allo Studio dell' Economia Politica (3e édit. Milan, chez Hœpli).

**Charles-Roux** (J.). — Vingt ans de vie publique. Paris, Guillaumin, 1892.

**Charles-Roux** (J.). — Rapport sur le budget général de l'exercice 1897 (ministre du commerce). (J. officiel des 3 et 5 novembre 1896).

**Charles-Roux** (J.). — Rapport sur le budget général de l'exercice 1898 (ministre du commerce) (annexe au procès-verbal de la 2e séance du 20 juillet 1897). Paris, 1897.

**Dalloz**. — Répertoire alphabétique et son supplément. Vo Douanes.

**Damaschino**. — Traité sur les magasins généraux.

**Delandre**. — Traité pratique des douanes, 1853-1865, revu par Doussin (E.) 1881-1897.

**Depping**. — Histoire du commerce entre le Levant et l'Europe depuis les Croisades jusqu'à la fondation des colonies d'Amérique.

**Depping**. — Correspondance de Louis XIV.

**Dictionnaire** universel du commerce et de la navigation, sans nom d'auteur (chez Guillaumin).

**Dictionnaire** d'économie politique.

**Dictionnaire** des finances.

**Documents** statistiques de l'Adon des Douanes (communiqués par MM. Moucheront et Boudoute).

**Dubron** (Bruno. M. J.). — Docks et Warrants. Paris, 1898.

**Ducrocq**. — Cours de droit administratif.

**Dumesnil-Marigny**. — Histoire de l'économie politiques des anciens peuples.

**Duverger**. — La douane française, 1858.

**Economiste français**. 1er octobre 1898. Etude sur les ports francs.

**Encyclopédie méthodique**, finances, Vo Douanes.

**Estrine**. — Un port franc à Marseille. Marseille, 1898.

**L. Estrine, L. Richard, A. Gouin**. — Un port franc à Marseille. Marseille, 1898.

**Esquirou de Parieu** — Traité des impôts.

**Fasquelle**. — Résumé analytique des lois et règlements de douane. 1836.

**Fermé** (Gabriel). — Rapport sur la marine marchande, au nom de la Chambre des négociants commissionnaires, et du commerce extérieur. 1897, Paris.

**Heeren**. — De la politique et du commerce des peuples de l'antiquité. (Traduit de l'allemand).

**Heyd**. — Histoire du commerce du Levant au Moyen-Age. Leipzig, 1885-1886.

**Huvelin.** — Essai historique sur le droit des marchés et des foires. Paris, 1897.

**Hoffmann.** — Histoire du commerce et de la navigation (Traduit de l'allemand par Ducsberg).

**Hume.** — Essai sur la jalousie commerciale. (Mélanges d'économie politique. Ed. Guillaumin).

**Joubleau.** — Etudes sur Colbert.

**Journal du commerce,** novembre et décembre, 1846.

**Journal de la chambre de commerce,** 10 octobre 1898. Article de M. Huot.

**Julliany.** — Essai sur le commerce de Marseille, 1834.

**Kauffmann (Richard de).** — Les fiinances en France.

**Labori.** — Répertoire du droit français. V° Douanes.

**Leroy-Beaulieu (P).** — Traité de la science des finances.

**Létourneau.** — Evolutions du commerce dans les diverses races. Paris, 1897.

**Lois et règlements des douanes françaises.** Lille et Paris.

**Lois et règlements sur le tarif des douanes.** 1892, Paris.

**Lyon-Caen et Renault.** — Traité dù droit commercial, tome II, 2e édition.

**Magnien (C.)** — Recueils des principaux droits de traites. 1786, Avignon.

**Magnien (C.)** — Commerce des français aux colonies. 1796 (an IV).

**Mayer Zoll.** — Kaufmanschaft und markt Zwischen Rheink und Loire, bis in das XIII, Jahrhundat.

**Marie du Mesnil.** — Manuel des employés des douanes,

**Merlin.** — Répertoire de jurisprudence.

**Moreau de Beaumont.** — Mémoire concernant les impositions et droits.

**Pallain (Collection Becquet).** — Les douanes françaises 1896.

**Pandectes françaises,** V° Douanes (V° Entrepôts).

**Pardessus.** — Cours de droit commercial.

**Pauliat.** — La politique coloniale sous l'ancien régime.

**Pélabon.** — Répertoire des lois et arrêts en matière contentieuse des douanes. Marseille. 1898.

**Pigeonneau.** — Histoire du commerce français, des origines à la fin du xv<sup>e</sup> siècle.

**Procès vorbaux de l'assemblée nationale,** an X et an XI.

**Recueil havrais ;** février, mars, juin, août et décembre 1897, janvier et août 1898.

**Recueil méthodique** DES LOIS ET RÈGLEMENTS SUR LA PROCÉDURE CONTENTIEUSE DES DOUANES. Paris 1887.

**Ricard (Samuel).** — Traité général du commerce. Amsterdam, 4e édition, 1721.

**Rougier.** — La liberté commerciale, les douanes, les traités de commerce, 1878.

**Saulnier (A.)** — Recherches historiques sur les droits de douane. 1839.

**Sauzeau (Alix).** — Manuel des docks.

**Savary des Bruslons**. — Dictionnaire universel du commerce. V° Entre-pôts, 1774.

**Savary des Bruslons**. — Le parfait négociant.

**Say (Léon)**. — Dictionnaire des finances. V° Douanes.

**Say (Horace)**. — (Economiste français, 1852. Un article sur les entrepôts de Paris).

**Scansa**. — Magasins généraux, 1890.

**Scherer (H.)** — Histoire du commerce de toutes les nations.

**Schwob (Marcel)**. — Le danger allemand. 1896, Paris.

**Sirey**. — Recueil général des lois et arrêts.

**Smith** (Adam). — Richesse des nations.

**Stourm** (A.) — Les finances de l'ancien régime et de la Révolution.

**Tarif des droits d'entrée et de sortie**, 1664, 1680, 1681, 1687, 2 vol.

**Thibault (Fabien)**. — Traité du contentieux des douanes. Paris, 1888.

**Thibault (Fabien)**. — De la solidarité en matière d'amende. Paris, 1898.

**Trolley**. — Hiérarchie administrative.

**Ustariz (don Geronymo de)**. — Théorie et pratique du commerce et de la marine, 1743.

**Vignes**. — Traité des impôts en France.

**Véron de Forbonnais**. — Recherches et considérations sur les finances de la France de 1595 à 1721 (1758).

# TABLE DES MATIÈRES

Pages.